铁路工程建设指导性工艺工法手册

(站房工程)

中国国家铁路集团有限公司工程管理中心　编著

中国铁道出版社有限公司

2020年·北京

图书在版编目(CIP)数据

铁路工程建设指导性工艺工法手册. 站房工程/中国国家铁路集团有限公司工程管理中心编著.—北京:中国铁道出版社有限公司,2020.12

ISBN 978-7-113-27350-7

Ⅰ.①铁… Ⅱ.①中… Ⅲ.①铁路施工-技术手册 Ⅳ.①U215-62

中国版本图书馆 CIP 数据核字(2020)第 203449 号

书　　名:**铁路工程建设指导性工艺工法手册(站房工程)**
作　　者:中国国家铁路集团有限公司工程管理中心

策　　划:邱金帅
责任编辑:高　楠　**编辑部电话**:市电(010)51873347;路电(021)73347
封面设计:高博越
责任校对:孙　玫
责任印制:高春晓

出版发行:中国铁道出版社有限公司(100054,北京市西城区右安门西街 8 号)
网　　址:http://www.tdpress.com
印　　刷:北京柏力行彩印有限公司
版　　次:2020 年 12 月第 1 版　2020 年 12 月第 1 次印刷
开　　本:787 mm×1 092 mm　1/16　印张:17.25　字数:293 千
书　　号:ISBN 978-7-113-27350-7
定　　价:85.00 元

中国国家铁路集团有限公司
工程管理中心

工管科信函〔2020〕134号

国铁集团工程管理中心
关于印发《铁路工程建设指导性工艺工法手册》
(第2批)的通知

各铁路局集团公司、各铁路公司:

为贯彻落实国铁集团关于加大铁路建设工艺工法总结推广力度的要求,促进铁路建设创新成果转化应用,推进铁路工程建设高质量发展,国铁集团工程管理中心组织相关单位编写了《铁路工程建设指导性工艺工法手册》(第2批),现予印发。请各单位在铁路工程建设过程中,结合工程实际认真贯彻执行,如有改进建议或意见,及时反馈国铁集团工程管理中心。

希望各单位发挥各自的优势和力量,持续推进铁路技术创新,重视技术总结和积累,做好工艺工法管理工作,建立健全技术创新、成果转化工作机制,构建良好的创新工作氛围,进一步提升铁路工程施工水平。

本手册由中国铁道出版社出版发行。

国铁集团工程管理中心

2020年12月17日

抄送:各设计院,中铁工程、建筑、通号公司,中交、中建、中国电建集团。

《铁路工程建设指导性工艺工法手册》编委会名单

主　任： 王同军

副主任： 李志义　汤晓光　辛维克

成　员： 刘　彬　肖广智　江忠贵　谭月仁　杨　斌
刘延宏　杨宏图　张立新　薛彩丽　张民庆
刘增杰　韩晓强　张先军　滑　蓉　陈奇会
梁生武　李　慧　白学丰

序　言

铁路作为国民经济的大动脉,是国家战略性、先导性、关键性重大基础设施和大众化的交通工具,是综合交通运输体系的骨干。党的十八大以来,我国铁路建设取得历史性成就,建成了世界上最现代化的铁路网和最发达的高铁网,系统掌握了各种复杂地质条件和恶劣气候环境下轨道、路基、大跨度桥梁、长大复杂隧道及大型客站建造技术。截至2019年底,中国铁路营业里程达到13.9万公里以上,其中高速铁路3.5万公里以上,为“十三五”规划圆满收官奠定了坚实基础。

为贯彻落实党的十九大建设科技强国、交通强国的重大战略部署,践行“交通强国、铁路先行”的历史使命,推进铁路由高速发展阶段向高质量发展阶段转换,特别是实现“三个世界领先、三个进一步提升”的铁路先行奋斗目标,广大铁路建设者深入贯彻新发展理念,勇于创新实践,坚持以铁路工程设计、建设、运营全生命周期管理为目标,坚持问题导向、目标导向,深入推进新一代信息技术与铁路建造融合创新,创造性地开发了各种先进、成熟、可靠的工艺工法,积极探索智能建造新模式,不断提高工装设备技术水平,不断提高铁路建造品质和效率,推动铁路工程建造水平迈上了一个新台阶。

为加大先进成熟工艺工法和工装设备总结推广力度,促进铁路建设创新成果转化应用,中国国家铁路集团有限公司工程管理中心按照“成熟一批推广一批”的原则,于2018年组织相关单位编纂了《铁路工程建设指导性工艺工法手册》(2018版),总结、推广了一批应用先进成熟的工艺工法,对促进创新成果转化为生产力、确保工程质量和推进企业进步等方面均发挥了重要作用,深受广大工程技术人员、施工人员的欢迎。2020年,中国国家铁路集团有限公司工程管理中心再次组织各相关单位,着眼项目建造过程中的技术重难点、共性质量安全问题、应用型技术创新等方面,共同编纂了《铁路工程建设指导性工艺工法手册》(第2批)。

本手册共分为站前工程、站后工程和站房工程三册,涵盖了路基、桥梁、隧道、轨道、客服、信息、站房结构、站房装饰装修等专业,内容丰富,技术先进,实用性强,可为铁路工程建设提供参照和借鉴。例如,明挖隧道喷涂速凝橡胶沥青防水涂料施工工法有效克服了富水明挖隧道的渗漏问题,有利于形成多层、全面、系统的防水体系;隧道三台阶带仰拱同步开挖施工工法有效克服了软弱围岩初期支护变形大、变形持续时间长等问题,有利于控制软弱围岩隧道变形,保证软弱围岩隧道支护结构的稳定和大断面隧道施工安全;大跨度拱桥钢筋混凝土拱圈斜拉扣挂加分环分段组合施工工法和大跨刚性梁柔性拱桥拱肋拼装及竖转施工工法推动了大跨度桥梁节段悬拼施工、转体施工技术的进步和革新;铁路泡沫轻质土路基施工工法有效解决了路基帮宽、过渡段、特殊土路基、陡坡路段等特殊路段沉降变形控制的路基填筑难题;CRTSⅢ型先张无砟轨道板流水机组法自动化生产施工工法和智能精调施工工艺有效提升了我国无砟轨道智能化生产技术水平。站后客服信息工程的4项工艺工法充分依托BIM技术,有助于优化线缆布放设备布局安装、系统调试方案,降低材料消耗,提升站后客服信息工程精细化施工管理水平。站房工程的16项工艺工法依托BIM技术和信息化手段,有助于提高施工质量,实现与地方文化特色的巧妙融合,推进精品客站建设。

本手册编写委员会对工艺、工法进行了认真的编制、校核和修正。京沈铁路客运专线辽宁有限责任公司、昌九城际铁路股份有限公司、晋豫鲁铁路通道股份有限公司、沪通长江大桥建设指挥部、北京局集团公司京南工程项目管理部,中铁四局、五局、六局、九局、十局、十一局、十二局、十八局、大桥局、隧道局、北京工程局集团有限公司,中铁建工、中铁建设、中铁电气化局、中铁城建集团有限公司,中交第二航务工程局有限公司、通号通信信息集团有限公司、北京经纬信息技术有限公司、浙大网新系统工程有限公司等单位具体参与了相关工艺工法的编制工作。

希望铁路建设各参与方,在铁路建造过程中发挥各自的优势和力量,共同推进铁路科技创新,为进一步提升我国铁路建设水平贡献智慧和力量。

2020年11月3日

目　录

第一篇　结构工程

第二篇　装饰装修工程

第三篇　外幕墙工程

第一篇　结 构 工 程

一、大跨度超重钢网架整体提升施工工法

1 前 言

在中国经济建设和文化建设飞速发展、人民生活日新月异的今天，公共建筑开始追求更大跨度的覆盖空间，空间网架结构以其独特优点获得了广泛青睐。网架安装作为网架工程施工的关键技术，也是工程的重难点所在。新建贵阳北站站房工程，屋面采用正放四角椎焊接球网架与钢桁架组合结构，投影面积为 67 121 m^2，总重量为 4 233 t。网架采用全焊接球节点，桁架采用管-管相贯节点形式。屋面网架结构三级叠落，最大高差为 5.71 m，形式较为复杂，如图 1 所示。工程通过对大跨度屋盖网架的累积提升技术的研究与应用，在此类工程施工中取得良好的应用效果，总结形成本工法。

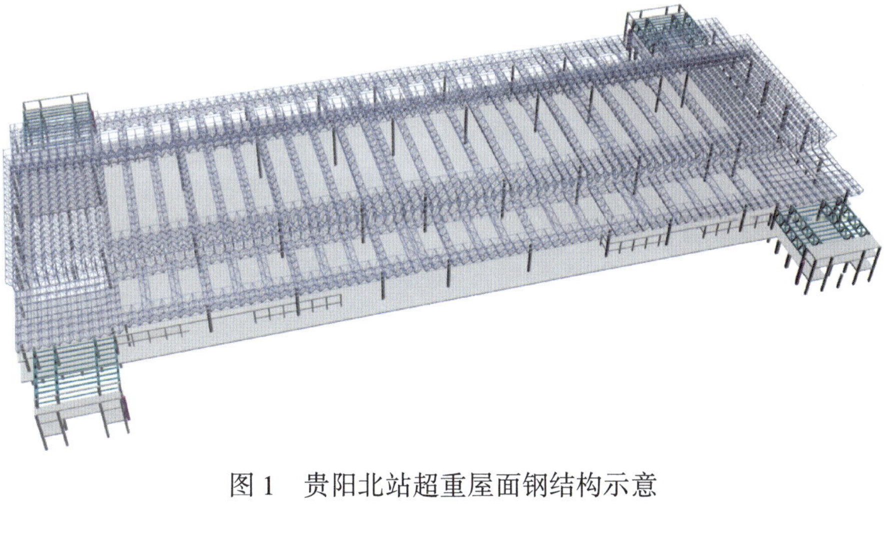

图 1 贵阳北站超重屋面钢结构示意

2 工法特点

2.1 本工程采用分级累积提升，高架站房一级屋面网架与二级屋面网架分两次提升，通过计算机控制液压同步提升技术，先提升高架站房一级屋面

网架至二级网架合龙位置,与二级网架合龙,然后整体提升大屋盖网架。

2.2 大量拼装和焊接等工作可在地面完成,大幅度减少了高空作业,降低了工程的安全管理的难度。

2.3 无需搭设脚手架做胎架或拼装平台,节约成本。

2.4 现场可以形成多点、多面流水作业,提高地面拼装效率,也利于控制安装精度。

3 适用范围

本工法适用于大跨度站房、航站楼等超重钢网架结构工程的施工,特别适用于超大超重的分级钢屋盖施工。

4 工艺原理

4.1 通过建模计算设计钢网架的受力工况及提升钢结构的受力工况,分析钢结构提升与设计的受力工况,进行部分杆件的替换。

4.2 采取液压同步累积提升技术进行提升。液压同步累积提升系统由集群油缸系统、泵站系统、钢绞线承重系统、传感器检测系统和计算机控制系统五部分组成,通过对油缸动作同步控制及油缸伸缸速度同步控制来实现整个结构的同步提升。

5 施工工艺流程及操作要点

5.1 施工工艺流程

5.1.1 工艺流程如图 2 所示。

5.1.2 提升具体步骤如下。

第一步:在楼面上拼装一级、二级屋面网架,所有提升工装设备安装就位,经检查系统一切正常后准备提升。提升前要有专门人员收听天气预报,及时掌握天气状况,选择好的天气进行提升,如图 3 所示。

第二步:断开一级屋面节点球下方临时支撑,专业安装人员对现场提升系统以及提升上下锚点进行最后一次检查,开始试提升,提升 100~150 mm 后,静置 4~12 h,期间实时监测设备以及结构的变形情况。所有情况正常后,才可提升。将一级屋面提升至与二级屋面相连的位置,如图 4 所示。

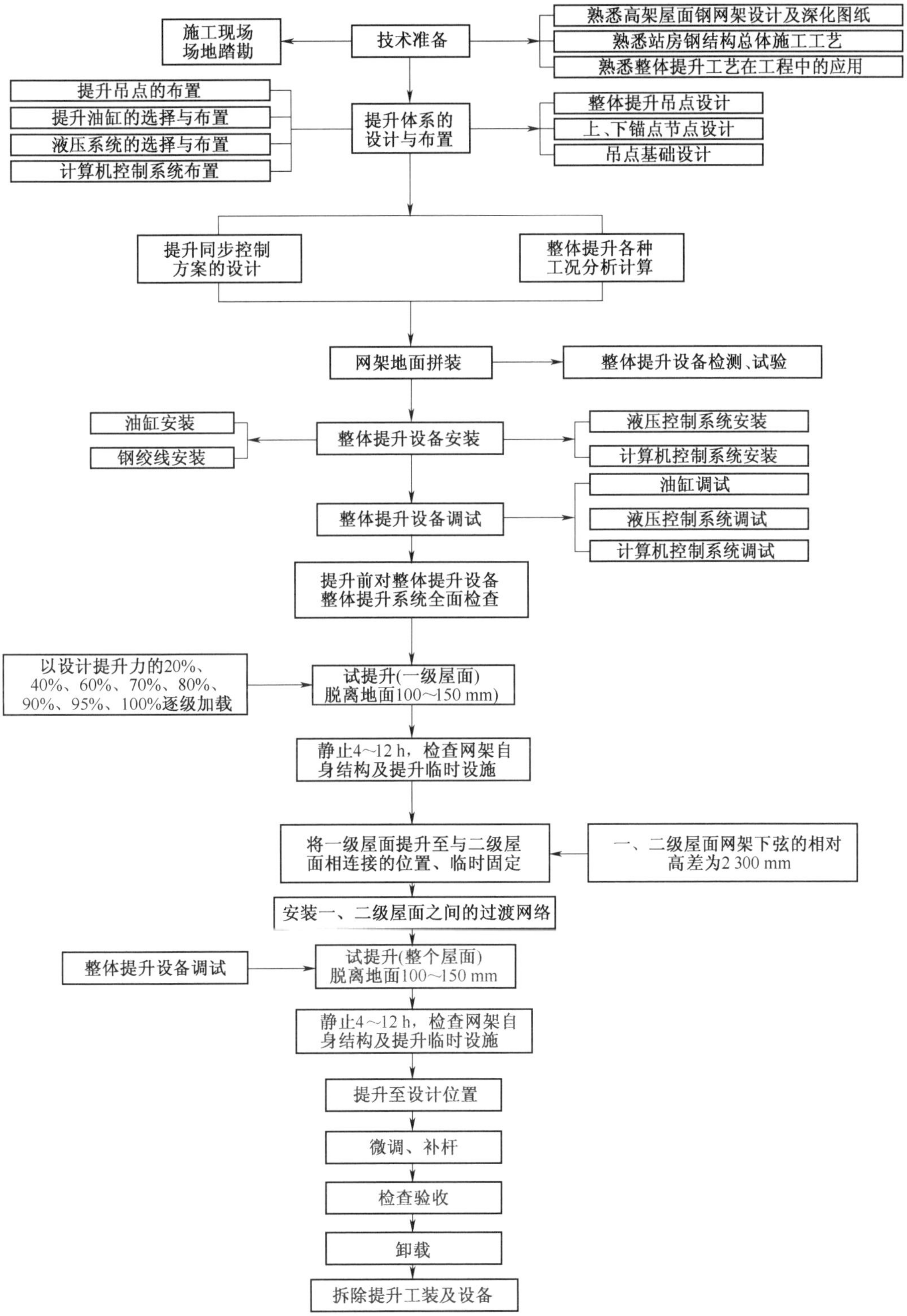

图 2　累积提升施工工艺流程示意

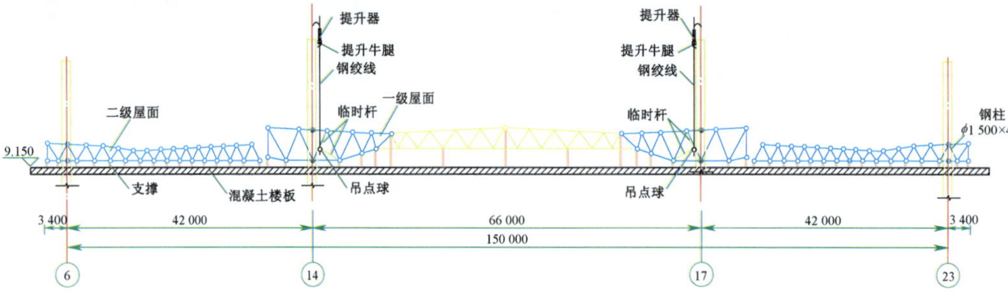

图 3　楼面上散拼一、二级屋面钢网架示意(单位除高程为 m 外,其余均为 mm)

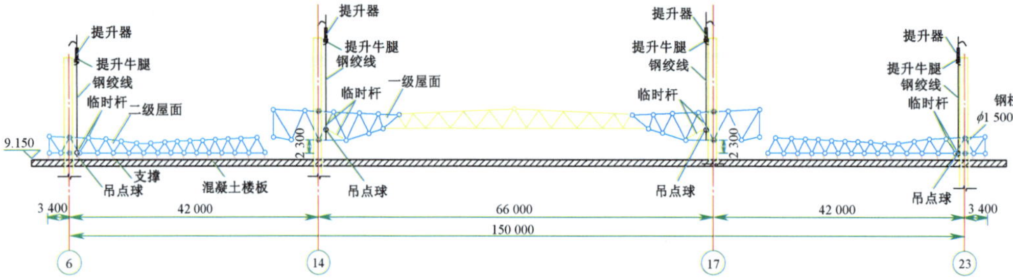

图 4　提升一级屋面钢网架至与二级屋面钢网架相连位置示意(单位除高程为 m 外,其余均为 mm)

第三步:安装一级屋面与二级屋面之间的过渡网格,如图 5 所示。

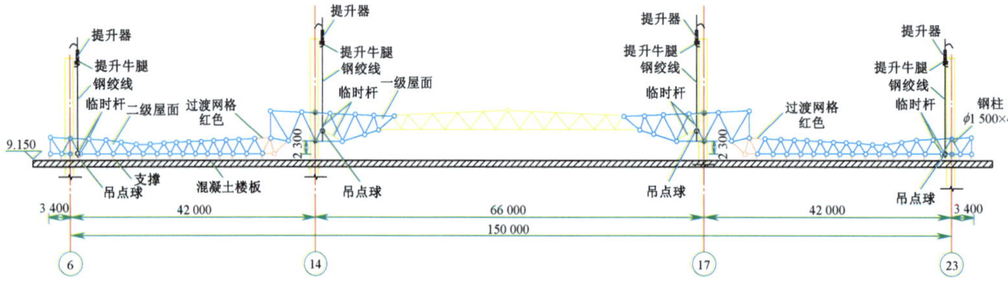

图 5　安装一、二级屋面之间的过渡网格示意(单位除高程为 m 外,其余均为 mm)

第四步:将合龙后的一级屋面、二级屋面网架整体提升。提升速度 2~3 m/h,期间提升行程约 18.623 m,耗时约 9 h,如图 6 所示。

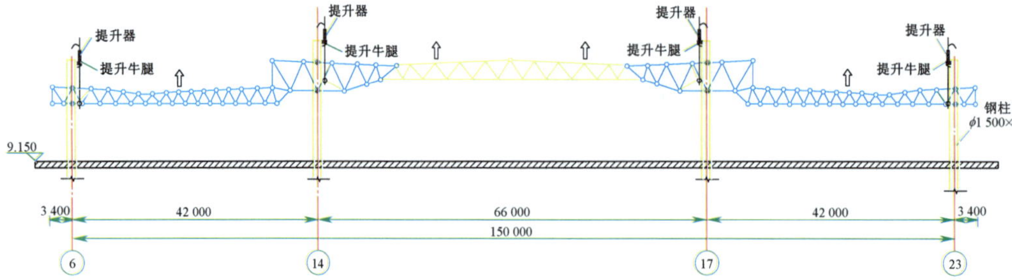

图 6　整体提升一、二级屋面钢网架示意(单位除高程为 m 外,其余均为 mm)

第五步：将一级屋面、二级屋面提升至设计标高，安装后装杆件。卸载完毕后，逐步拆除提升设备及临时措施，如图 7 所示。

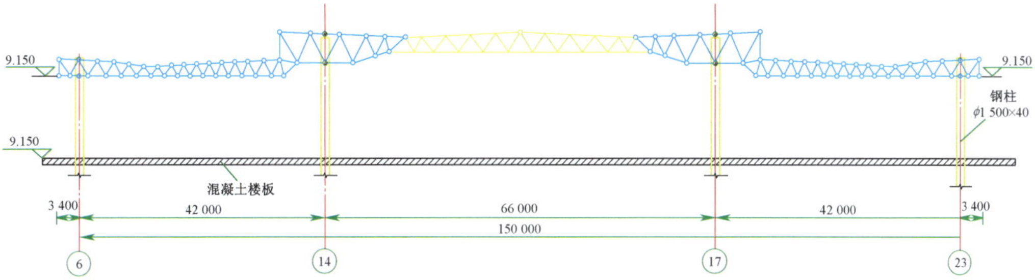

图 7　提升至设计标高，安装后装杆件，卸载提升设备示意（单位除高程为 m 外，其余均为 mm）

根据本工程网架布置的特点（整个高架站房网架由 M 轴—3/M 轴、1/J 轴—K 轴处的两条伸缩缝分割为相互独立的三个部分），在网架提升时，分为三个区单独提升，分别为提升一区（WJ7、WJ8）、提升二区（WJ9～WJ12）、提升三区（WJ13～WJ116），如图 8 所示。

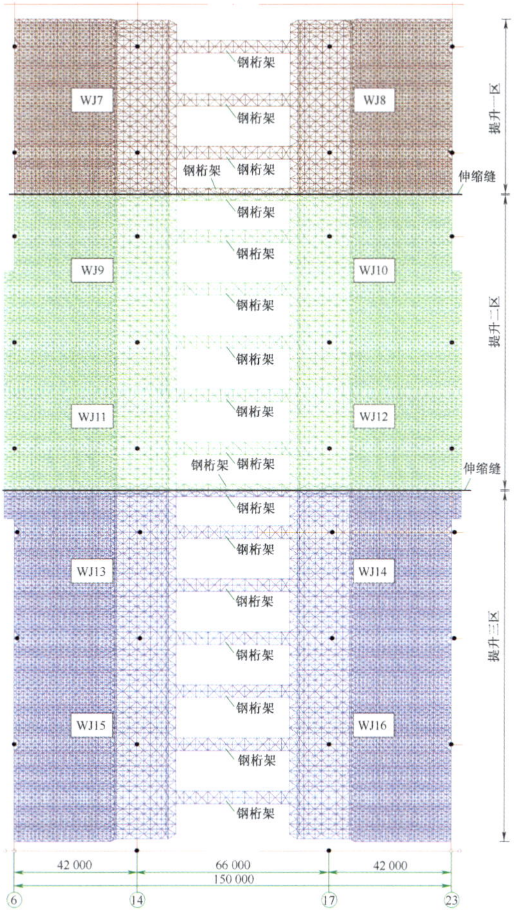

图 8　提升区域划分示意（单位：mm）

根据本工程的施工整体部署,网架的提升顺序为:提升一区→提升三区→提升二区。

5.2 提升体系布置

5.2.1 提升点、千斤顶的选择与布置

三区共设36对吊点(一个上吊点对应一个下吊点;其中包括提升三区四个临时支架),使用千斤顶36台,提升点布置在6轴、14轴、17轴、23轴;405 t千斤顶12台,180 t千斤顶24台,千斤顶布置于钢管混凝土柱顶。累积提升点布置如图9~图11所示。

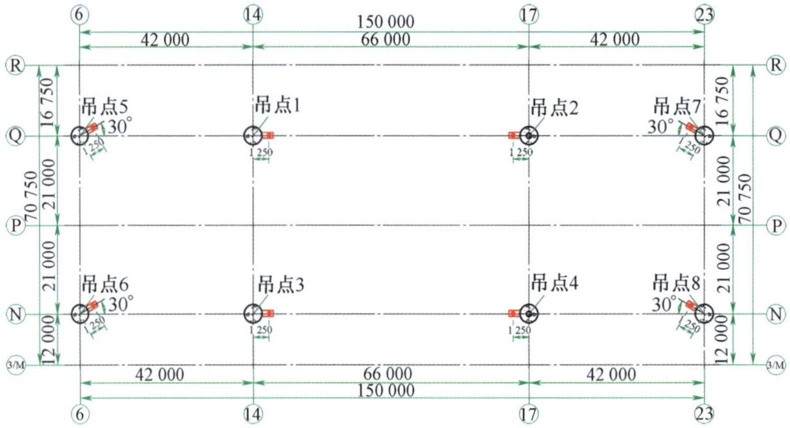

图9　提升一区吊点布置示意(单位:mm)

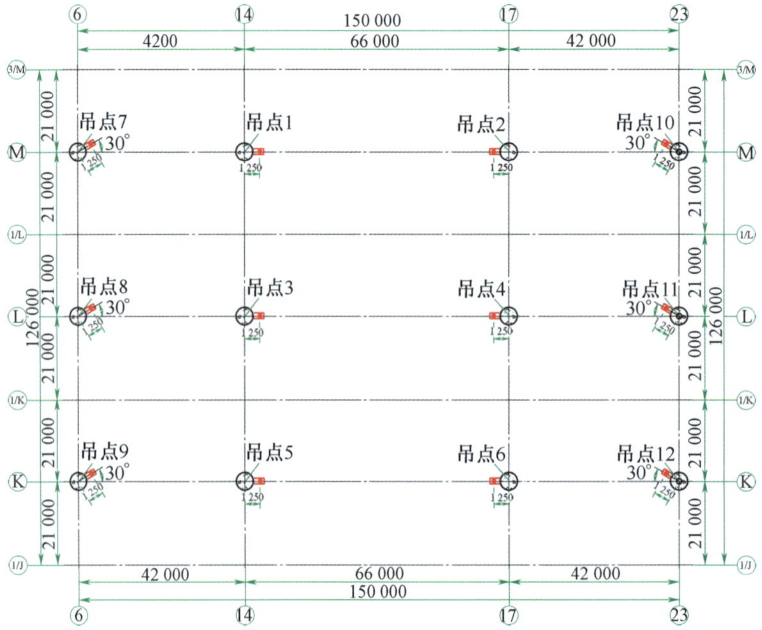

图10　提升二区吊点布置示意(单位:mm)

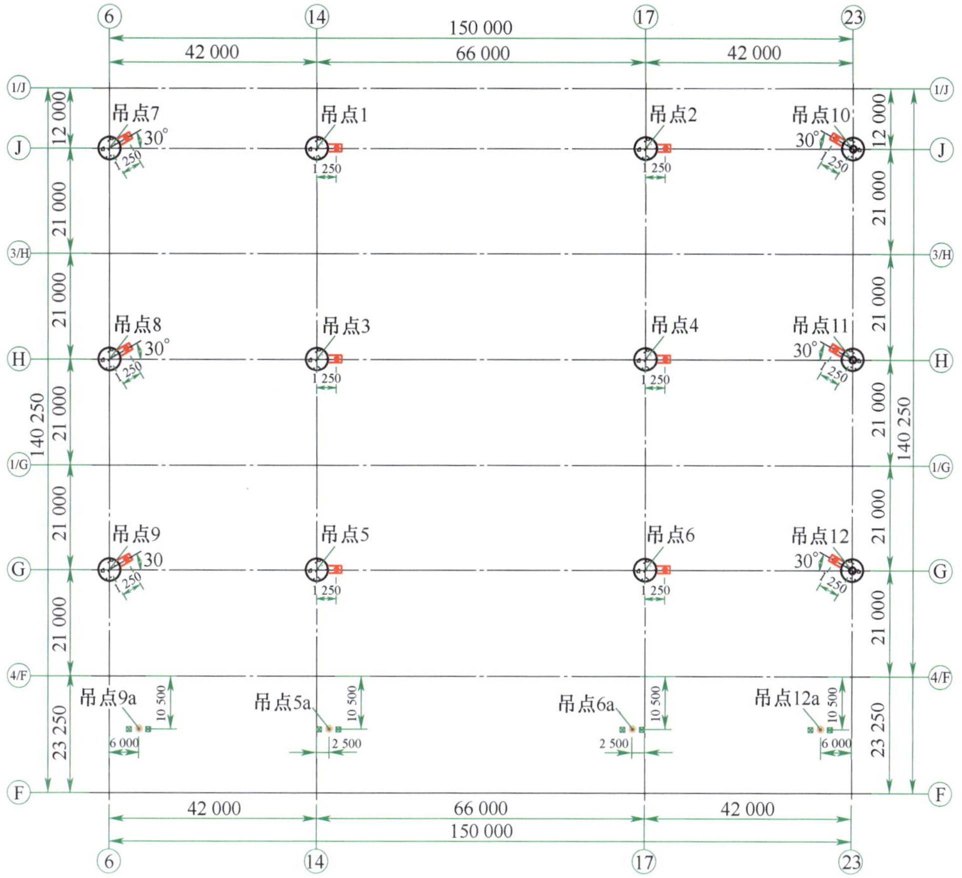

图 11　提升三区吊点布置示意(单位:mm)

5.2.2　液压提升器配置技术性能

本工程选用的液压提升器的型号为 YS-SJ-180 型和 YS-SJ-405 型,其额定提升重量分别为 180 t、405 t。

钢绞线作为柔性承重索具,采用高强度低松弛预应力钢绞线,抗拉强度为 1 860 MPa,单根直径为 17.80 mm,破断拉力不小于 36 t。提升一区~提升三区的提升器配置分别见表 1~表 3。

5.2.3　提升吊点设计

1. 上吊点设计。

“提升一区”1、2、3、4 号吊点,“提升二区”1、2、3、4、5、6 号吊点,“提升三区”1、2、3、4、5、6 号吊点。吊点材料材质为 Q345B;牛腿与钢柱连接焊缝均为单面坡口焊,焊缝等级二级,焊缝交叉处应预留 $R=120$ mm 的焊接应力孔,具体如图 12 所示。

表 1　提升一区提升器配置

吊点编号	提升反力值(kN)	液压提升器型号	提升器布置数量(台)	每台提升器钢绞线配置(根)	安全系数	备注
1	1 413	YS-SJ-405	1	16	3. 99	
2	1 417	YS-SJ-405	1	16	3. 98	
3	1 887	YS-SJ-405	1	18	3. 37	
4	1 890	YS-SJ-405	1	18	3. 36	
5	486	YS-SJ-180	1	5	3. 63	
6	586	YS-SJ-180	1	6	3. 61	
7	478	YS-SJ-180	1	5	3. 69	
8	577	YS-SJ-180	1	6	3. 67	
总计	8 734			90		

表 2　提升二区提升器配置

吊点编号	提升反力值(kN)	液压提升器型号	提升器布置数量(台)	每台提升器钢绞线配置(根)	安全系数	备注
1	1 795	YS-SJ-405	1	18	3. 54	
2	1 766	YS-SJ-405	1	18	3. 60	
3	2 011	YS-SJ-405	1	20	3. 51	
4	2 012	YS-SJ-405	1	20	3. 51	
5	1 797	YS-SJ-405	1	18	3. 53	
6	1 808	YS-SJ-405	1	18	3. 51	
7	539	YS-SJ-180	1	6	3. 93	
8	777	YS-SJ-180	1	8	3. 63	
9	615	YS-SJ-180	1	6	3. 44	
10	534	YS-SJ-180	1	6	3. 96	
11	770	YS-SJ-180	1	8	3. 67	
12	617	YS-SJ-180	1	6	3. 43	
总计	15 041			152		

表 3　提升三区提升器配置

吊点编号	提升反力值（kN）	液压提升器型号	提升器布置数量（台）	每台提升器钢绞线配置（根）	安全系数	备注
1	1 826	YS-SJ-405	1	18	3.48	
2	1 818	YS-SJ-405	1	18	3.49	
3	2 014	YS-SJ-405	1	20	3.50	
4	2 030	YS-SJ-405	1	20	3.48	
5	1 945	YS-SJ-405	1	20	3.63	
6	1 936	YS-SJ-405	1	20	3.64	
5a	764	YS-SJ-180	1	8	3.69	
6a	761	YS-SJ-180	1	8	3.71	
7	557	YS-SJ-180	1	6	3.80	
8	631	YS-SJ-180	1	7	3.91	
9	572	YS-SJ-180	1	6	3.70	
9a	371	YS-SJ-180	1	4	3.80	
10	553	YS-SJ-180	1	6	3.83	
11	631	YS-SJ-180	1	7	3.91	
12	574	YS-SJ-180	1	6	3.69	
12a	374	YS-SJ-180	1	4	3.77	
总计	17 357			178		

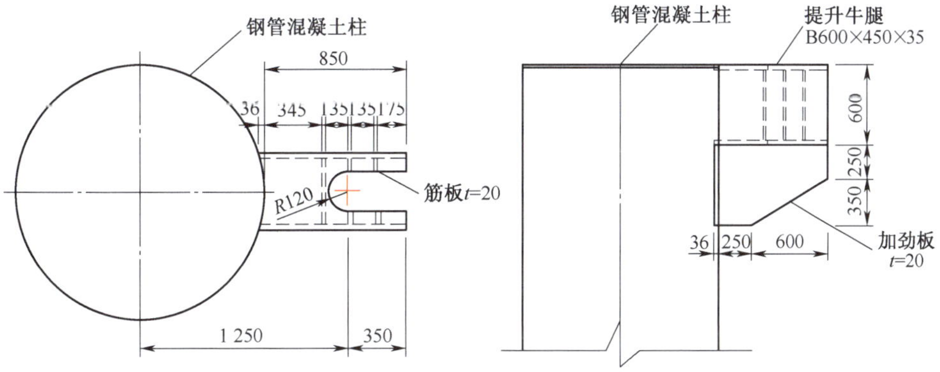

图 12　405 t 提升吊点示意（单位：mm）

“提升一区”5、6、7、8 号吊点，“提升二区”7、8、9、10、11、12 号吊点，“提升三区”7、8、9、10、11、12 号吊点。吊点材料材质均为 Q345B；牛腿与钢柱连接焊缝均为单面坡口焊，焊缝等级二级，焊缝交叉处应预留 $R = 120$ mm 的焊接应力孔，具体如图 13、图 14 所示。

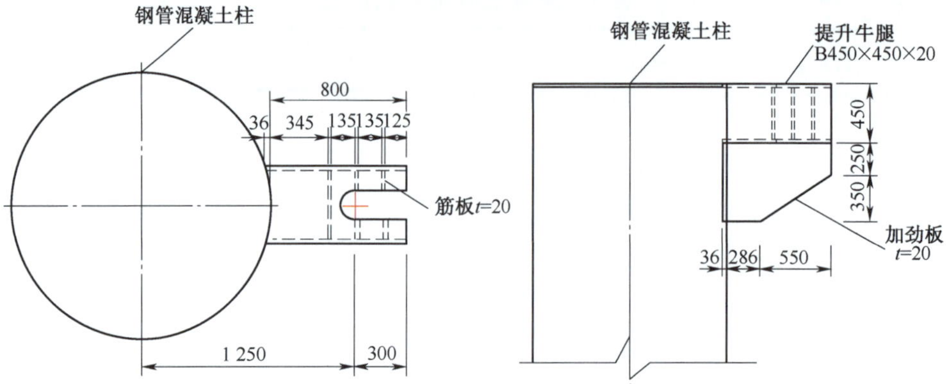

图 13　180 t 提升吊点示意(单位:mm)

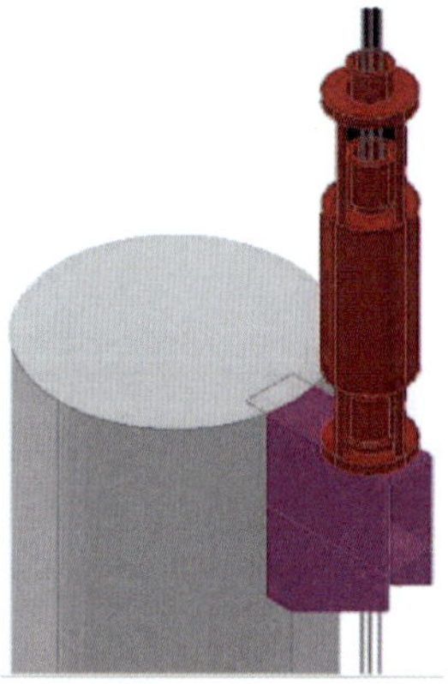

图14　钢管混凝土柱提升上吊点模型

2. 下吊点设计。

提升下吊点采用焊接球节点,焊接球中部设置钢管,底部设置加劲板及底板,用来与专用地锚连接,具体如图 15 所示。

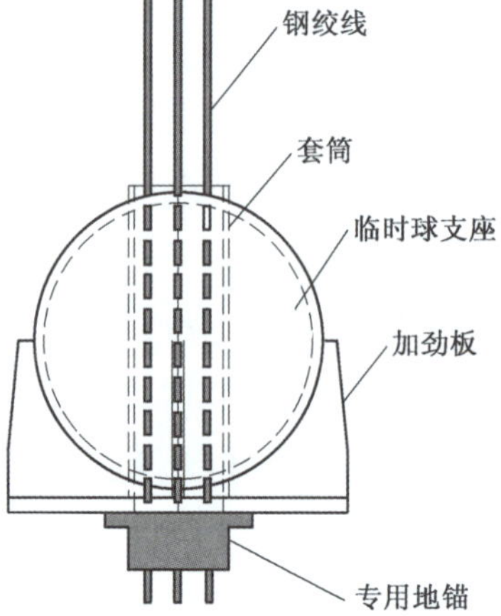

图 15　提升下吊点临时球吊点示意

由于临时球下部需留有安装专用吊具距离，临时球底面需离开地面500 mm以上。

180 t 提升下吊点要保证圆管内径 150 mm 范围内无阻碍，405 t 提升下吊点要保证圆管内径 230 mm 范围内无阻碍，能穿过提升钢绞线。底板长度 $L \geqslant D$，临时球规格为直径 600～750 mm。钢管混凝土柱与吊点中心距离为 1 250 mm，确定临时球规格时注意避免与钢管混凝土柱相碰。

3.“提升三区”临时支架设计如图 16、图 17 所示。

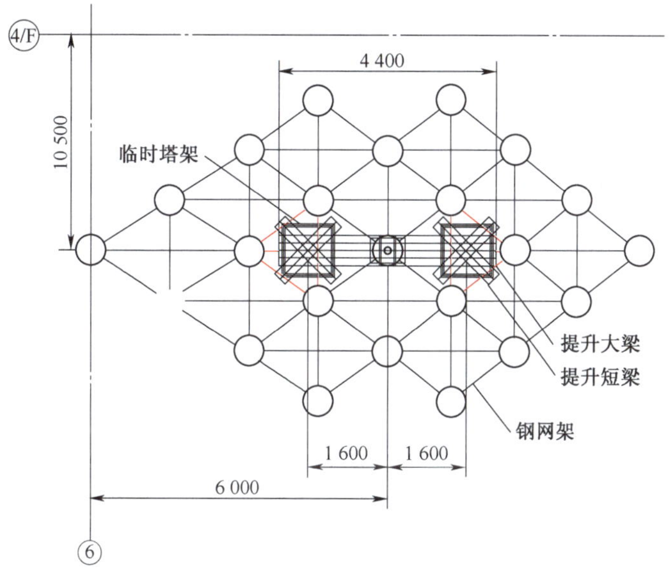

图 16 “提升三区”9a、12a 吊点平面示意(红色为后装杆件，单位：mm)

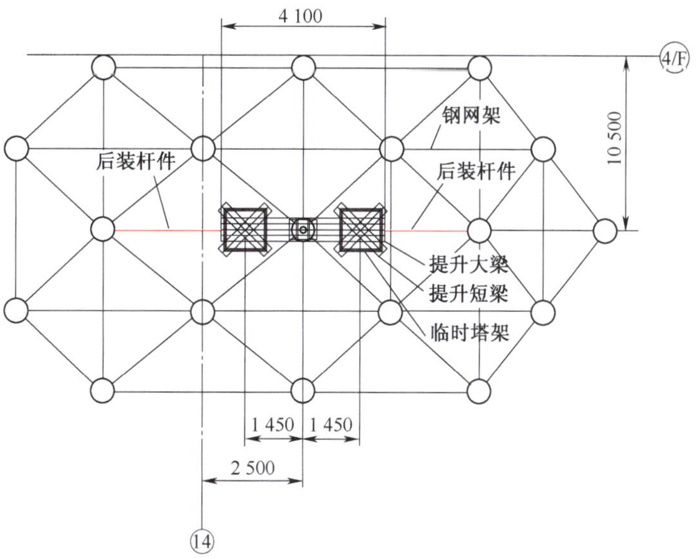

图 17 “提升三区”5a、6a 吊点平面示意(红色为后装杆件，单位：mm)

5.3　网架拼装

5.3.1　上料

采用塔吊进行网架构件的垂直运输。在上料的过程中,应及时将构件铺开,严禁集中堆载,同时应严格控制混凝土楼板的堆放荷载,严禁超载。

5.3.2　安装网架杆件、球

1. 网架安装时应先从支座处开始安装,尽快形成稳定的空间网格,即先将支座临时连接起来,防止网架发生位移。

2. 网架安装时,先进行下弦球的定位安装。每个下弦球采用全站仪进行精确定位。杆件的定位根据圆管轴线过球心相贯线为一直线的原理进行定位,如图18所示。

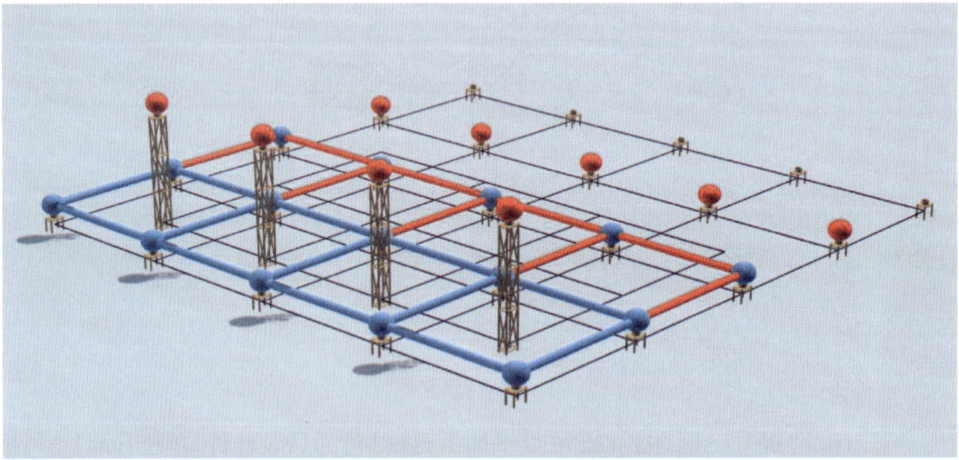

图18　下弦球定位安装示意

3. 为便于网架吊装,加快施工进度,可在地面上将节点球与杆件组拼为一个小的吊装单元。

4. 采用塔吊将小拼单元吊至操作平台上,杆端与支座相连,球节点搁置在独立支撑点上(支撑点做法如图19所示),采用全站仪对球节点进行临时三维定位,在定位的过程中应注意杆端与支座球的相贯口,确保管口与支座球均匀相贴。

临时定位完成后将杆件与周边的球点焊固定,并用手拉葫芦将小拼单元与脚手架拉牢,防止构件滑落并可对节点球进行微调。

5. 搭设上弦焊接球定位支撑架,并吊装上弦焊接球就位,同时安装斜腹杆。

安装节点球之间的连接杆件,先采用塔吊或汽车吊吊至操作平台上,然后用手拉葫芦进行调节就位,检查杆件与节点球相贯口是否均匀相贴,满足要求后将杆件与球点焊固定。

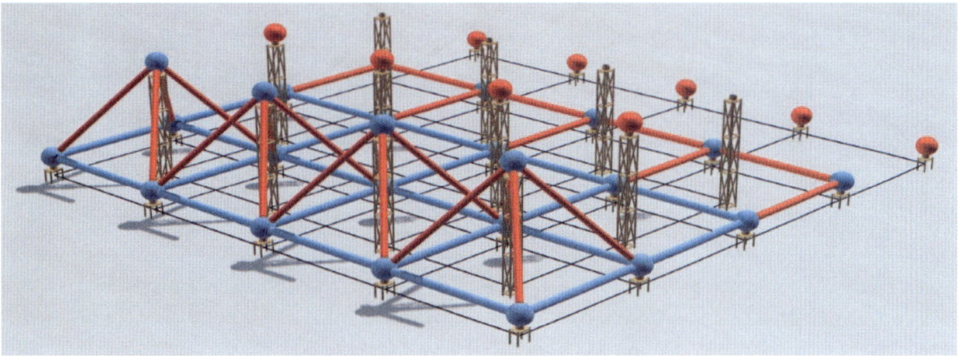

图 19　球节点支撑点做法示意

当两个节点球安装完毕后,在安装两节点球之间的杆件时会出现杆件难以插入的情况,此时可将节点球进行微调,待杆件装入后,恢复节点球的位置,检查各杆与节点球的相贯情况,并采用全站仪再次复核节点球的三维坐标,满足设计及规范要求后,将杆件与球点焊固定。

6. 安装上弦杆,如图 20、图 21 所示。

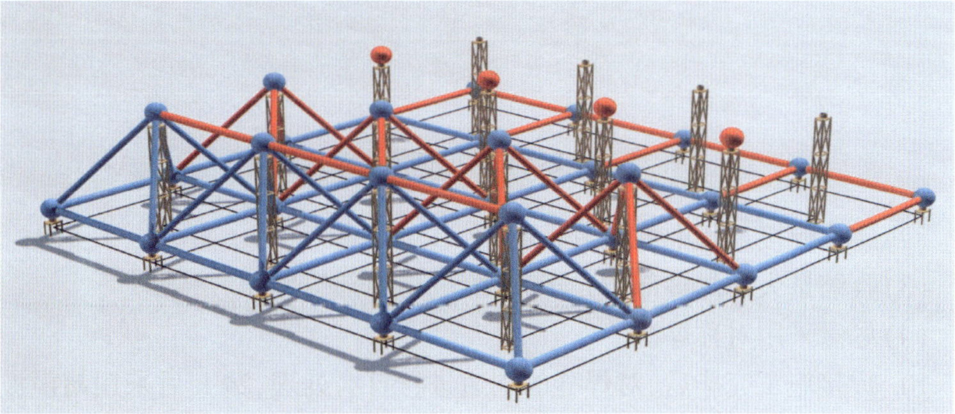

图 20　定位上弦杆-1 示意

7. 采用同样的方法安装下一个网格,从支座位置逐步向周边扩散,如图 22 所示。

8. 在网架安装过程中,应做好测量记录,当节点发生偏差时,应在下一个网格及时纠偏,避免产生累计误差。

9. 当安装完成多个网格(一般为 4 个网格)后,可开始焊接施工,焊接顺序的选择应遵循以下原则:

(1)应使焊接变形和收缩量最小。

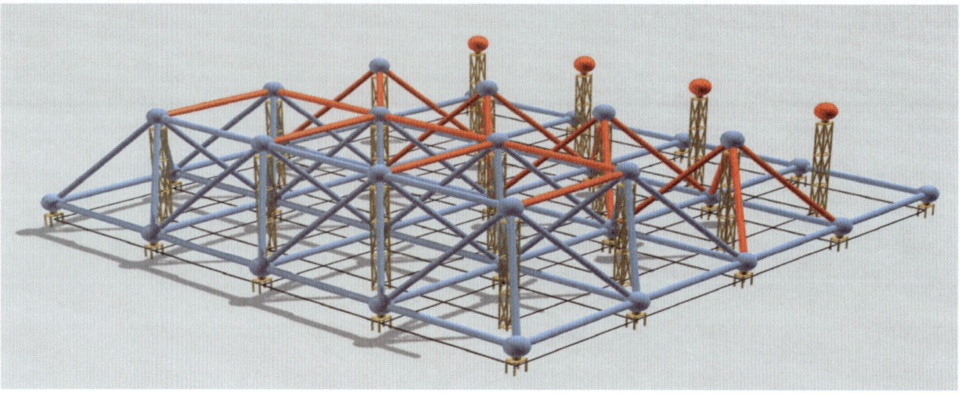

图 21　定位上弦杆-2 示意

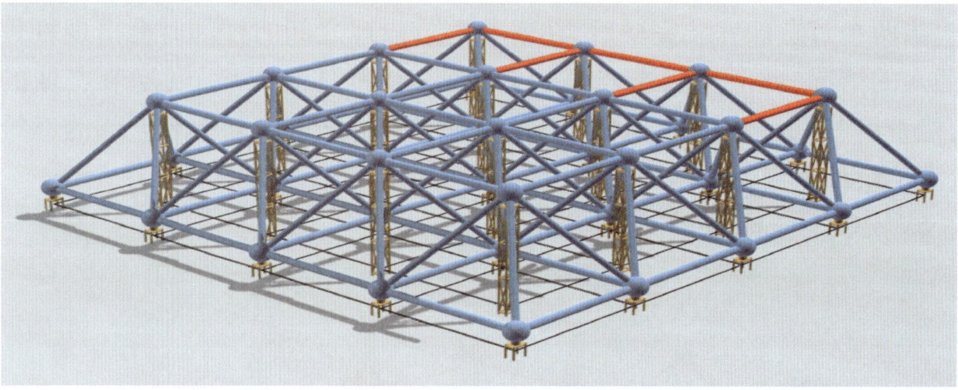

图 22　从支座位置向四周安装示意

(2)应使焊接过程中加热量平衡。

(3)收缩量大的焊接部位先焊,收缩量小的部位后焊。

(4)尽量采用对称焊法。

10. 焊接施工完毕后,对焊缝的周边进行打磨处理,24 h 后采用超声波进行检测,如焊缝不能满足设计及规范要求,应及时对焊缝进行返修。

11. 检测合格后,对节点进行清洁处理,补涂底漆。

12. 进行中间漆、面漆的涂装。

5.3.3　地面网架安装测量控制

本工程网架拼装精度将直接影响到整个工程的施工质量,并且拼装精度控制是整体提升控制以及提升合龙的基础,因此对拼装精度的有效控制是本工程的控制要点。

1. 控制网的建立

根据原有控制点,计算拟建的主控制网各控制点的坐标,并建立新的坐标系，利用轴线关系计算各个节点的坐标。

控制点应选在能长期保存，便于施测，坚实、稳固的地方，在布设控制点时，应保证控制点与拟测的节点能够通视。

根据本工程网架安装测量的要求，需在网架的四个面各布置两个控制点，控制点做法如图 23 所示。

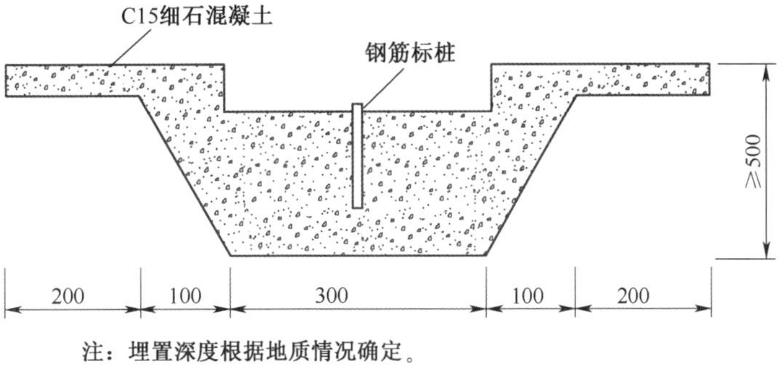

图 23　测量控制点设置示意（单位：mm）

为保证测量控制网的精度，每次使用控制点之前必须进行检查复核。

2. 球节点的定位测量控制方法

施工图中节点球的定位坐标为节点球球心坐标，而在测量过程中无法直接测量球心的坐标，在现场节点球定位测量过程中需将节点坐标进行转换。

节点坐标转换的过程即为找节点球球心的过程，根据圆管与球相贯时投影线的原理可知，当圆管轴线通过球心时，相贯面的投影线为一条直线，故采用如图 24 所示装置可实现节点球坐标的转换。

当钢管管口四周与节点球紧密贴紧，且钢管处于垂直状态时，钢管的轴线必在节点球球心的铅垂线上。在测量时只需测量钢板中心点的坐标即可得到节点球的坐标（*X*—与节点球坐标相同，*Y*—与节点球坐标相同，*Z*—将实测数值减去棱镜至球心的距离，该距离可在图上实测）。

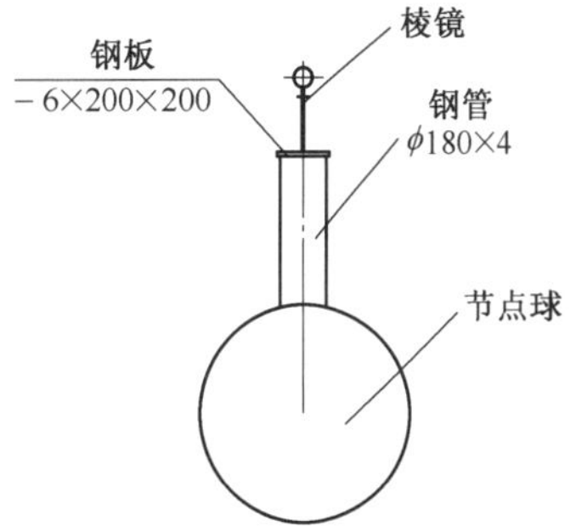

图 24　节点球坐标转换装置示意（单位：mm）

3. 测量操作步骤

测量操作布骤如下：

（1）将钢管管口扣在节点球上，使管口与节点球外表面紧密贴紧。

（2）在转换件的顶板上放置水平尺，通过水平尺的气泡调整转换件的垂直度。调整垂直度是调整两个方向。

(3)转换件垂直度调整完毕后,将棱镜放置在转换件顶板的中心点位置,调整棱镜的垂直度进行测量。

4. 转换件制作要点

转换件制作要点为:

(1)钢管端口应铣平,端面对管轴的垂直度偏差不大于0.005R,管口曲线偏差不大于1.0 mm。

(2)钢管与顶板焊接时,应先找顶板的中心点,做好标记(后期测量是以此点作为测量点),然后以此点为圆心划出钢管与顶板的相贯线,然后定位钢管。

5.4 网架提升与卸载控制

5.4.1 网架提升控制

1. 液压提升的稳定性

采用液压提升整体同步提升网架结构,与用卷扬机或吊机吊装不同,可通过调节系统压力和流量,严格控制起动的加速度和制动加速度,使其接近于零,保证提升过程中网架结构。

2. 网架自身的稳定性控制

网架的设计工作状态中,在网架结构卸载就位之前,无论在建筑造型和结构体系上都与设计状态不一致。另外,网架结构的提升工艺特殊性导致部分杆件无法在就位之前安装。这些都对整体提升过程中网架结构的稳定性造成影响。

通过对整体提升过程各种工况的网架结构进行分析,对提升安装过程中的结构变形、应力状态进行预先调整控制;网架中间及端部分段在组拼时、提升之前通过加设临时支撑结构、加固构件/板件,临时改变永久结构的受力体系,达到控制局部变形和改善局部应力状态的目的,保证网架结构在提升安装过程的稳定性和安全性。

3. 液压提升力的控制

待液压系统设备检测无误后开始试提升。经计算,确定液压提升器所需的伸缸压力(考虑压力损失)和缩缸压力。开始试提升时,液压提升器伸缸压力逐渐上调,依次为所需压力的20%、40%,一切都正常的情况下,可继续加载到60%、70%、80%、90%、95%、100%。

当遇到某吊点实际提升力有超出设定值趋势时,液压提升系统自动采取溢流卸载,使得该吊点提升反力控制在设定值之内,以防止出现各吊点提升反力分布严重不均,造成对永久结构及临时设施的破坏。

4. 空中停留的稳定性控制

由于本工程网架的提升工艺为分块累积提升，为保证网架结构在暂停提升时的稳定性，主要从以下几个方面考虑：

(1)液压提升器自身独有的机械和液压自锁装置，保证了网架单元在整体提升过程中能够长时间在空中停留。

(2)网架单元提升离地之前，应在其立柱附近，将水平限位所需的钢丝绳、卸扣和导链等预先挂好，方便随时使用。

5. 提升过程同步控制措施

网架整体同步提升过程中，液压提升系统的同步性控制是稳定性控制的一个重要环节。

首先是液压同步提升系统设备自身设计的安全性保障。通过液压回路中设置的液压自锁装置以及机械自锁系统，在液压提升器停止工作或遇到停电、油管爆裂等意外情况时，液压提升器能够长时间锁紧钢绞线，确保被提升结构的安全。

其次是保证液压提升系统设备的完好性，在正式提升之前进行充分的调试，以确保其在整个提升过程中能够将同步精度控制在预先设定的安全范围之内。

另外采用人工测量的方式进行辅助监控。提升前在每个吊点下方地面上设好测量点，提升过程中每提升一段距离(约 5 m)，利用激光测距仪对每个吊点进行绝对高度测量，并进行高差比对。当相对最大高差大于预设数值时，立即通过手动控制的方式进行调整。

6. 提升速度控制

为保证本次提升过程顺利，提升速度控制在 2~3 m/h，加速度接近于零。分级加载以及对口就位过程根据现场要求适当降低速度。

5.4.2 网架卸载控制

1. 卸载条件：提升就位后，弦杆补装完毕，腹杆补装完毕，准备卸载。

2. 卸载方式：采用提升器分级下降卸载，卸载共分 5 级，依次为 20%、40%、60%、80%，在确认各部分无异常的情况下，可继续卸载至 100%。直至提升器钢绞线松弛，不再受力。钢屋盖桁架结构自重荷载完全转移到柱顶支座上，结构受力形式转化为设计工况。卸载完毕后，拆除提升临时设备。

6 材料与设备

液压提升器的型号为 YS-SJ-180 型和 YS-SJ-405 型，其额定提升重量分别为 180 t、405 t。

钢绞线采用高强度低松弛预应力钢绞线,抗拉强度为 1 860 MPa,单根直径为 17.80 mm,破断拉力不小于 36 t。

液压泵源系统选用 4 台 YS-PP-60 型。

其他机械设备:塔吊、自卸吊、汽车吊、CO_2焊机、直流电焊机、碳刨机、空气压缩机、烘干箱、焊条保温筒、测温笔、测温仪、磨光机、手动扳手。

测量仪器设备:全站仪、经纬仪、水准仪、反射棱镜、塔尺、大盘尺、超声波探伤仪、万能角度尺、干漆膜测厚仪。

7 质量控制

7.1 质量控制措施

7.1.1 网架拼装精度保证

7.1.1.1 拼装胎架精度保证

1. 严格控制拼装台轴线及标高精度。

2. 网架拼装的轴线及标高(起拱)控制是通过拼装砌块上的钢支架(钢管)控制的,因此在拼装前,要求对所有钢管的轴线及标高进行复测,确保拼装精度。

7.1.1.2 拼装精度控制

1. 拼装过程中要求测量人员跟踪测量,控制小拼单元、中拼单元的拼装精度。

2. 分时段、分区段对拼装完成部位进行复测,发现不合格立即调整。

3. 严格执行各道工序之间的交接工作,在拼装过程中执行自检、互检、交接检,每一道工序做到由专人、专业作业队负责。

7.1.2 提升工装构件安装质量控制措施

累积提升工装设备的安装按照钢结构施工质量验收规范中构件安装精度要求执行,对于特殊节点焊接必要时进行超声波探伤。

7.1.3 提升合龙精度控制措施

在提升及合龙过程中对网架的变形进行实时监测,确保结构累积安全。制定相应合龙顺序,保证构件安装质量。分级卸载确保合龙后结构安全。

7.2 质量控制要求

7.2.1 提升工装安装精度要求

网架提升工装安装精度允许偏差见表 4。

表 4　提升工装设备允许偏差

序号	项　　目	允许偏差(mm)
1	油压千斤顶安装轴线偏差控制	±5.0
2	提升架上弦固定锚盘尺寸偏差	±5.0
3	提升瞬间调整偏差	±3.0
4	控制轴线综合偏差	±5.0

7.2.2　提升合龙精度要求

网架提升合龙点安装精度允许偏差见表 5。

表 5　提升合龙点允许偏差

序号	部位	项　　目	允许偏差(mm)
1	网架	合龙点标高	±15.0
2		合龙点位移	±15.0

7.2.3　拼接单元精度要求

1. 组装单元的允许偏差应符合表 6 的规定。

表 6　小拼单元的允许偏差

序号	项　　目	允许偏差(mm)
1	支座中心偏移	2.0
2	焊接支座节点与构件中心线的偏移	1.0
3	杆件轴线的弯曲矢高	L_1/1 000,且不应大于 5.0

注:L_1 为杆件长度。

2. 中拼单元的允许偏差应符合表 7 的规定。

表 7　中拼单元的允许偏差

序号	项　　目		允许偏差(mm)
1	单元长度小于等于 20 m,拼接长度	单　　跨	±10.0
		多跨连续	±5.0
2	单元长度大于 20 m,拼接长度	单　　跨	±20.0
		多跨连续	±10.0

3. 钢网壳结构安装完成后,其安装的允许偏差应符合表 8 的规定。

表 8　钢网壳结构安装的允许偏差

序号	项　　目	允许偏差(mm)
1	纵向、横向长度	L/2 000,且不应大于 30.0 -L/2 000,且不应大于 30.0
2	支座中心偏移	L/3 000,且不应大于 30.0
3	周边支撑网架相邻支座高差	L/400,且不应大于 15.0
4	支座最大高差	30.0
5	多点支承网架相邻支座高差	L_1/800,且不应大于 30.0

注:(1)L 为纵向、横向长度;

(2)L_1 为相邻支座间距。

焊接质量检查包括外观和无损检测,外观检查按照相关规范执行。无损检测(UT)按照 GB 11345 和设计文件执行,一级焊缝 100% 检验,二级焊缝抽检 20% 并且在焊后 24 h 检测。对 UT 检测有疑问,在有条件的地方辅以 RT 检测。

8　安 全 措 施

8.1　安全管理措施

8.1.1　施工前进行施工方案交底和安全技术交底。

8.1.2　进入施工现场必须戴安全帽,高空作业中必须挂安全带、穿防滑鞋。

8.1.3　各工种(起重工、电焊工、电工、塔吊司机、架子工等)认真执行安全操作规程。

8.1.4　钢结构安装各部位的脚手架、防护栏等安全防护设施必须检查合格后,方可使用。

8.1.5　施工现场所用所有电气操作系统、液压系统设备要做好防雨、防潮、防漏电措施,下班后要将所有设备盖好,避免接触雨水导致漏电,避免因为雨水导致设备受潮而损坏。

8.1.6　对所有可能坠落的物体要求:高空作业中的螺杆、螺帽、手动工具、焊条、切割块等必须放在完好的工具袋内,并将工具袋系好固定,不得直接放在梁面、翼缘板、走道板等物件上,以免妨碍通行,每道工序完成后作业面上不准留有杂物,以免通行时将物件踢下发生坠落打击。

8.1.7 整体提升期间网架合龙部位下设防护网，吊装作业应划定危险区域，挂设安全标志，加强安全警戒。

8.1.8 夜间施工要有足够的照明。

8.2 提升安全要求

8.2.1 所有千斤顶要经过保养清洗工作，并做压力实验，防止出现漏油问题，确保提升期间千斤顶使用完好。

8.2.2 提供钢绞线的出厂合格证书以及检测报告；压力表的检测合格证；累积提升设备进厂报验单；液压设备实验记录；千斤顶说明书等材料。

8.2.3 上锚点、下锚点安装完毕使用前，要设验收小组进行全面检查验收，绝对不留安全隐患。

8.2.4 累积提升期间，现场警戒线以内严禁非操作人员出入。

8.2.5 使用钢绞线前，要仔细检查有无断丝和电焊损伤情况。

8.2.6 钢绞线不能当作电焊机地线使用，否则会造成钢绞线断裂，锚盘易被损坏。

8.2.7 提升结构在高空停置时间较长，应每天对结构进行观测，对提升及锁定装置进行检查。

9 环境保护及节能措施

9.1 提升用的各种设备，底部必须做好防护措施，防止出现漏油污染结构或地面。

9.2 提升用的液压油、机油、柴油等必须按规定使用，不得随意乱涂或溢洒。

9.3 加强现场场容管理，现场做到整洁、干净、节约、安全、施工秩序良好，现场道路必须保证畅通无阻，保证物资材料顺利进退场，场地应整洁、无施工垃圾、无积水，场地及道路定期洒水，减低灰尘对环境的污染。

9.4 现场设置施工垃圾场，垃圾分类堆放，经处理后方可运至环卫部门指定的垃圾堆放点。

10 效益分析

贵阳北站高架采用整体提升的施工方式，取得了良好的进度效益和经济效益，节省工期约 15 天，节约成本约 180 万元。

10.1 进度效益

钢结构桁架进行原位拼装节省了构件散拼所需要搭设胎架的15天时间,加快了单项工程的施工进度。节省了施工总工期,同时减少了二次搬运投入的费用。

10.2 经济效益

钢结构桁架采用原位拼装,就地提升的技术工艺,减少搭设大型支撑体系,节省了大量支撑体系材料的搭设、租赁费用和人工费,节省了施工费用近180万元。

10.3 社会效益

钢结构桁架提升工法技术的应用,极大地提升了项目的进度,节约了成本、提高了施工质量,获得了业主及监理、质监站的高度评价。

11 工 程 实 例

新建贵阳北站是我国西南地区已建成规模最大的铁路客运交通枢纽之一,为贵州省首条高铁的首座特大型高铁站房。建筑造型运用现代化手法,抽象山水之灵秀,取意鼓楼之锋芒,演绎出刚柔并济、气势雄浑的“贵州之门”。站房钢结构组合屋盖跨度大、节点多、形式多样,最大提升单元长170 m,宽140 m,用钢量极大,地面散拼、高空二次对接、安装精度控制难度大。本工法在此工程中加快了工期,节约了成本,保障了安全和质量,具有良好的推广价值,为今后类似工程的累积提升提供了可参考的依据。实际施工如图25~图29所示。

图25　地面拼装

图 26　分单元分级提升

图 27　各单元先分后合

图 28　钢结构整体提升

图 29　钢结构顺利封顶

参编单位:中铁建设集团有限公司

参编人员:李宏伟、韩锋、王硕、范涛、黄家华、谭月仁、蒋东宇、姜锐

评审人员:杨煜、钱增志、王中军、贾磊、姜贵军、耿贤军

二、大跨度双曲面铁路站房钢屋盖安装施工工法

1 前　　言

在新时代的交通运输中,高速铁路是城市化发展的动力,能够促进城市化发展进程。而高铁车站作为城市的名片,在融合当地自然、人文景观的同时,设计理念也在不断创新。新建崇礼铁路太子城站作为2022年冬奥会唯一坐落在赛场的车站,站房屋面设计为双曲弧线造型,曲线形式与周围山势相呼应,双曲屋面直接落地,建筑造型与周边环境自然融合,减少对周边环境的影响,充分尊重自然,体现山地建筑特色,建筑采用白色优美的曲线同时展现了中国现代高铁文化。

按照新时代中国高铁车站的建设要求,建设者必须瞄准世界铁路车站建设先进技术和先进管理水平,创建出展示中国高铁车站以人为本、绿色设计、智能建造、精益求精的建设管理新模式,实现新发展、新引领。

为更好地给国内类似工程提供借鉴指导,优化施工工艺,以太子城站站房屋盖钢结构工程为例,经过实践,总结形成了大跨度双曲面铁路站房钢屋盖安装施工工法。

2 工 法 特 点

2.1　可操作性强

2.1.1　采用地面拼装,弧形梁的整体线型更好调整和控制。

2.1.2　大量的焊接作业在地面完成,降低了焊接难度,保障了焊缝质量。

2.1.3　节约了大量周转材料,且最大限度减少了对其他专业施工的影响,加快了施工进度。

2.2　安全性高

减少了大量的高空安装和焊接工作量,降低了施工安全风险。

2.3　经济性好

通过地面设置多个拼装胎具,可以做到同时拼装、集中安装,提高了人员

和设备使用效率,缩短了施工工期。减少了人工费、机械费、材料租赁费及安全措施费等方面的投入,降低了施工成本。

3 适 用 范 围

适用于铁路车站、公共建筑等受安装场地狭小、专业交叉多以及工期紧张等条件限制,无法利用临时支架分段安装的大跨度弧形钢结构安装工程。

4 工 艺 原 理

4.1 工艺原理

应用 BIM 技术,通过对站房屋盖整体建立模型,应用三角形外接圆原理对大跨度弧形梁分段方案进行合理优化,现场拼装完成后,利用吊车整体安装。吊车和弧形梁之间吊点采用"扁担梁+钢丝绳+倒链"组合方式。其中扁担梁上设置的 4 个吊点,能有效减小钢丝绳受力,并且使大跨度弧形梁受力均匀。通过调节倒链长度,调整弧形梁空中姿态,确保梁顶梁底不同高程的空间对接。

4.2 关键技术

4.2.1 大跨度弧形梁分段制作和整体拼装

利用 Tekla 软件对大跨度弧形梁进行整体建模,合理分段,每个分段对接口采用法兰板加螺栓固定方式,制作时利用专用胎具对弧形梁弧度尺寸进行精确控制。现场拼装在专用胎具进行,各分段用法兰板临时连接,复核每段弧形梁两端及跨中标高、每两段弧形梁和整体弧形梁下弦口弦长尺寸符合图纸要求后,将螺栓紧固焊接成整体,焊接完毕后将螺栓割除,螺栓孔塞焊磨平,如图 1~图 3 所示。

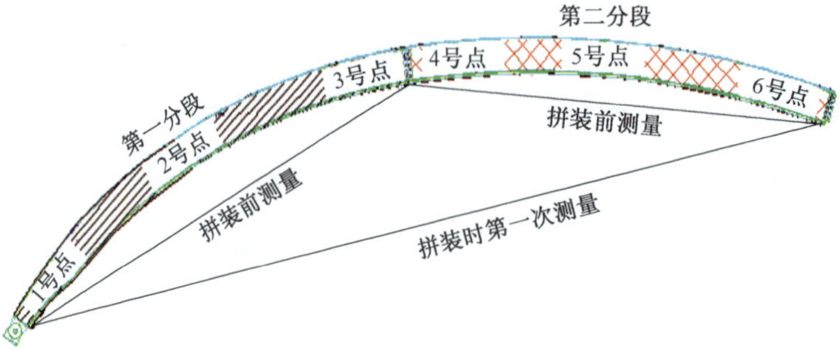

图 1　弧形梁第一、二段拼装尺寸控制点示意

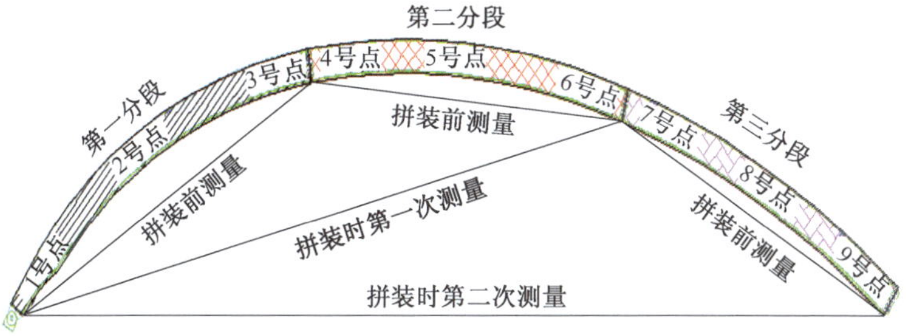

图 2　弧形梁第三段拼装尺寸控制点示意

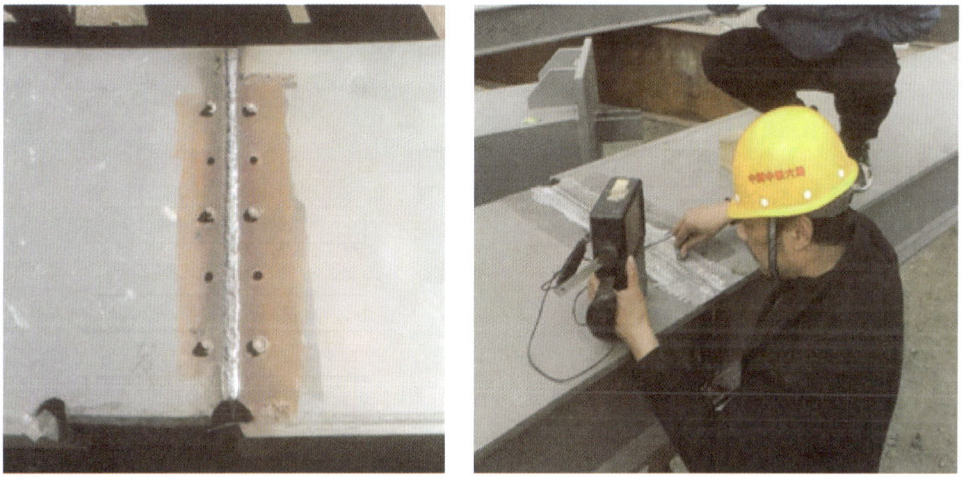

图 3　弧形梁对接口螺栓连接节点

4.2.2　大跨度弧形梁吊点位置确定及形式

由于弧形梁弧长在 24~34 m、重量在 8~12 t 之间不等，具有超长、重量大的特点。一方面为了保证受力均匀，确定每段弧形梁设置 4 个吊点；另一方面鉴于安全考虑，采用扁担梁作为中间吊点，尽量减小每根钢丝绳与重心方向的夹角，使钢丝绳受力减小；同时钢丝绳与弧形梁间增加倒链，便于调整弧形梁空中位置。利用 BIM 技术对弧形梁进行受力计算，确定合适吊点位置，同时模拟“扁担梁+钢丝绳+倒链”吊点组合形式施工，有效指导现场安装工作。

5　施工工艺流程及操作要点

5.1　施工工艺流程

施工工艺流程如图 4 所示。

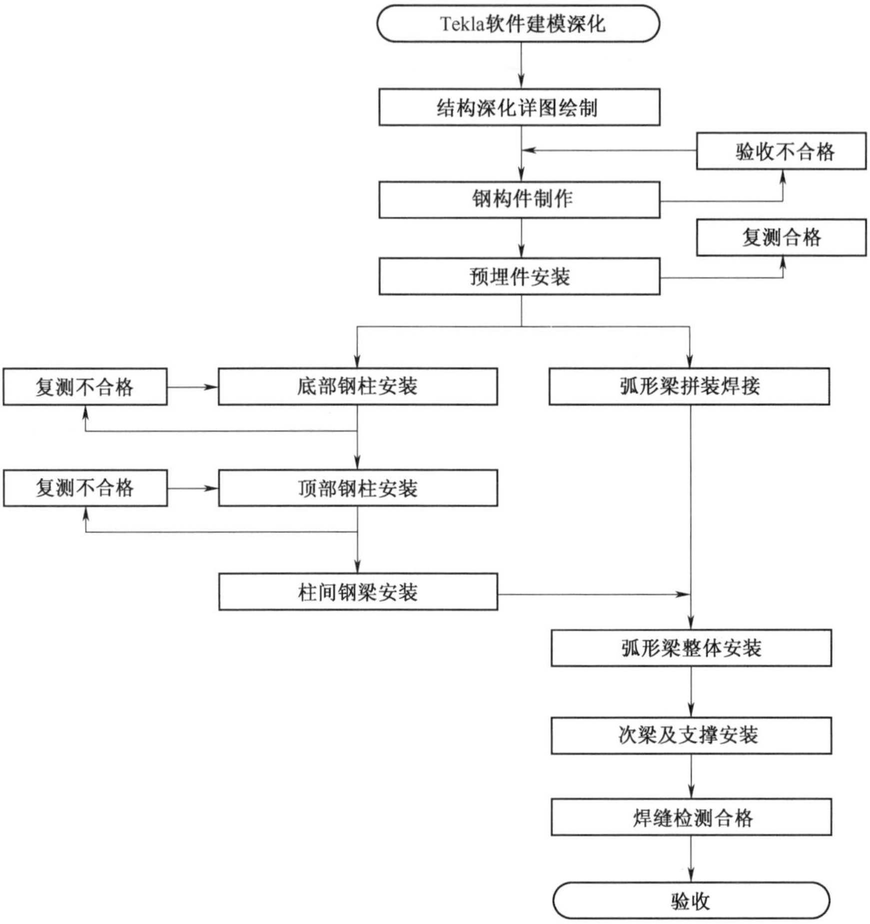

图4　施工工艺流程示意

5.2　Tekla 软件建模深化

根据设计图纸,利用 Tekla 软件建立建筑信息模型(图5),深化设计应包括各个部位钢结构的深化和关键节点的优化,并根据现场的实际条件选择合理的分段方式,为满足现场条件提出合理的建议。

深化设计的节点图还应包括各个节点的连接类型,连接件的尺寸、强度等级,螺栓的直径、数量、强度等级,焊缝的形式和尺寸等一系列施工详图设计所必须具备的信息和数据。

5.3　弧形梁分段制作

结合运输条件及分段重量综合考虑,确定每榀大跨度弧形梁分3段制作。利用 Tekla 软件深化图纸,确定零部件边缘加工面及尺寸、焊接收缩余量、组焊的顺序等,通过计算机精确排版放样,精密数控设备切割下料,在特制的可调节式胎架上进行不同曲线弧形梁的组装及焊接。制造过程中,按照合理的组装、焊接及涂装等工艺方法，严格把控各个环节的关键工序，确保弧形梁构件制作精度及质量，如图6所示。

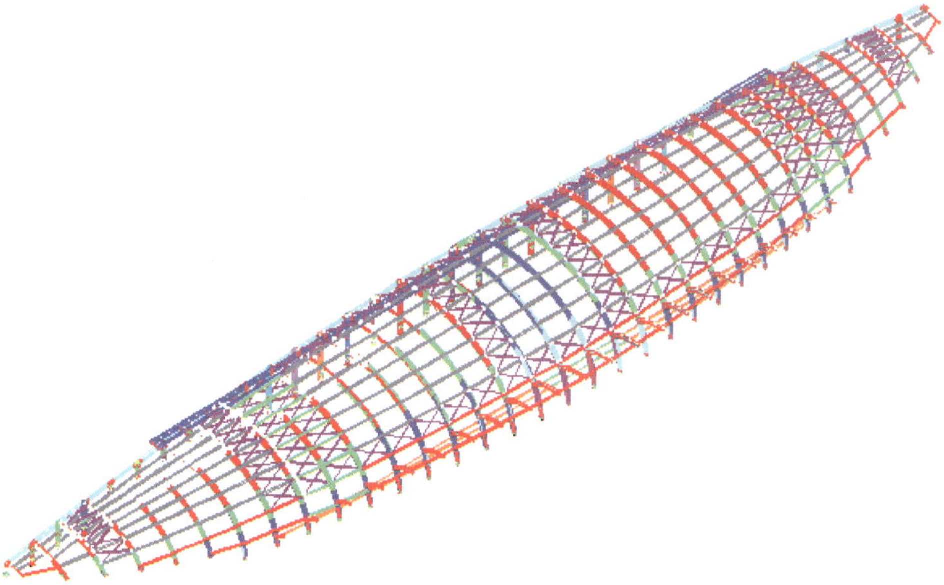

图5　站房屋盖钢结构模型图

图6　弧形梁分段制作

5.4　预埋件安装

5.4.1　钢柱预埋件采用地脚螺栓，弧形梁下口预埋件采用预埋钢板。

5.4.2　绑扎基础钢筋，并将模板支设牢固。

5.4.3　利用全站仪将柱底板和预埋钢板轴线放样，用工程线拉出，并且用水准仪将螺栓顶标高和预埋钢板顶标高测出标记在钢筋上。

5.4.4　将双模具顶部轴线标记，先大概放置到位后，将地脚螺栓安装到模具中，利用线坠和水平尺将螺栓轴线和标高调整到位，如图7所示。

图 7　地脚螺栓安装

5.4.5　将预埋钢板顶部轴线标记,放入基础后,调整钢板位置,使其轴线和工程线重合,并用水准仪复测顶标高无误后焊接固定,如图 8 所示。

图 8　预埋钢板安装

支承面、地脚螺栓(锚栓)位置允许偏差见表 1。

表 1　支承面、地脚螺栓(锚栓)位置允许偏差

项　　目		允许偏差(mm)
支承面	标　　高	±3.0
	水平度	l/1 000
地脚螺栓(锚栓)	螺栓中心偏移	5.0
预留孔中心偏移		10.0

5.5 底部钢柱安装

5.5.1 吊装前准备

1. 利用全站仪复测地脚螺栓位置无误后，在每根地脚螺栓上拧上调节螺母，螺母顶标高等同于钢柱底板的底标高。

2. 吊装前仔细检查起吊设备、工具、钢丝绳等各种机具的性能是否完好，确保万无一失。

5.5.2 吊装流程

1. 利用柱翼缘板焊接的耳板螺栓孔作为吊点，将卡环穿过螺栓孔，钢丝绳通过卡环与钢柱连接，起吊时要求慢慢起吊，等钢柱根部脱离地面 200 mm 时停止起升，并检查钢丝绳、卡具等，确认各方面安全可靠后方能正式起吊。

2. 操作人员在钢柱吊至螺栓上方后，稳住钢柱将柱底板上的预留孔对准螺栓，将其向下缓慢落放，以免落放速度太快撞到地脚螺栓，使螺栓受损。

3. 在钢柱降至调节螺母上时停止落放，用撬棍撬柱子，使柱底板中线对准基础中线，摆正垫片拧紧螺母，防止钢柱发生倾斜，如图 9 所示。

4. 柱子安装完毕后，浇筑混凝土。

图 9　底部钢柱安装

5.6 顶部钢柱安装

安装前，首先复核底部钢柱轴线标高无误后，进行顶部钢柱安装，如图 10 所示。

利用 200 t 汽车吊将顶部钢柱吊至相应位置，对接口大致对上后，将连接板用螺栓与上下钢柱翼缘外侧的耳板紧固牢固。垂直度调节采用千斤顶，通过调节螺栓和连接板孔之间的间隙达到校正目的。校正完毕后将钢柱对接口焊接完毕。

图 10　顶部钢柱安装

5.7　柱间钢梁安装

钢柱安装完毕后,利用塔吊将柱间钢梁按从中心往两边的顺序安装,柱间钢梁与钢柱间采用普通螺栓先固定,如图 11 所示。安装完毕后进行柱间钢梁与钢柱对接口焊接施工,形成稳定结构体系。鉴于站房结构超长,为了消除受温度等因素影响导致的结构受力变化,距站房两侧 48 m 位置分别设置伸缩缝,伸缩缝采用新型聚四氟乙烯板滑动支座,如图 12 所示。使用“套袖”形式进行现场安装,即钢柱上焊接一定长度比柱间钢梁截面大的箱形接头,钢梁一端焊接于一侧钢柱,另一端插入箱形接头。

图 11　柱间钢梁安装

5.8　弧形梁拼装

拼装胎具制作前,首先将地面压实平整,利用水准仪抄平,局部地方利用钢板垫平。然后上面利用每根长度 8 m 的 I56 工字钢间距 4 m 一根制作长度 30 m 胎具,工字钢间距两端头 1 m,中间间隔 2 m 各用 ϕ300 mm 钢管进行横向连接,形成稳定结构。利用 25 t 汽车吊将两个分段放置到胎具上,用连接板将弧形梁对接口临时连接,边用水准仪测量边调节,使每段弧形梁的两端和梁中标高统一,然后用卷尺复测弧形梁下弦弦长,符合设计要求后,将第3段弧形梁放置胎具拼装。采用同样的方法将第3段弧形梁调整完毕,完成整榀弧形梁的拼装焊接,如图13所示。

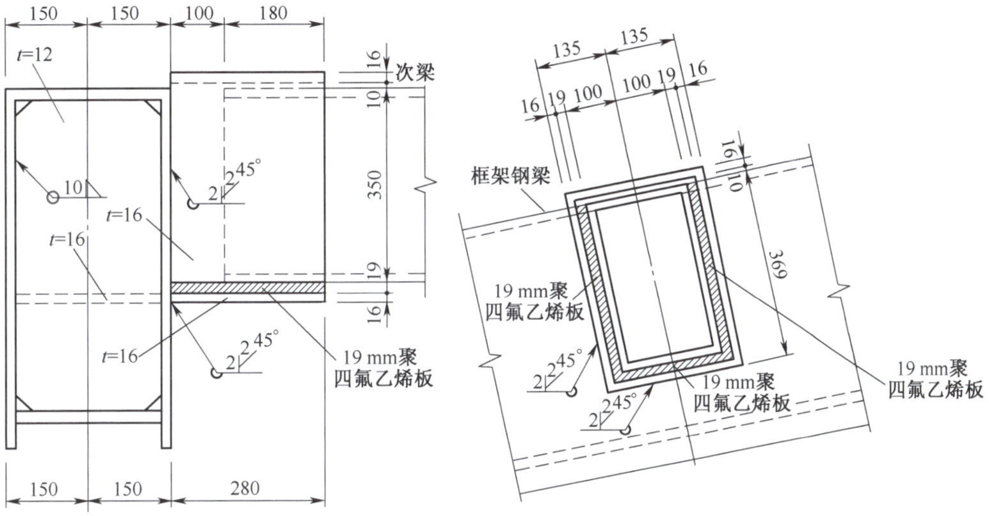

图12　伸缩缝节点示意(单位:mm)

图13　弧形梁拼装

焊缝焊接完毕后,对焊缝进行超声波检测,检测合格后,刷底漆80 μm,中间漆80 μm。铰支座与弧形梁组装在一起进行整体吊装。

5.9　弧形梁整体安装

弧形梁拼装完毕后,根据吊装重量及半径,选用260 t汽车吊。采用“吊钩+钢丝绳+扁担梁+钢丝绳及倒链+弧形梁”组合吊装方式进行安装。

5.9.1 吊点及吊耳设置

1. 吊点设置

每榀大跨度弧形梁设置4个吊点。吊点位置依据BIM技术模拟计算确定,每榀弧形梁吊点设置位置见表2,如图14所示。

表2 吊点位置表

序号	构件名称	位置	长度(m)	吊点(处)	吊点距梁端长度(m)	中间吊点间长度(m)	备注
1	框架钢梁	17轴	L=24.56	4	底6顶3	均分	28轴
2	框架钢梁	17—18轴	L=26.118	4	底6.5顶3.5	均分	27—28轴
3	框架钢梁	18轴	L=27.487	4	底6.5顶3.5	均分	27轴
4	框架钢梁	18—19轴	L=28.784	4	底7顶4	均分	26—27轴
5	框架钢梁	19轴	L=29.921	4	底7顶4	均分	26轴
6	框架钢梁	19—20轴	L=30.884	4	底7顶4	均分	25—26轴
7	框架钢梁	20轴	L=31.735	4	底7.5顶4.5	均分	25轴
8	框架钢梁	20—21轴	L=32.414	4	底7.5顶4.5	均分	24—25轴
9	框架钢梁	21轴	L=32.959	4	底7.5顶4.5	均分	24轴
10	框架钢梁	21—22轴	L=33.442	4	底8顶5	均分	23—24轴
11	框架钢梁	22轴	L=33.674	4	底8顶5	均分	23轴
12	框架钢梁	22—23轴	L=33.829	4	底8顶5	均分	22—23轴

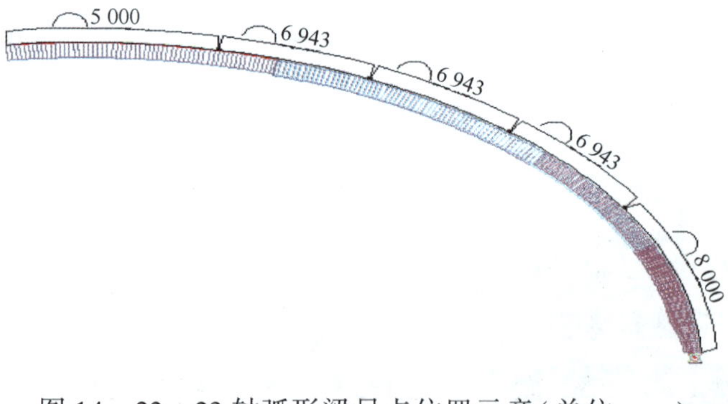

图14 22—23轴弧形梁吊点位置示意(单位:mm)

2. 吊耳形式

在吊点位置焊接吊耳,吊耳用Q345B厚25 mm钢板制作,吊耳与弧形梁采用坡口熔透焊接。为防止吊耳在弧形梁起吊过程中变形或开裂,在吊耳两侧加焊20 mm筋板。吊耳制作如图15所示。

5.9.2 钢丝绳的选择

弧形梁及吊具最大起吊重量约14 t,弧形梁吊装时选择4点吊装,考虑到在起吊过程中受力不均,按两点受力选择钢丝绳,每根钢丝绳受力 70 kN。根据计算,选择直径 30 mm 钢丝绳。其中吊钩与扁担梁间用 2 根长度 18 m 钢丝绳。扁担梁与弧形梁之间从高到低依次为 6 m 钢丝绳+倒链、7 m 钢丝绳、8 m钢丝绳+倒链、12 m 钢丝绳+倒链的组合形式。钢丝绳布置如图 16 所示。

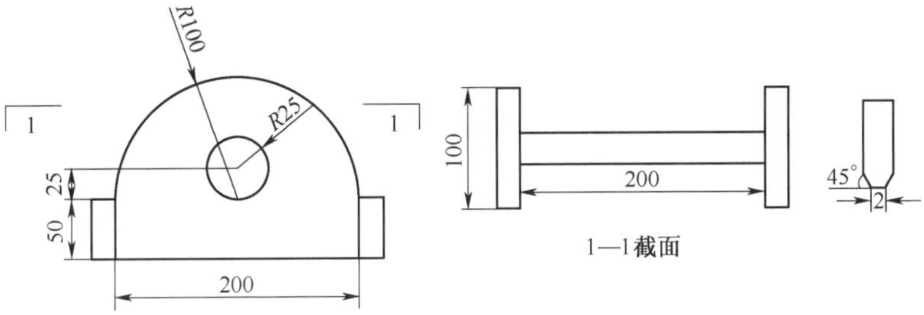

图 15　吊耳制作示意(单位:mm)

图 16　钢丝绳布置示意

5.9.3　扁担梁的制作

箱形扁担梁用 16 mm 钢板制作,外形尺寸:长 9 m×高 0.35 m×宽 0.2 m。上下吊耳采用整体钢板插入箱形内与钢板焊接,确保受力均匀。4 个吊耳等间距分布。

5.9.4　倒链的选择

弧形梁及吊具最大起吊重量约 14 t,考虑到在起吊过程中受力不均,两点受力,选择 10 t 手拉倒链,如图 17 所示。倒链拉链要有足够长度,根据起吊后距地面距离,拉链统一接长至 15 m。决不允许施工人员站在重物下操作。

5.9.5　支座定位板焊接

安装前,利用全站仪在预埋钢板上测出支座底板外边线,在纵横两方向焊接长 100 mm×宽 30 mm×厚 20 mm 定位板,定位板距支座底板外边线 5 mm 作为调整尺寸,如图 18 所示。

图 17　10 t 倒链实物图

图 18　预埋钢板定位板图

5.9.6　弧形梁吊装

1. 把钢丝绳、扁担梁、倒链组成的组合吊具挂在 260 t 吊钩上，调整倒链长度，使每股绳长为规定长度。

2. 用卡环将钢丝绳与弧形梁吊耳连接。同时在弧形梁两端头系定向麻绳。

3. 260 t 汽车吊在起钩过程中要随时调整吊车臂角度，尽量使多股钢丝绳同时受力。弧形梁距离地面 0.2 m 时，调节倒链使每根钢丝绳都达到受力状态，然后吊车缓慢转臂直到安装位置上方 0.2 m。检查弧形梁角度是否与安装角度一致，如不一致，利用倒链调整角度直到满足安装要求，如图 19 所示。

4. 吊车缓慢落钩，直到安装位置，先固定弧形梁与钢柱连接处安装螺栓，调整铰支座就位，如图 20 所示。将梁柱对接口两侧腹板各段焊 2 处长 200 mm焊缝，并将铰支座底板与预埋钢板焊接，最后在钢梁两侧固定缆风绳方可摘钩，进行下榀钢梁安装。

图 19　弧形梁起吊

图 20　弧形梁安装就位

5.9.7　次梁及支撑安装

1. 在弧形梁制作时已在梁顶面用样冲打出次梁定位标记。弧形梁安装完成后用全站仪复测次梁定位点位置是否正确，如有误差应重新标记定位点。次梁吊装前在次梁两头用记号笔画出次梁中心线，如图 21 所示。在次梁两头焊接安装用马板。利用塔吊将次梁吊起，调整次梁标记点与弧形梁顶标记点

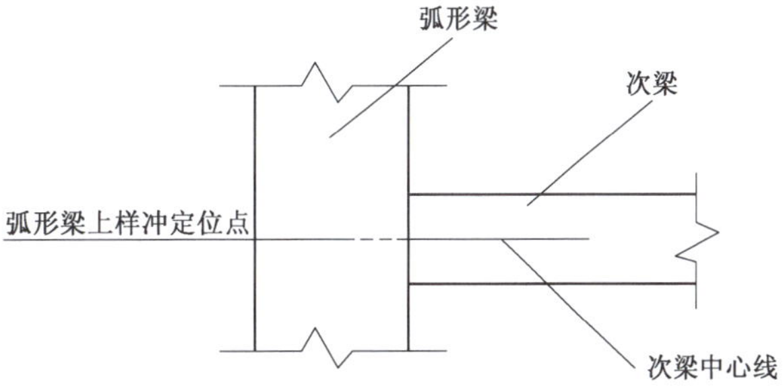

图 21　次梁安装定位示意

重合后,将马板与弧形梁焊接固定。

2. 次梁安装完毕后,利用塔吊安装水平支撑,水平支撑与弧形梁预留节点板先用螺栓连接后焊接,如图 22 所示。

图 22　站房屋盖钢结构安装完毕

6　材料与设备

6.1　工程材料:M24×870 mm 地脚螺栓、450 mm×450 mm×28 mm 箱型钢柱、750 mm×300 mm×20 mm 箱型钢梁、500 mm×300 mm×16 mm 柱间钢梁、250 mm×250 mm×10 mm 次梁及 ϕ133 mm×7 mm 水平支撑。

6.2　工器具:25 t、200 t 和 260 t 汽车吊、电焊机、千斤顶、铁锤、模具、工程线、线坠。

6.3　测量仪器:全站仪、水准仪、经纬仪、钢卷尺、盒尺。

7　质 量 控 制

7.1　本施工技术的施工验收质量依据有设计图纸、《钢结构焊接规范》(GB 50661—2011)、《钢结构施工质量验收规范》(GB 50205—2001)、《多、高层民用建筑钢结构节点构造详图》(16G519)。

7.2　做好材料进货的检验和标示工作。按质量体系标准和要求,在进货、试验、进仓、登记、标示、使用等全过程中,都必须严格按照公司的相关规定执行,从采购的第一程序开始,层层把关,确保材料质量。

7.3　做好各种材料的质量记录和资料的整理与保存工作,做到各种证明、合格证(单)、验收、试验单据齐全,确保其可追溯和完整性。

7.4 各工序应按技术交底进行质量控制,每道工序完成后,应进行检查并形成记录;工序间应进行交接检验,未经检查或经检查不合格的不得进行下道工序施工。

8 安全措施

8.1 安全生产纪律

8.1.1 在施工前必须进行入场安全教育培训并逐级进行安全技术交底,其交底内容针对性要强,并做好记录,明确安全责任制。

8.1.2 进入施工现场的所有人员必须按规定佩戴好安全帽,并系好下颌带。安全带应高挂低用,不得低挂高用,操作中应防止摆动碰撞,避免意外事故发生。

8.1.3 高处作业所用的物料,均应堆放平稳,不妨碍通行和装卸;工具应随手放入工具袋,严禁高空投掷物料。

8.1.4 六级以上大风、大雨及浓雾等恶劣天气,禁止从事露天高空作业。施工人员应采取防滑、防雨、防水及用电防护措施。

8.1.5 夜间施工必须有足够照明,作业人员配置头灯做辅助照明。

8.2 构件吊装安全施工措施

8.2.1 对吊装作业的起重机械各项手续进行严格检查、备案,对操作人员的特种作业证书复印存档。作业前要求操作人员对机械进行细致检查,消除各项隐患。

8.2.2 吊装作业人员进场后,吊装作业前,项目部成立专业培训组,对作业人员进行安全培训,考试合格后方可上岗。

8.2.3 组织吊装作业人员到吊装现场调查分析,制订周密的吊装方案,优化最佳车辆进、出场路线,确保行车安全和人员安全。施工前,特种作业人员必须持证上岗,吊装作业前必须严格检查各部件的可靠性和安全性,并进行试吊。

8.2.4 吊车作业地面坚实平整,支垫必须牢靠,回转半径内不得有障碍物。吊车起吊或降落时,须匀速平稳,防止重心倾斜。

8.2.5 吊车作业时实行"一机一人"进行盯控,吊装过程中盯控人员检查支腿的稳定性,发现问题立即停止吊车作业。

9 环境保护及节能措施

9.1 工程进场前先按照施工需要进行场地硬化和临时便道的修筑,防止

“晴天尘土飞扬,雨天泥浆漫地”的不良现象发生。

9.2 施工垃圾和生活垃圾及时清理、收集,全部统一堆放,施工完毕后全部外运统一处理。

9.3 焊接过程中,在焊接部位搭设小移动围挡,避免焊接火花及电弧四处飞溅。

9.4 构件制作过程中除锈涂装,均在带有环保设施的室内进行,现场辊涂涂装部位下方设置彩条布防护,废弃油漆不得随处倾倒,集中堆放处理,防止污染环境。

10 效益分析

10.1 经济效益

采用大跨度双曲面铁路站房钢屋盖安装施工技术进行施工,24 榀大跨度弧形梁利用 260 t 吊车 8 个台班全部安装完毕,考虑人工费、材料费及安装措施费共计约 25 万元(其中机械费 8 台班×23 500 元/台班+人工费 10 人×8 天×350 元/人/天+材料费 20 000 元+措施费 14 000 元)。

若采用临时支架分段安装法,吊车需选用 100 t 汽车吊,同时临时支架用材料费、人工费及安全措施费投入共计约 41 万元(其中机械费 1 月×110 000 元/月+材料费 120 000 元+人工费 12 人×30 天×350 元/人/天+安全措施费 54 000元)。

大跨度双曲面弧形梁整体安装法较临时支架分段安装法,具有精度控制高、安装速度快、人员投入少、安全性高的特点,从人工费、机械费、材料费和安全措施费等方面共节约 16 万元。

10.2 社会效益

新建崇礼铁路太子城站作为 2022 年冬奥会配套工程,意义重大。采用大跨度双曲面铁路站房钢屋盖安装施工技术,极大地加快了整体施工进度,降低了安全风险,为整个太子城站按期投入使用奠定了坚实基础,得到了国铁集团、京津冀客站领导小组以及北京局站房工程指挥部等相关部门领导的一致好评,取得了良好的社会效益。

11 工程实例

新建崇礼铁路太子城站站房屋盖钢结构主要由 36 根框架钢柱和 36 根框

架弧形钢梁组成主要支撑架，框架柱间用纵向钢梁连接，框架梁间用次梁和支撑连接，整个站房结构按中轴对称布置。钢柱间距 6 m，弧形梁跨度 26.486~3.819 m 不等。钢柱截面 450 mm×450 mm×28 mm，弧形梁截面 500 mm×300 mm×16 mm 和 750 mm×300 mm×20 mm，纵向钢梁截面 500 mm×300 mm×16 mm，次梁截面 250 mm×200 mm×6 mm 和 250 mm×200 mm×10 mm，支撑为 ϕ133×7 mm 圆管和 ϕ30 mm 圆钢，屋面采用 4 mm 钛锌复合板+1 mm 铝镁锰直立锁边屋面系统，面积约 6 200 m^2。

通过采用大跨度双曲面铁路站房钢屋盖安装施工工法，对弧形梁合理分段，有效控制了弧形梁精度，加快了整体施工进度，减少了对其他交叉专业的施工影响，优质高效、安全平稳地完成了施工任务，得到建设单位、设计单位及监理单位的一致好评。

参编单位：中铁六局集团有限公司

参编人员：裴建、冯栋栋、付国平、田儒洲、李岩、王世奇、刘玲、王骐、李志、范利君、谭月仁、蒋东宇、姜锐

评审人员：杨煜、钱增志、王中军、贾磊、姜贵军、耿贤军

三、高铁站房大跨度预应力现浇钢筋混凝土三角形桁架施工工法

1 前　　言

渝黔铁路遵义站站房整合了当地的文化元素、凸显了厚重的历史文化气息,以遵义会议会址为蓝本,站房采用歇山式屋顶。本站房钢筋混凝土桁架梁跨度大(轴线跨度 38.8 m,最大悬挑 7.2 m)、荷载大且集中、钢筋密集、内穿插预应力波纹管等,如图 1 所示,用传统施工方法,不易布置钢筋及预应力波纹管,且容易造成混凝土浇筑不密实、结构变形、架体失稳等质量安全事故,难以将屋面桁架结构工程按期、优质、安全的施工完成。

本工法就高铁站房大跨度钢筋混凝土三角形桁架施工的模板工程、钢筋工程、预应力工程、混凝土工程的关键难点问题进行研究,保证施工安全、质量满足要求。

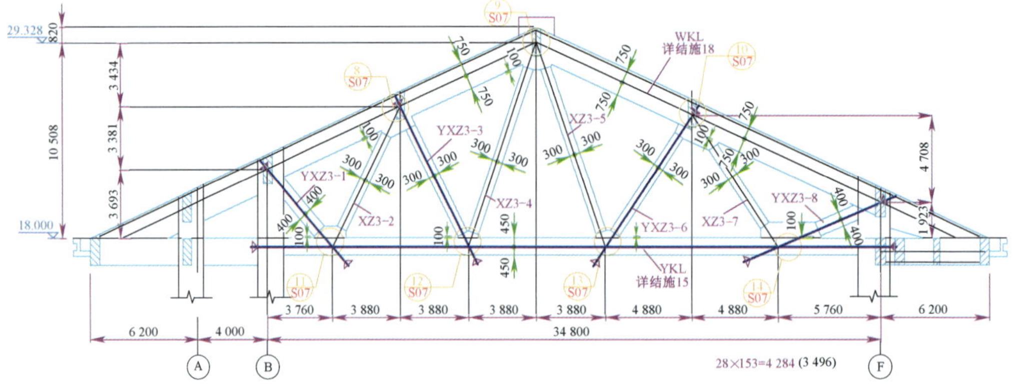

图 1　遵义站桁架结构示意(单位:mm)

2 工 法 特 点

2.1　与时俱进性

本工法应用了国家“十三五”规划的 BIM 技术,采用 BIM 技术解决钢筋

碰撞问题。

2.2 施工安全质量有保障

2.2.1 在模架搭设、混凝土浇筑、预应力张拉时要对称布置、对称施工，减小水平分力对结构稳定性带来的不利影响。

2.2.2 桁架上弦杆及腹杆施工时，采用分段施工，减小水平分力对模板支撑体系的影响，保证施工安全。

2.2.3 使用自密实混凝土浇筑，用插捣、锤敲等浇筑方式消除蜂窝麻面、孔洞。

2.3 涵盖专业较多

本工法涵盖高大模板工程、钢筋工程、混凝土工程、预应力工程、装饰装修工程、BIM 技术多个专业为一体。

2.4 大幅节约施工成本

BIM 技术避免了因构件碰撞返工造成的人工、机械、材料、时间浪费。

3 适 用 范 围

本工法适用于跨度在 30~39 m、自重 8~9 t/m^2、高度 8~12 m 影响高支模的安全稳定性及钢筋密布，影响钢筋、预应力波纹管排布的大跨度现浇钢筋混凝土预应力三角形桁架结构工程。

4 工 艺 原 理

4.1 本工法采用了承插型盘扣式钢管支架结合扣件式钢管支架的模板支撑体系。由于单榀桁架梁高度超过 10m、投影面积平均每平米承重超过 8 t，普通扣件式钢管架步距及立杆间距过密，搭拆不便。因此采用市场上配件加工质量相对较好，承载力大于扣件式钢管架的盘扣架。站房局部复杂节点不符合盘扣架模数的部位辅以扣件式钢管架。

4.2 囿于空间要求、承载力及造型，桁架设计有大直径钢筋和预应力波纹管，且供排布的空间较小，钢筋、波纹管排布设置难度较大。

4.2.1 如图 2 所示为遵义站站房坡屋顶的一个桁架节点，节点由两个腹杆、一个上弦杆，一个预应力梁和节点附加结构，共 5 个构件组成。一共有 83 根主筋、一根波纹管。最大的梁截面 700 mm×1 500 mm、最小为 600 mm×600 mm。

图2　桁架节点(黄色、绿色、粉色、蓝色、青色分别表示五个构件,红色为波纹管)

4.2.2　采用BIM应用软件Revit按施工蓝图1∶1绘出钢筋、预应力的位置,检查其中是否存在碰撞部位,对存在碰撞的部位进行避让、打弯、增加钢筋排数等处理。将无碰撞的排布方案出图,报设计核算同意后,形成作业指导书指导现场施工。

4.3　混凝土工程。

4.3.1　混凝土采用自密实混凝土,以提高钢筋过密节点处的浇筑质量。减少对模板和波纹管的扰动,减少工人工作量。

4.3.2　混凝土浇筑自上而下对称浇筑,斜屋盖两侧用两台泵车同时浇筑,使坡屋面两侧斜梁的水平分力相互抵消。

4.3.3　桁架腹杆浇筑时设置1~2道施工缝,降低一次浇筑风险,先浇筑的混凝土达到要求强度后,承受后浇筑混凝土的施工荷载;先浇筑危险性较低的低跨桁架,以承受部分高跨桁架的侧向水平施工荷载。

4.3.4　斜屋盖板浇筑采用坍落度为120~160 mm的混凝土。

4.3.5　阴角、阳角拉线人工收面。大表面设置标高控制桩或标高控制叉,保证混凝土表面平整,棱角分明。

4.3.6　混凝土表面覆盖薄膜洒水湿润养护。

4.4　因桁架预应力梁较多,为降低邻近预应力梁的相互影响,依托桁架受力且对称的特性,预应力张拉采用对称张拉。

5 施工工艺流程及操作要点

5.1 施工工艺流程

施工工艺流程如图3所示。

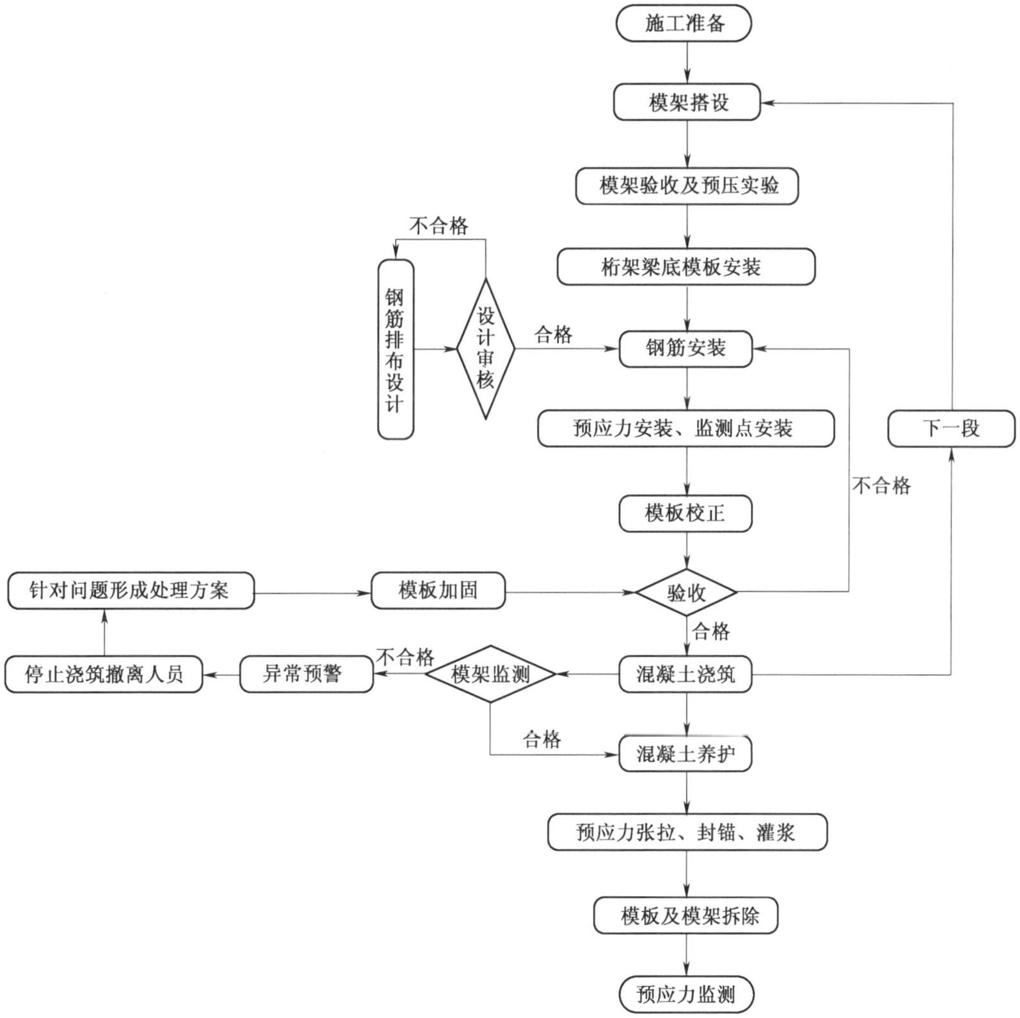

图3 施工工艺流程示意

5.2 模板工程

5.2.1 盘扣架搭设时,充分利用桁架的对称性进行布置。模板支撑点应垂直于桁架杆件。配合钢管拉结,将盘扣架安装牢固,如图4所示。

5.2.2 斜梁的模板定位方法:施放平面投影控制点→吊线坠及拉大尺定

位顶部控制点→将顶点和底点拉线确定斜梁位置。

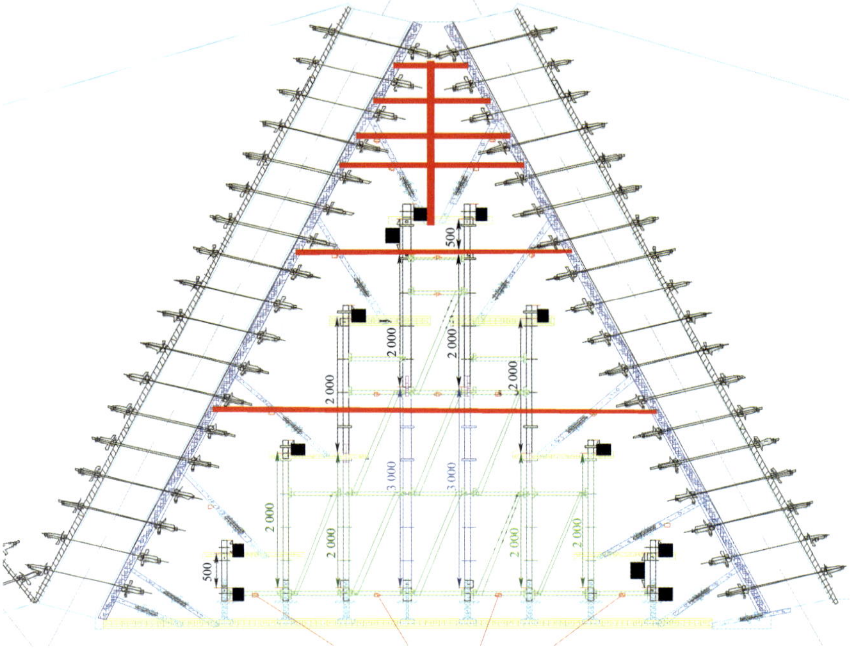

图4 模板支撑架对称布置、红色部分为钢管架示意

5.2.3 模板拼缝处贴海棉条,避免漏浆。

5.3 钢筋工程

5.3.1 由于二维平法施工图忽略了钢筋直径、箍筋弯钩、箍筋叠加等占用空间的影响,难以表达清楚复杂三维节点,且各专业相对独立,未统筹考虑,导致钢筋无法顺利排布,故采用 BIM 应用软件 Revit 进行三维设计排布。

5.3.2 钢筋安装前用 Revit 绘制出排布方案,将无碰撞的方案上报设计审核,通过后形成作业指导书用于指导施工。

5.3.3 检查并处理碰撞主要用以下几种方法:

1. 直接观察检查碰撞。

(1)变更前钢筋受空间限制,出现碰撞交叉问题,通过三维观察发现此问题后,对相关钢筋进行弯曲处理,避免了此类问题,如图5所示。

(2)由于三维图非常直观,可以用直接观察的方法,检查碰撞,变更前,箍筋的135°弯头限制了上铁主筋位置。为了梁中部能排出更大的空间来放置钢筋、预应力波纹管,经设计同意,对弯头进行进一步弯曲处理,如图6所示。

2. 剖面图中检查碰撞。

Revit 能快速生成剖面图,用于辅助发现碰撞,具体操作如下:

(1)打开 Revit 图形,单击项目浏览器中的立面图“前”,切到立面图,如

图 7所示。

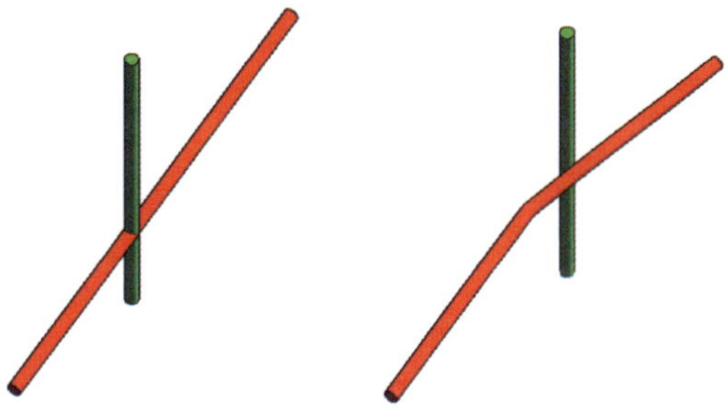

图 5　钢筋弯曲处理(左为变更前相交,右为变更后避让,绿色为主筋)

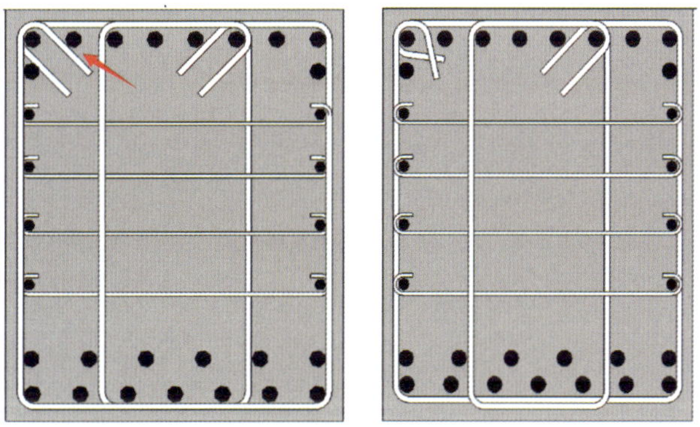

图 6　钢筋变更前后示意(左为变更前,右为变更后)

图 7　三维立体图

(2)创建一个竖直剖切符号,并用旋转命令将其旋转至与参照平面平行。具体操作步骤:单击点选剖切符号→移动旋转中心至参照平面任意一点上→

指定竖直方向为初始旋转方向→指定参照平面为旋转终边(自动捕捉),如图 8、图 9 所示。

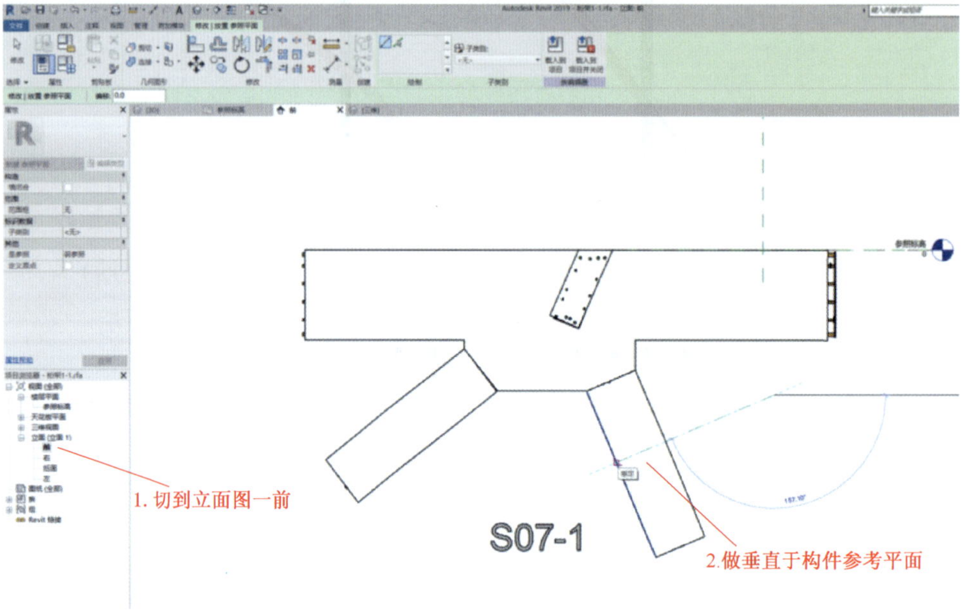

图 8　在立面图中做参考平面示意

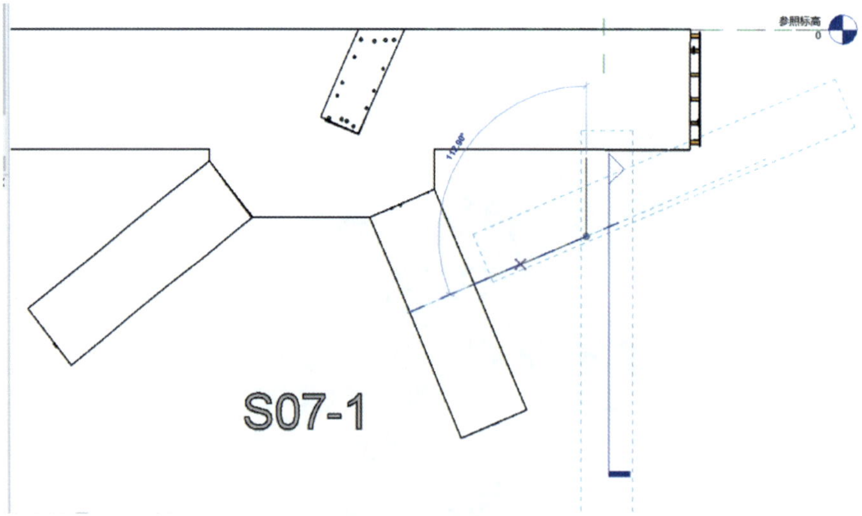

图 9　旋转至参照平面

(3)用移动工具将剖切符号调整到适当位置,并编辑视野范围、投影方向和可见性等→在项目浏览器中双击剖面 1→得到剖面图,如图 10、图 11 所示。

(4)通过做剖面图得到一个波纹管与钢筋碰撞的剖面图,经设计验算同意处理,如图 12 所示。

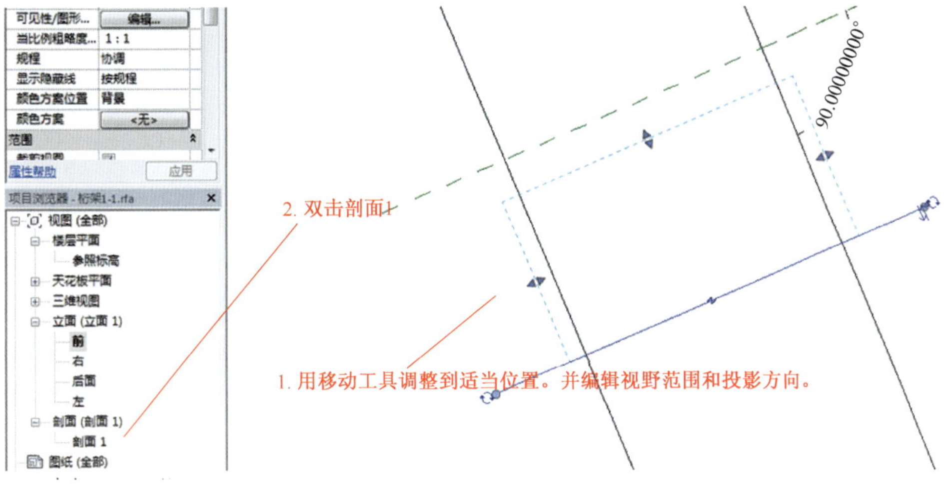

图 10　编辑可视范围示意

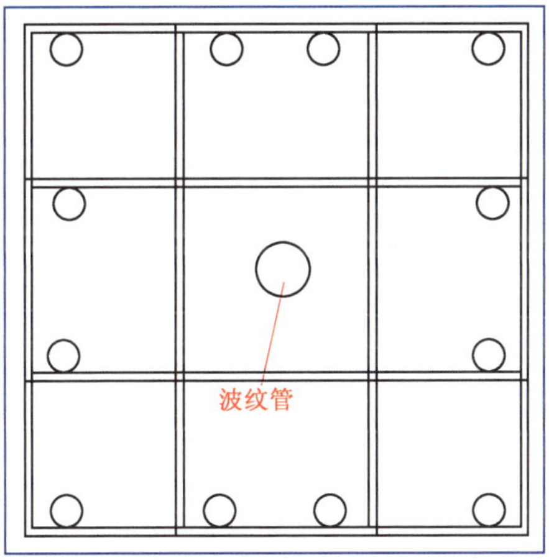

图 11　剖面图成果示意

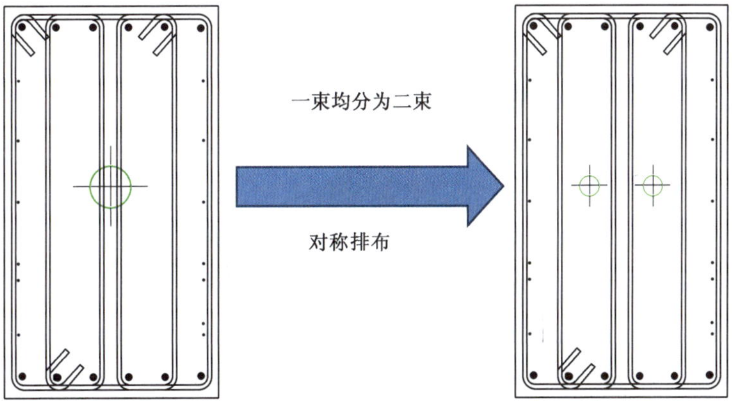

图 12　排布方式改变不减少受力能力示意

(5)再比如通过做剖面图,在保持钢筋配筋不变的情况下,排布调整,并报设计审核后,取得同意,如图13所示。

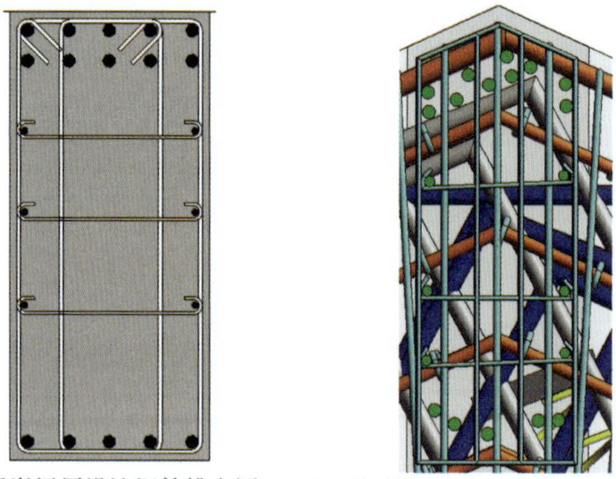

(a)坡屋脊梁原设计钢筋排布图　(b)顶部增加坡度、主筋不再平行排布

图13　通过三维做图找孔隙排布钢筋

3. 逐一排除法检查钢筋碰撞。

例如,有83根钢筋相交的节点,绘制完成节点图后,通过观察,选择一根不碰撞的钢筋,输入“hh”命令,将其临时隐藏。再通过观察,选择下一根不碰撞的钢筋,输入“hh”命令,将其临时隐藏,以此类推,遇到有碰撞的钢筋,适当调整,输入“hr”命令,显示所有构件,然后从头再来逐一检查。本办法适用于碰撞较少的部位,如钢筋太多,本办法耗时较长。

4.“速博插件”检查碰撞。

(1)可下载安装Autodesk官网提供的“速博插件”(图14),点击Extensions(速博插件)选项卡,点击“钢筋相交”,则弹出如图15所示碰撞提示。

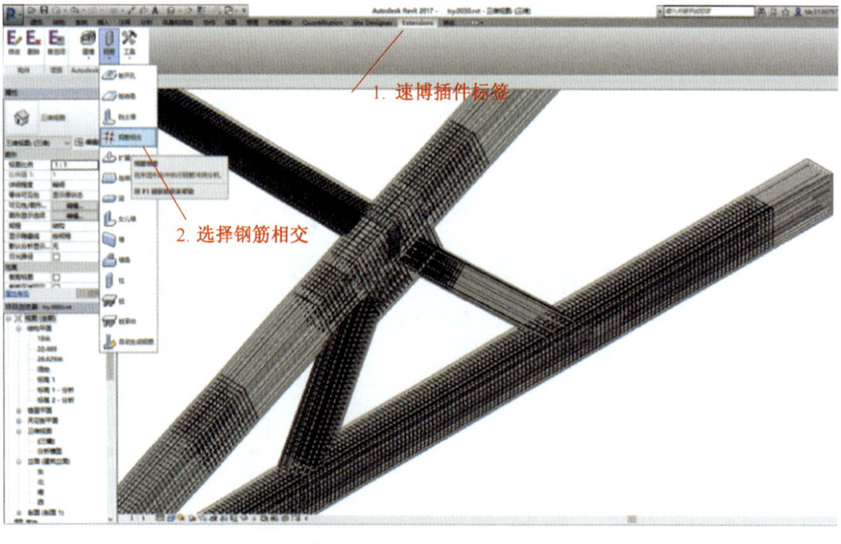

图14　速博插件界面

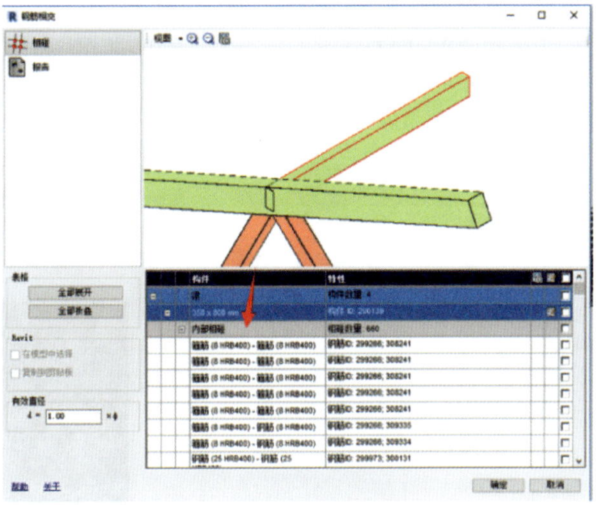

图 15　碰撞提示窗口

（2）双击项目，图形窗口会放大展示碰撞的部位。然后进行钢筋位置调整，直到不提示为止。

（3）对个别无关紧要的碰撞（如四肢箍挨得过近会提示碰撞），可不予处理，现场施工时适当调整。

5. Navisworks Manage 检查碰撞。

（1）下载安装 Autodesk Navisworks（注意：安装时必须先安装 Revit，再安装相应版本的 Navisworks Manage，否则显示不正常）。

（2）在 Revit 中画好节点图→点击 Revit 图标→点击导出→点击 NWC 格式，如图 16 所示。

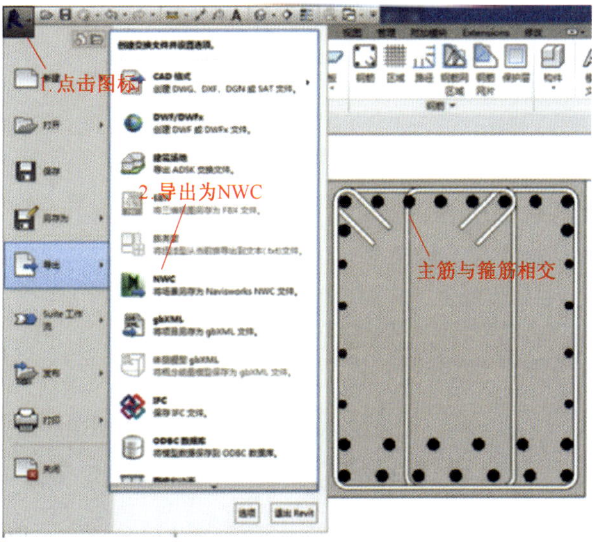

图 16　图形导出

(3)用 Autodesk Navisworks 打开导出的文件→点击“常用”选项卡中的“Clash Detective”→单击 Clash Detective→在弹出来的窗口中单击“添加检测”,如图 17 所示。

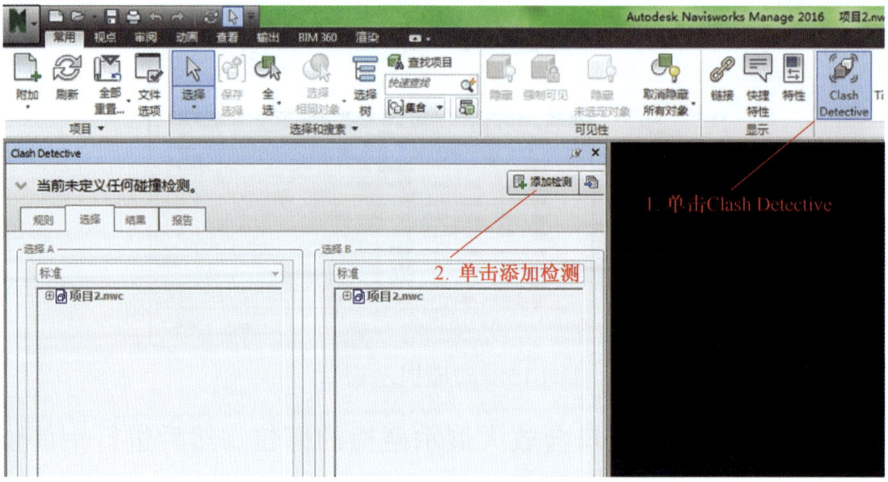

图 17　Navisworks 碰撞检测

(4)选择结构钢筋→选择要检测的项目→点击运行检测,如图 18 所示。

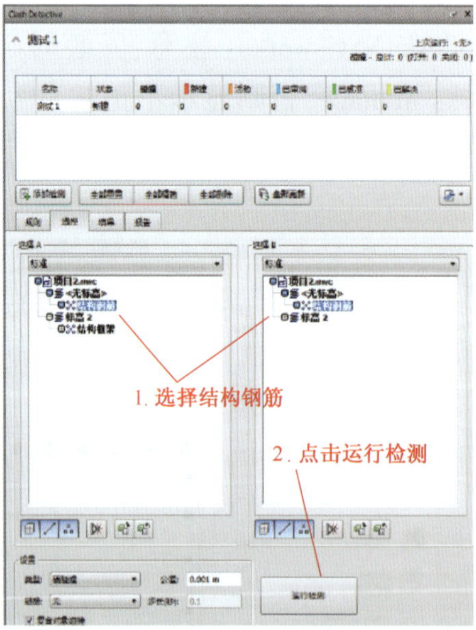

图 18　选择检测项目

(5)弹出提示→点击碰撞 1→右侧窗口红、绿高亮显示碰撞部位→返回 Revit 中调整碰撞部位,如图 19 所示。

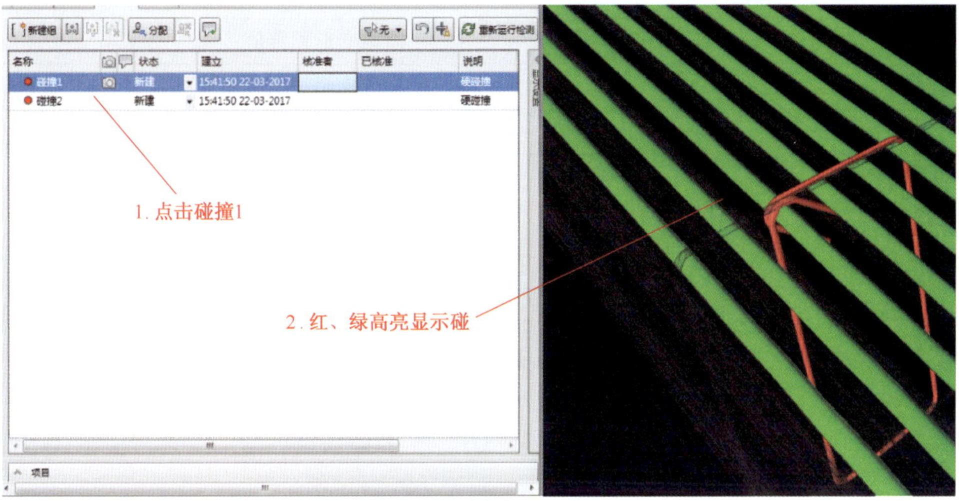

图 19　碰撞提示窗口

5.4　混凝土工程

5.4.1　先浇筑低跨的桁架,使低跨的桁架承受一部分高跨桁架可能产生的侧向水平分力。屋盖高低跨示意如图 20 所示。

图 20　屋盖高低跨示意

5.4.2　在预应力梁的张拉端、锚固端采用插捣、锤敲等方式分层严格振捣。在振捣有预应力波纹管的构件时,振捣棒不得触碰预应力波纹管。浇筑顺序应自上而下对称浇筑,浇筑速度视混凝土流动速度而定。

5.4.3　混凝土浇筑之前,在模架上固定若干反射棱镜或者反射棱镜片作为监测点。混凝土浇筑时安排测量人员在安全区域用全站仪观测变形,如模架变形超过预警值时,应及时报告施工负责人,情况紧急时应迅速撤离施工人员,见表 1。

表1　模架变形预警值

序　号	模架变形预警值
1	模架沉降超过 10 mm
2	模架位移超过 30 mm

5.5　预应力工程

5.5.1　先安装预应力波纹管,再安装预应力筋。

5.5.2　预应力张拉顺序为对称张拉。因桁架中预应力梁较多,且三角形桁架具有对称性,故通过对称张拉以相互抵消部分内力。

5.5.3　安装监测点时,将线头迁引至人员方便使用的部位,安装牢固,拆卸模架时做好保护。

5.6　屋盖装饰装修时,切忌在预应力桁架上打孔,避免损坏预应力筋,破坏结构。

6　材料与设备

6.1　材料

施工所需主要材料见表2。

表2　主要材料配置

序号	材料名称	规格型号	备注
1	木 模 板	1 830 mm×915 mm×15 mm	
2	脚 手 板	(150~200) mm×4 000 mm×35 mm	
3	通丝螺杆	1 000 mm×ϕ14 mm	
4	W 形卡扣		
5	木　　枋	40 mm×90 mm	
6	钢　　管	ϕ48. 3 mm×3. 6 mm,6 m 长	
7	可调托撑	ϕ48 mm×6. 5 mm×600 mm	
8	直角扣件	可锻铸铁或铸钢	
9	对接扣件	可锻铸铁或铸钢	
10	旋转扣件	可锻铸铁或铸钢	
11	10 号工字钢	Q235 100 mm	
12	M16 螺栓	Q195 ϕ16 mm/ϕ14 mm	
13	可调底座	ϕ48 mm×6. 5 mm×500 mm	
14	立　　杆	Q345B 60. 2 mm×3. 2 mm	

续上表

序号	材料名称	规格型号	备注
15	水 平 杆	Q235B 48.2 mm×2.75 mm	
16	斜 拉 杆	Q195 48.2 mm×2.5 mm	
17	钢　　筋	HRB400	
18	混 凝 土	C40 自密实、微膨胀	
19	钢 绞 线	*D*s15.2 低松弛钢绞线	f_{ptk} = 1 860 MPa
20	挤 压 锚	OVM 或 HVM 系列埋入式挤压锚具	
21	夹片锚具	OVM 或 HVM 系列夹片锚具	

6.2 设备

施工所需主要机具设备见表 3。

表 3 主要机具设备配置

序号	设备名称	规格型号	数量	额定功率(kW)	用途
1	套 丝 机	Y112M	2	4.5/7.5	钢筋直螺纹套丝
2	无齿切割机	JG-400D	2	4	钢筋切割
3	打 磨 机	—	2	0.8	钢筋端头打磨
4	插入式振捣器	ZN 型插入式振动器	2	1.5	混凝土振捣
5	振 捣 棒	248	8	0.85	混凝土振捣
6	铁　　耙		15		混凝土摊耙
7	千 斤 顶	YCW350	2		预应力
8	塔　　吊	STT293-70/30	1	120	垂直吊运
9	汽 车 吊	25 t	1		垂直吊运
10	全 站 仪	徕卡 I 级	1		测量放样
11	水 准 仪	苏州一光 DSZ2	1		标高测定
12	线　　坠		2		垂直度测定
13	钢 卷 尺	7 m	1		尺寸量测

7 质 量 控 制

7.1 模板工程

7.1.1 模板加工前仔细审图,对施工图中标高、尺寸前后不符、表示不清等问题及时反馈给设计者。

7.1.2 模板、木枋在木工加工区加工,不宜在作业面上加工,以防模板内残留木屑,且钢筋较密不易清理,影响混凝土质量。

7.1.3 对于跨度大于 4 m 的梁模板,按跨度的 1/1 000~3/1 000 起拱。

7.1.4 由于桁架节点较多、施工缝较多,故而模板拼缝较多,应严格校核模板位置,避免缝隙造成漏浆、流坠,污染混凝土面。

7.1.5 从三角形桁架的下弦杆开始设置安全兜网,投影面应全覆盖,阶梯形布置,阶梯高度 1.5 m。

7.1.6 模板安装完成后,对模板的顺直度、垂直度进行校正,满足《混凝土结构工程施工质量验收规范》(GB 50204—2015)等相关规范要求。

7.1.7 加固模板不能采用带塑料管的通丝螺杆。

7.1.8 浇筑前对模板进行洒水湿润。

7.2 钢筋工程

7.2.1 钢筋后台加工

1. 钢筋套丝前用无齿锯切割,钢筋套丝加工尺寸见表 4。

表 4 钢筋丝头加工尺寸表

规格	剥肋直径(mm)	套筒长度(mm)	丝头长度(mm)	完整丝扣圈数(扣)
1	15.1±0.2	40±1	23	≥ 8
2	16.9±0.2	45±1	25	≥ 9
3	18.8±0.2	50±1	28	≥ 9
4	20.8±0.2	55±1	30	≥10
5	23.7±0.2	60±1	33	≥11
6	26.6±0.2	65±1	35	≥12
7	30.5±0.2	70±1	40	≥13
8	34.5±0.2	80±1	43	≥14

2. 加工完成后,采用电动砂轮打磨端头毛刺。

3. 最终加工成型丝头的丝扣不完整扣数最多 1.5 扣,丝头无马蹄形、无毛刺。直螺纹套筒用手能轻松拧进钢筋丝头,直至外露 3~4 扣。抗拉强度试验值符合要求。

7.2.2 钢筋安装

1. 桁架结构中钢筋排布严格按 BIM 软件优化后且通过设计验算确认的方案进行安装。符合施工图纸、《混凝土结构施工图平面整体表示方法制图规则和构造详图》(16G101)和相关规范。

2. 因分段施工设置的施工缝,应增加经设计核算的补强钢筋。

7.3 混凝土工程

7.3.1 混凝土采用自密实混凝土,辅以振捣,振捣时避开预应力波纹管,以防止波纹管位移,影响张拉效果。节点处由于钢筋过密,无法下振捣棒时,采用人工插捣、锤敲等方式振捣,避免出现露筋、蜂窝麻面的现象。

7.3.2 混凝土浇筑时,应先下后上,对称浇筑。

7.3.3 因分段施工设置的施工缝,将浮浆全部剔除,露出坚硬石子并将浮灰吹干净。

7.3.4 混凝土收面时拉线控制,使其棱角分明。

7.4 预应力工程

7.4.1 预应力相关材料储存应搭设防护棚并苫盖,避免预应力波纹管、钢绞线淋雨、生锈,影响使用。

7.4.2 由于预应力波纹管的安装位置复杂,在张拉后可能影响钢筋混凝土结构的外观和受力,应优先考虑预应力波纹管的坐标位置。

7.4.3 桁架杆件下铁、箍筋、上铁、腰筋安装完成后,待安装完预应力波纹管后再安装拉结筋。

8 安全措施

8.1 患有恐高症、高血压病等平衡性能不好的工人禁止高处作业。

8.2 由于桁架屋面坡度过大,工人在操作过程中易打滑,必须在桁架底部四周增设护栏。

8.3 模板支撑架拆卸时,自上而下、先搭后拆。周围拉警戒带,并由专职安全员盯控。

8.4 施工过程中,人员不得在模架下方停留,安全兜网内的杂物应及时清理。

9 环境保护及节能措施

9.1 因风力、车辆路过等原因,施工现场容易扬尘,须安排洒水车、设置喷淋系统等湿法作业,防止扬尘。

9.2 施工现场车辆禁止鸣笛,夜间停止噪声较大的作业。

9.3 施工现场夜间照明采用定向式灯罩,防止影响附近居民休息。

9.4 加强消防意识培训,完善消防管理制度和消防设施,严格控制易燃易爆物品,杜绝火灾、爆炸事故发生。定期组织现场施工人员进行消防演习。

10 效益分析

10.1 经济效益

一榀大跨度的三角形桁架梁的造价(包括消耗的人工、机械、材料、时间)约25万元人民币,见表5。

表5 一榀桁架成本

序号	项 目	材料费(元)	人工(个)	用时(天)	金额(元)
1	模板支架搭设	1 300	8	1	2 900.00
2	模板安装	20 880	5	4	24 880.00
3	钢筋安装	190 000	5	3	193 000.00
4	预应力安装	2 000	4	1	2 800.00
5	浇筑混凝土	46 755	6	1	47 955.00
6	测量工程	0	1	1	200.00
7	实 验	0	1	1	500.00
合 计					249 843.00

本工法形成所消耗的额外成本见表6。

表6 形成本工法额外成本

序号	项 目	金额(元)
1	购买能运行BIM软件的电脑一台	15 000.00
2	花费1个人员2月时间绘图并出方案、作业指导书	200(元/天)×60(天) = 12 000.00
成本合计		27 000.00

实施本工法后,一次性成活,减少了返工,节约了工期,取得了良好的效果。

10.2 社会效益

10.2.1 工程一次性验收合格、无安全质量事故,给公司带来了良好的口碑,巩固了企业品牌形象,增加了参与员工的动手能力以及企业的市场竞争力。

10.2.2 本工程建设是一个系统工程,涉及诸多因素、技术和相关行业。随着时代的发展,对工程建设项目的要求越来越高,在工程建设时利用最新的材料、技术,并且不断创新,促进新思想、新技术的发展,带动相关行业的发展。

11 工程实例

本工法应用于遵义站站房坡屋面桁架。遵义高铁站位于遵义市红花岗区颜村,于2016年4月开始施工,2017年年底正式通车交付使用。屋面结构为三段式现浇钢筋混凝土预应力三角形桁架,共计12榀桁架。桁架最大跨度34.8 m,最大高度12.15 m。由于桁架梁高度较高、单榀自重大,投影面积小。最大一榀重量超过300 t,而桁架的垂直投影面积约38.4 m^2,平均7.8 t/m^2,桁架梁最大横截面为700 mm×1 500 mm、最小横截面为600 mm×600 mm。节点最多处有5个构件交叉,其中主筋HRB400ϕ36 mm有57根,抗扭钢筋HRB400ϕ25 mm有14根,抗扭钢筋HRB400ϕ14 mm有12根,单个节点共计五个构件83根钢筋,且内穿外径为100 mm的预应力波纹管。施工效果及施工过程如图21~图24所示。

该工程桁架在使用本工法后,效果良好,顺利完成验收,得到贵州省安全质量监督总站、中国国家铁路集团有限公司工程质量监督局、成都铁路局工程质量安全监督站、业主、设计单位、监理单位等的一致认可。

图21 建成后的遵义东站(遵义站)

图 22　刚拆模的一榀桁架梁

图 23　12 榀桁架全部施工完毕

图　24

图 24　桁架施工完成效果

参编单位：中铁电气化局集团有限公司

参编人员：任鹏、刘新乐、刘军校、李道成、姬建华、李长青、谭月仁、姜锐、蒋东宇

评审人员：杨煜、钱增志、王中军、贾磊、姜贵军、耿贤军

四、高速铁路地下车站大断面轨顶风道快速施工工法

1 前　　言

高速铁路地下车站轨顶风道作为轨行区重要通风构件，位于轨道层上部的楼板底，处于接触网上方。工作环境受列车正线通过的影响，内部正、负风压较大。为确保整体稳定及结构安全，轨顶风道通常采用现浇钢筋混凝土结构，一般可分为与主体结构同步顺做施工和预留浇筑孔延后施工两种方式。采用与主体结构同步顺做施工时，有利于施工缝处理和结构安全，但普遍存在施工周期较长、模架周转率低、支搭困难的问题。采用预留浇筑孔延后施工时，有利于结构快速封闭，但需要在既有结构预留钢筋、轨道层顶板预留浇筑孔洞，普遍存在吊墙顶水平施工缝接缝不密实的质量通病。

新建北京至雄安新区城际铁路工程大兴机场站咽喉区平面呈喇叭形，埋深-19.75 m，单层矩形框架结构，上部覆土 4.9 m，顶板为大跨度梁板式结构，下部设有悬挂式轨顶风道，如图 1 所示。本工程结构工期特别紧张，轨顶风

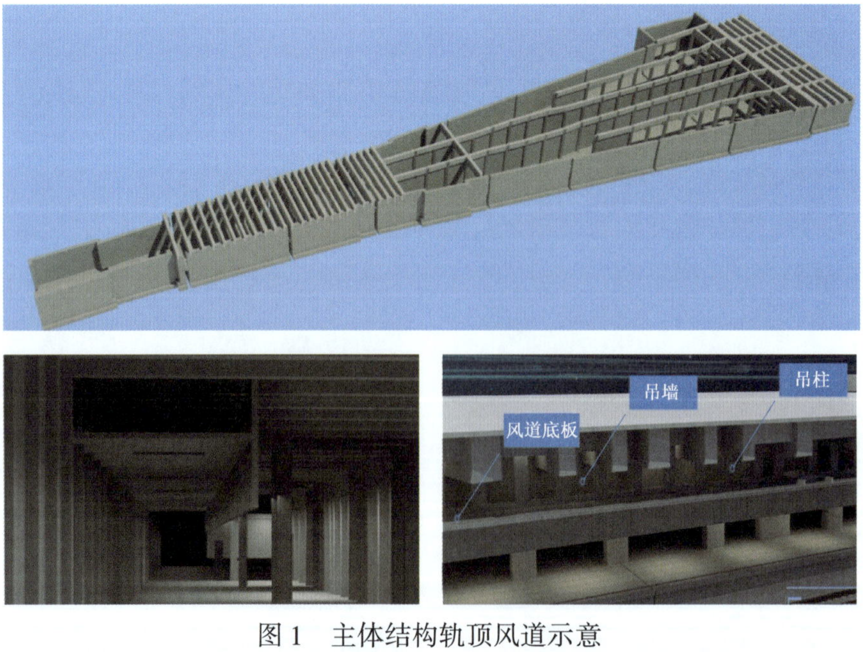

图 1　主体结构轨顶风道示意

道顺做不能满足节点工期要求，轨顶风道延后施作受制于顶板封闭后即回填作业以腾退场地，后浇筑困难。经方案研讨及借鉴类似项目施工经验，采用了轨顶风道竖向构件与主体结构同步、平面构件延后施工的新型施工工艺，确保了主体结构顶板的如期封闭、规避了墙顶接缝不密实的质量通病，取得较好的效果。

2 工法特点

2.1 本工法轨顶风道竖向结构与主体结构顶板同步施工，避免了顶板预留浇筑孔、振捣不方便、预留钢筋定位不准确、个别钢筋后锚固处理、竖向构件延后浇筑水平接缝不密实等质量通病，提升了吊墙、吊柱混凝土施工质量。

2.2 本工法轨顶风道水平结构待主体顶板封闭强度达标后再行施工，加快了主体结构施工进度，水平结构模架支撑体系设计与主体结构模架支撑统筹考虑，避免了二次支搭，缩短了轨顶风道底板施工周期，节约了施工成本。

2.3 本工法顶板支撑采用满堂重型盘销式脚手架，吊墙吊柱侧模辅助使用钢管扣件式脚手架，主次龙骨多采用型钢及工字木梁，稳定性强、安全性高；模架支撑体系平面排布统筹考虑主体结构梁板尺寸及轨顶风道底板、吊柱吊墙平面尺寸，主体结构顶板达到设计强度后，模架拆除至轨顶风道底部时铺设底模即可使用，实现了一架多用。

3 适用范围

本工法除适用于设计有轨顶风道的大、中型地下铁路客站主体结构与轨顶风道施工之外，还适用于带吊挂式次结构与主体结构的同步施工。

4 工艺原理

采用“先浇筑主体结构顶板及风道吊墙、吊柱，后浇筑风道底板”施工方案，对主体结构满堂架体方案进行优化，缩小风道吊墙及吊柱区域架体横向间距，以保证架体在较大线性荷载作用条件下的承载力。

施工前，对满堂模架进行专项设计及模架安全性计算，并对满堂模架专项方案进行专家论证，确定采用满堂重型盘销式脚手架，脚手架平面分格依据轨顶风道确定，纵距 1 500 mm、横距 1 200 mm、步距 1 500 mm，风道吊墙、吊柱位置横距 600 mm 并增加钢管扣件式脚手架进行对顶,满堂脚手架与中隔墙结构之间夹角设置钢管扣件式脚手架填补。

施工时,先按照专项方案进行架体搭设;验收合格后安装主体结构顶板底模、风道吊墙及吊柱底模,绑扎吊墙及吊柱钢筋;随后安装风道吊墙及吊柱侧模,绑扎结构顶板钢筋并安装端头模板;验收合格后,混凝土进行一次性浇筑,养护混凝土至达到设计强度后降低模架至风道底板以下 500 mm 位置,随后施作风道底板。主体结构风道结构同步施作原理如图 2、图 3 所示。

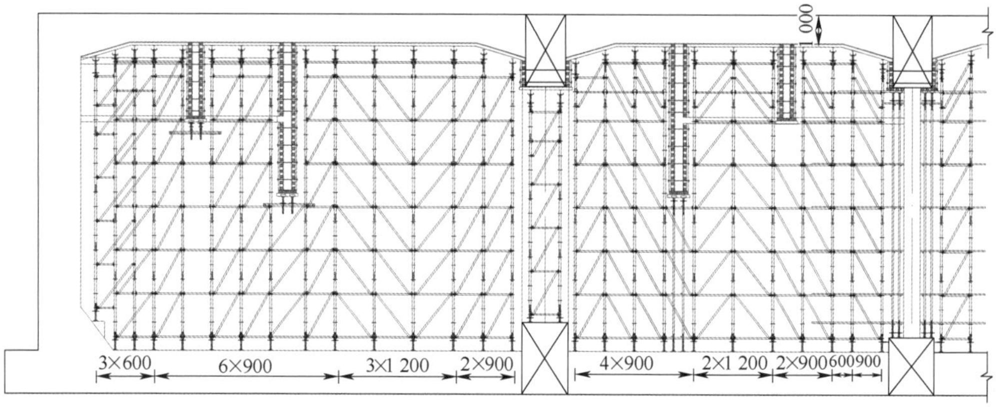

图 2　吊墙吊柱与顶板结构同步施作示意(单位:mm)

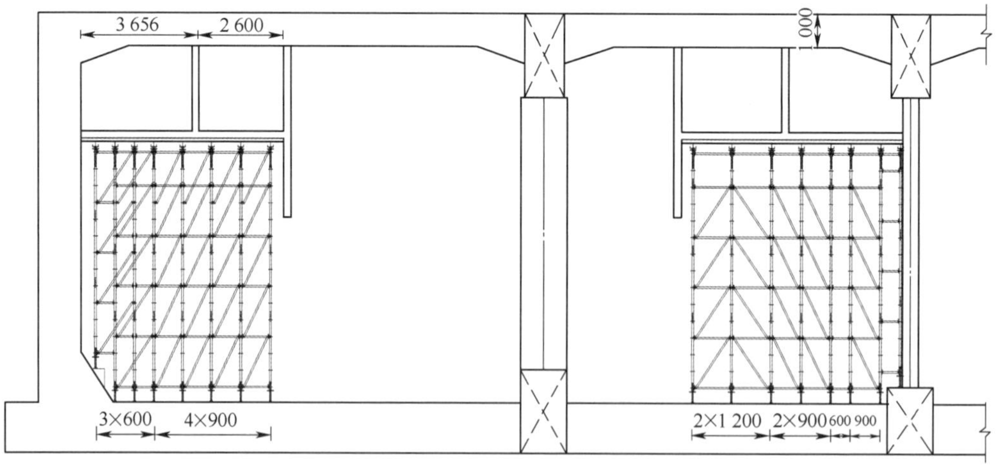

图 3　风道底板二次施作示意(单位:mm)

5　施工工艺流程及操作要点

5.1　施工工艺流程

模架设计及论证→架体搭设→主体结构顶板底模、风道吊墙及吊柱底模安装→风道吊墙及吊柱钢筋安装→风道吊墙及吊柱侧模安装→主体结构顶板钢筋安装→主体结构顶板、风道吊墙及吊柱混凝土浇筑→拆除底模及吊墙(柱)侧模→降低风道下支撑架→支设风道底板底模→浇筑风道底板混凝土→混凝土养护。

5.2 模架设计及论证

架体选用60系列重型盘销式脚手架,立杆纵距1 500 mm、横距1 200 mm、步距1 500 mm;模板体系采用16号工字钢作为主龙骨、60 mm×100 mm的钢包木梁作为次龙骨、面板采用18 mm厚覆膜多层板。架体设计时考虑主体结构荷载的同时,也考虑风道吊墙、吊柱的荷载,并针对吊墙、吊柱等薄弱环节进行加强,立杆横距由1 200 mm加密至600 mm,以保证吊墙、吊柱支撑体系的稳定性。施工前,对模架承载力安全性进行计算,并对满堂模架专项方案进行专家论证,论证通过后进行现场实施。主体与风道结构架体设计如图4、图5所示。

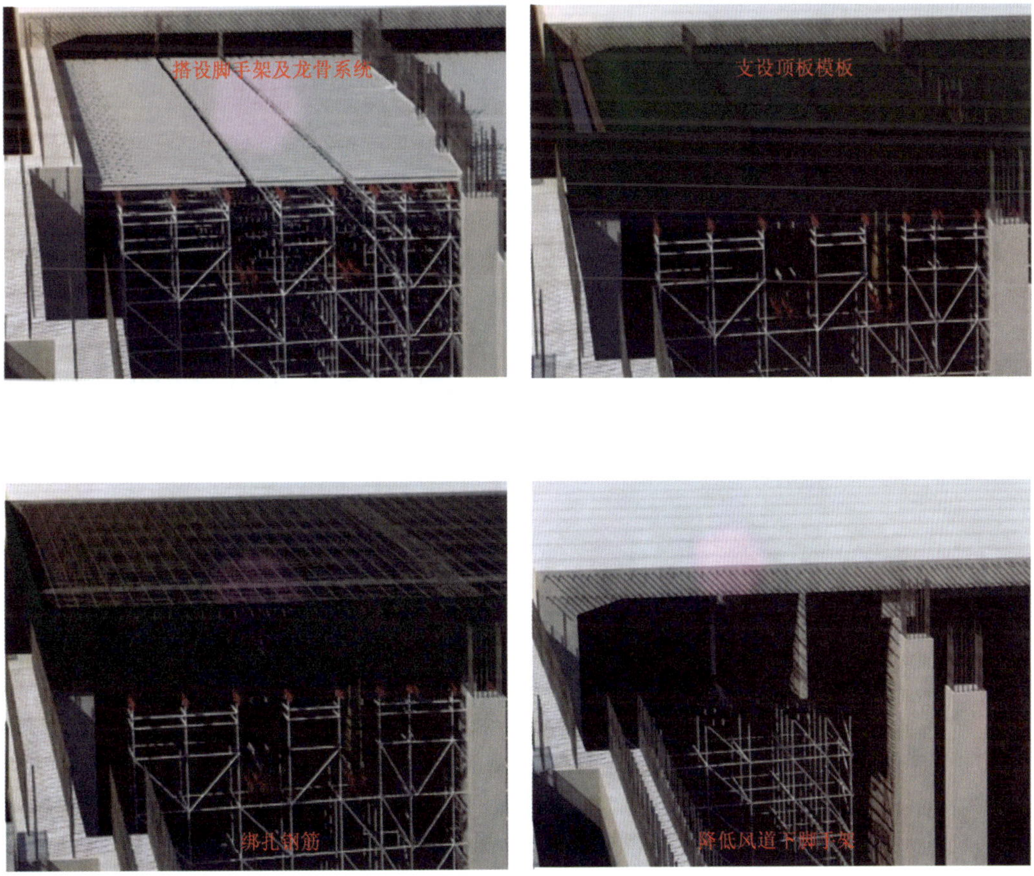

图4 BIM技术方案模拟图

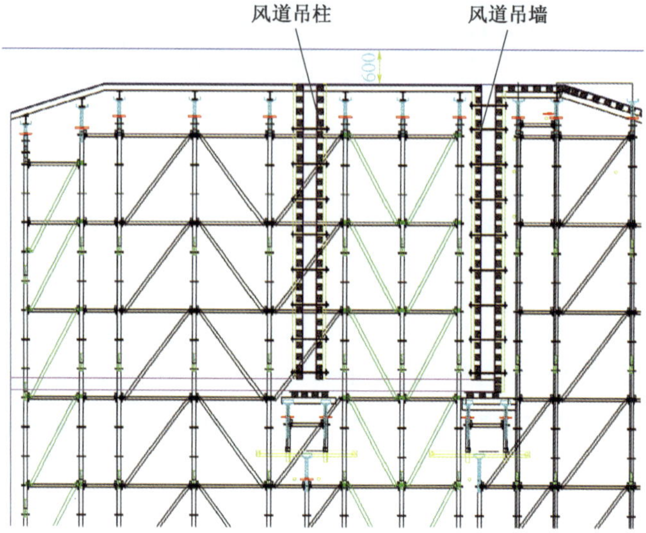

图5　主体与风道结构架体设计示意(单位:mm)

5.3　架体搭设

根据轨顶风道底板和吊墙位置、尺寸,通过 BIM 技术对架体支设进行模拟定位,并用天宝机器人对结构进行放样定位,保证了风道吊墙及吊柱区域架体的精准定位,从而保证了架体的安全稳定性。

支撑架立杆纵距 1 500 mm、横距 1 200 mm、步距 1 500 mm,风道吊墙、吊柱下部立杆横距由 1 200 mm 加密至 600 mm;水平杆之间采用斜杆连接,增强架体的整体稳定性和承载力,如图 6 所示。

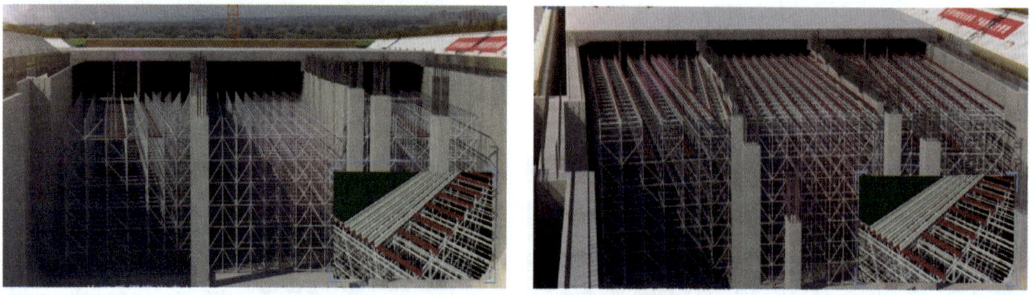

图6　主体结构顶板及风道吊墙、吊柱架体安装

5.4　结构顶板、风道吊墙及吊柱底模安装

模板体系采用 16 号工字钢安装于架体顶托作为主龙骨;采用 60 mm×100 mm的钢包木梁作为次龙骨,间距按 300 mm 设置;模板采用 18 mm 厚覆膜多层板,如图 7 所示。结构顶板底模安装时,根据吊墙宽度预留吊墙施工空间,待吊柱钢筋绑扎完成后进行吊柱外区域封闭。

图 7　主体结构顶板底模安装

5.5　风道吊墙及吊柱钢筋安装

吊墙钢筋安装前,先根据墙体定位在底模上弹出边线,安装单侧吊墙模板,随后根据图纸要求进行墙体钢筋绑扎,吊墙钢筋绑扎时在水平钢筋外侧绑扎等强度的混凝土保护层垫块,呈梅花形布置。吊墙及吊柱下部根据风道底板钢筋布置在封侧模前预留出风道底板钢筋,底板钢筋预留时在吊墙及吊柱模板下部按钢筋布置间距打孔,预留钢筋穿过预留孔进行预留。吊墙、吊柱钢筋绑扎如图 8、图 9 所示。

图 8　吊柱钢筋绑扎

图 9　吊墙钢筋绑扎

5.6　风道吊墙及吊柱侧模安装

风道侧模面板采用 18mm 厚覆膜多层板,背楞采用 100 mm×100 mm 的木枋水平设置,间距 200 mm,采用穿墙螺杆通过扣件式钢管进行加固,穿墙螺杆竖向间距 600 mm、横向间距 600 mm,如图 10 所示。吊墙吊柱底部预埋短插筋便于与风道底板钢筋后连接。

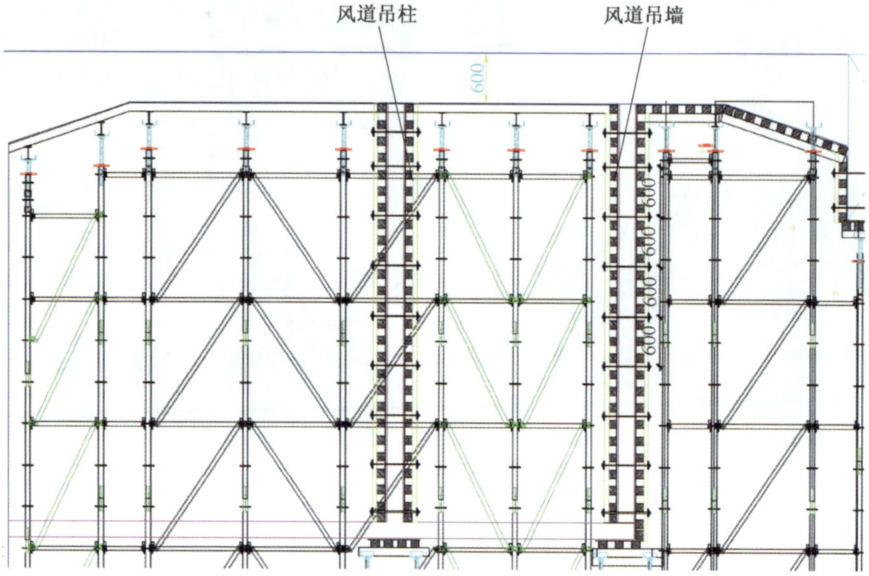

图 10　吊墙及吊柱模板安装示意(单位:mm)

5.7　主体结构顶板钢筋安装

绑扎前先调整模板的平整度、起拱、标高等,将模板上垃圾杂物清扫干净,用墨线在模板上弹好楼板底筋的间距;按弹好的间距先排放底层钢筋后放上层钢筋,预埋件、电线管、预留孔洞等同时配合安装并固定。

双向网片的两个方向的钢筋应相互垂直且平行于对应梁或墙的钢筋;板在梁侧和墙侧的第一根钢筋距离梁或墙不得大于 50 mm。楼板下部钢筋设置等强度的混凝土保护层垫块,上下层钢筋之间采用钢筋马凳进行架立。顶板钢筋安装如图 11、图 12 所示。

图 11　顶板钢筋安装

图 12　顶板钢筋安装完成

5.8　主体结构顶板、风道吊墙及吊柱混凝土浇筑

先浇筑风道吊墙及吊柱混凝土,风道吊墙混凝土浇筑时沿吊墙一端向另

一端连续均匀浇筑，一次浇筑厚度不超过 1 m，浇筑过程中采用加长振捣棒进行振捣。随后进行结构顶板混凝土浇筑，采用“由远至近，薄层浇筑，一次到顶”的方法。浇筑带前后略有错位，形成阶段式分层退打的局面，确保混凝土上下层的结合。吊墙、吊柱施工效果如图 13 所示。

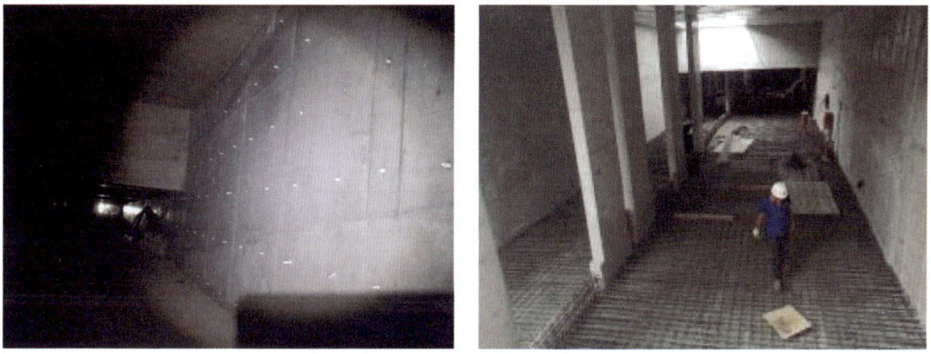

图 13　风道吊墙、吊柱完成效果

5.9　降低风道下支撑架，支设风道底板底模，浇筑风道底板混凝土

顶板及吊墙达到拆模强度后，降低风道处结构顶板支撑架体至风道底板以下 500 mm，支设风道底板模板，绑扎钢筋，采用高压混凝土泵浇筑底板混凝土，如图 14 所示。

图 14　风道底板支模及绑扎钢筋

5.10 混凝土养护

混凝土终凝后进行洒水养护,达到设计强度后拆除模架。

6 材料与设备

6.1 人员配置

施工所需人员配置见表1。

表1 人 员 配 置

序号	工 种	人数(人)	工作内容	备注
1	架子工	20	模架安装	
2	木 工	25	模板安装	
3	钢筋工	30	钢筋安装	
4	混凝土工	10	混凝土浇筑	
5	其他辅工	20	现场材料倒运及模架就位	
6	防护员	3	吊装过程中安全防护工作	
7	司 机	4	吊车、泵车	
合 计		38		

6.2 材料

施工所需主要材料见表2。

表2 主要材料(1 200 m^2 轨顶风道范围)

序号	材料名称	规格型号	数 量	备注
1	多层板	18 mm 面板+16号工字钢主龙骨+60 mm×100 mm 钢木梁	2 650 m^2	
2	盘扣架	ϕ60 mm×3.2 mm 立杆+ϕ48 mm×2.5(2.75)mm 水平杆+ϕ42 mm×2.5 mm 斜杆	横杆:17 850 根 1.8 m、15 100 根 1.5 m、28 500 根 1.2 m、51 500 根 0.9 m、5 500 根 0.6 m 斜杆:30 000 根 1.5 m×1.2 m、6 500 根 1.5 m×1.5 m、19 500 根 1.5 m×0.9 m、2 500 根 1.5 m×1.8 m 立杆:24 000 根 2 m、10 000 根 3 m;可调托座 3 200 个、可调底座 5 500 个、基座 15 000 个	

续上表

序号	材料名称	规格型号	数量	备注
3	钢　　筋	主体结构： 直径 25 mm、28 mm、32 mm 风道结构：直径 8 mm、 12 mm、14 mm	287.4 t	
4	混 凝 土	主体结构：C40 轨顶风道：C35	C40 混凝土 1 200 m^3，C35 混凝土 410 m^3	

6.3 设备

施工所需机具设备见表 3。

表 3　机 具 设 备

序号	机械设备名称	单位	数量	备注
1	木工平刨 MB600A	台	5	木工搭设模板用
2	手提电锯 M-651A	台	10	木工搭设模板用
3	手提式钻	台	10	木工搭设模板用
4	木工圆锯 MT300-7	台	4	木工搭设模板用
5	吸 尘 器	台	3	清理杂物及木渣
6	铁　　锤	把	30	支架加固
7	扭力扳手	把	20	扣件螺栓拧紧扭力矩检测
8	天宝机器人	台	1	模架定位、安装
9	全站仪 ZT80MR	台	1	模架定位、安装
10	水准仪 DS320	台	1	模架定位、安装
11	汽车吊 50 t	辆	2	垂直运输
12	地　　泵	台	1	混凝土施工
13	天　　泵	台	1	混凝土施工

7　质 量 控 制

7.1　本工法在施工过程中严格遵守《混凝土结构工程施工质量验收规范》(GB 50204—2015)中所要求的内容。

7.2　支撑架安装质量控制标准

支撑架安装质量控制标准见表 4。

表 4　支撑架安装质量标准

序号	项　　目		允许偏差	检查方法
1	立杆垂直度	每步架	±2.0	吊锤,钢尺
		全高	H/1 000	
2	横杆水平度	每跨内	±1/1 000 及±3.0	水平仪、水平尺
		全跨	±L/600 及±50	
3	扣件螺栓拧紧扭力矩 40~65 N・m		40+2.0 N・m,65−2.0 N・m	扭力扳手

注:h—步距;H—支撑架高度;l—跨度;L—支撑架长度

7.3　模板安装质量控制标准

模板安装质量控制标准见表 5。

表 5　现浇结构模板安装的允许偏差

项　　目		允许偏差(mm)	检查方法
轴线位置		3	钢尺检查
底模上表面标高		3	水准仪或拉线尺量
截面内部尺寸		±5	钢尺检查
相邻两板表面高低差		2	钢尺检查
表面平整度		2	靠尺和塞尺检查
阴阳角	方　　正	2	方尺、塞尺
	顺　　直	2	线尺

7.4　混凝土施工质量控制标准

混凝土施工质量控制标准见表 6。

表 6　现浇结构位置和尺寸允许偏差和检验方法表

序号	项　　目		允许偏差(mm)	检查数量	检验方法
1	轴线位移	基　　础	10	测量两点	用尺量检查
		柱、墙、梁	3	全查	用尺量检查
2	标　　高	层　　高	5	测量两点	用水准仪
		全　　高	15	测量两点	用水准仪
3	截面尺寸	柱、墙、梁	+3 −2	全查	用尺量检查
4	柱及墙垂直度	每　　层	2	全查	2 m 托线板
		全　　高	H/2 000 且不大于 15	全查	J2 经纬仪
5	表面平整度		2	全查	2 m 靠尺和楔形塞尺
6	预埋钢板中心线位置偏移		10	测量两点	用尺量检查
7	预埋管、预留孔中心线位置偏移		5	测量两点	用尺量检查

续上表

序号	项　　目	允许偏差（mm）	检查数量	检验方法
8	预埋螺栓中心线位置偏移	5	测量两点	用尺量检查
9	预留洞中心线位置偏移	10	测量两点	用尺量检查

7.5　质量卡控要点

7.5.1　钢筋及模板安装时必须确保混凝土保护层满足设计要求。

7.5.2　底板安装时，必须划出结构轴线、边线位置；模板拼装时，木枋严格按计算确定的间距进行组装，确保模板足够的刚度及强度。

7.5.3　顶板侧墙下挂模板采用钢管架对顶，边洞对顶竖向 5 道间距 600 mm，中间洞对顶竖向 3 道间距 1 000 mm。

7.5.4　模板表面要平整，模板接缝严密。模板表面应洁净，脱模剂涂刷均匀，在涂刷时不得污染钢筋和混凝土接茬处。

7.5.5　模板的接缝不应漏浆；在浇筑混凝土前，木模板浇水湿润，但模板内不得有积水。

7.5.6　混凝土浇筑前，模板内的杂物应清理干净。

8　安全措施

8.1　本工法在施工过程中遵守《建筑施工承插型盘扣式钢管支架安全技术规程》(JGJ 231—2010)、《建筑施工模板安全技术规范》(JGJ 162—2008)等规范及标准中所要求的内容。

8.2　严格执行“安全第一、预防为主、综合治理”的方针；施工前，由技术人员根据施工作业特点编制具有针对性的安全技术交底，并对全体施工人员进行交底，交底完毕后方可进行施工。

8.3　施工人员施工前应佩戴合格的劳动保护用具，安全帽下颌带系紧。

8.4　对施工作业区域，设置醒目的安全警示牌，并按时组织进行安全检查，发现问题及时整改。

8.5　顶板浇注要两边同时先中间后两边对称浇铺，每层厚度不超过 30 cm，尽量放慢浇铺节奏，以使支架均匀受力。

8.6　遇 6 级以上的大风时，应暂停室外的高处作业，雨后应先清扫施工现场，略干不滑时再工作。

8.7　浇灌混凝土时应设专人看管模板，处理漏浆、跑模、松动等问题。拆模时,执行拆模申请制度,有正式拆模通知方可作业。顶板模板,可根据强度发展情况,先拆侧模,后拆顶板模板。临时支撑架必须牢固,不得用拆下的模板作脚手板,脚手板搁置必须牢固平整,不得有空头板,以防踏空坠落。

9　环境保护及节能措施

9.1　坚持以风、水为主的综合防尘措施,做好通风排尘、洒水降尘工作。

9.2　施工用水应保证清洁,禁止使用污水,施工过程中产生的污水不随意排放。

9.3　施工过程中产生的余料、废料进行统一堆放、统一处理。

9.4　拆除后废弃模板进行统一归整并重复利用。架体、工字木梁、钢包木龙骨等租赁材料,工程完成后厂家回收再使用,节能环保。

10　效 益 分 析

10.1　经济效益

采用主体结构与轨顶风道同步施工,避免了风道吊墙及吊柱处架体的二次拆除及支设,拆改量约 18 000 m^3,节约人工成本约 30 万元;采用主体结构与轨顶风道同步施工,避免在结构顶板进行预留孔洞(按间距 3m 设置一处计算,共计约 300 处),节约后期预留洞恢复成本约 6 万元。综合计算,采用本工法省去上述工作内容即节约成本约 36 万元。

10.2　工期分析

采用主体结构与轨顶风道同步施工,缩短了风道吊墙与风道底板的技术间歇,即主体结构顶板达到设计强度后即可拆除架体,进行风道底板施工,节约了工期约 7 天。由于不用在结构顶板预留浇筑孔,顶板上部防水、防水保护层等工序施工不受影响,节约了结构上部工序施工工期 10 天。

10.3　技术效益

本工法满堂架体提高了风道吊墙模板的稳定性,降低了风道模板的垂直度控制难度;主体结构顶板与吊墙同步施工保证混凝土振捣操作的可行性,保证了吊墙混凝土施工质量;此外,本工法无需在结构顶板进行预留洞口,保证了顶板结构的完整性,降低了结构渗漏水风险。本工法解决了吊挂结构施工困难问题。

10.4　节能环保效益

主体结构与轨顶风道吊墙同步施工减少了架体的安拆量及材料使用量,

节约了能耗。

10.5 社会效益

主体结构与轨顶风道吊墙同步施工保证了结构按期封顶,为后期机场上部配套结构施工创造了良好条件,受到建设单位及机场指挥部的一致好评。

11 工 程 实 例

新建北京至雄安新区城际铁路工程 JBSG-2 标全长 5.9 km,该工程于 2017 年 5 月 21 日开工,2019 年 9 月 26 日开通。大兴机场站 DK43+325～DK43+673 段,结构断面呈"喇叭口"形放大,顶板厚 1 m,部分区域设有密集框架横梁,横梁宽 1.5 m,高 2 m,梁间距 4.5 m(梁净空 3 m)。结构顶板下部设有轨顶风道长 440 m,风道吊墙及吊柱高 5.5 m,风道底板宽 7 m。

由于工期紧,大兴机场站地下结构顶板施工完毕达到强度后,上部回填作业需立即进行,无预留轨顶风道浇筑孔条件及施工工期。通过采用轨顶风道竖向构件与主体结构同步、平面构件延后施工技术,保证了主体结构顶板的正常封闭,节约了结构上部工序施工工期,得到业主及监理的一致好评,完成效果如图 15 所示。

图 15 完成效果

参编单位:中铁北京工程局集团有限公司

参编人员:霍建利、余茂东、刘明、马建楼、张贺、杜宇、鲍文平、梁生武、周汉强、马福林、周彦华

评审人员:杨煜、钱增志、王中军、贾磊、姜贵军、耿贤军

五、高铁客站清水混凝土雨棚施工工法

1 前 言

新建北京至张家口铁路昌平站高铁客站站台雨棚,设计为曲面异形饰面清水混凝土结构,造型复杂,采用传统施工方法无法满足其设计外观效果。铝模板、木塑模板均存在一定的缺陷,经过多次试验和研究,采用大体积钢模板可实现曲面弧形造型,且能实现拆模后清水混凝土的饰面效果。由于雨棚施工紧随站场改造进行,40 天需完成 6 m 高、10 m 宽、550 m 长的清水混凝土主体施工,且施工现场处于临近营业线施工状态,需确保行车安全。经过大胆创新,总结应用了高铁客站站台异形饰面清水混凝土雨棚施工工艺,缩短了施工周期,降低了安全风险,拆模后双曲面雨棚造型准确,饰面清水混凝土观感质量好,效益显著,具有较强的实用性和指导推广意义。

2 工 法 特 点

2.1 可操作性。运用 BIM 建模深化设计模板划分编码,模板加工出场按深化图编号,到施工现场后,只需将模板按编号拼装即可,过程中利用 BIM 三维模型对工人进行交底,具有很强的直观性与可操作性。

2.2 安全性。由于施工使用定型钢模板,一部分可以在地面进行预拼装,之后再进行支架顶部拼装,相比普通木模板投入施工人员少,保证了施工的安全性。

2.3 经济性。钢模板加工完成运至现场后,在预拼区进行第一次拼装,在盘扣支架上部进行第二次拼装,由于主次龙骨均在前期准备完毕,减少了模板拼装时间,且钢模本身拼装速度远大于普通木模,提高了周转效率,具有较强的经济性。

3 适用范围

适用于造型复杂的饰面清水混凝土雨棚主体施工。

4 工艺原理

4.1 采用定型钢制整体异形大模板,保证雨棚结构曲面造型施工精度。采用蝉缝子母对接口技术,解决了模板接缝严密性和轴线间误差调节问题,便于拆除,方便快捷。

4.2 采用特制清水混凝土配合比及原材料控制,加强混凝土浇筑及养护,保证了混凝土表面色泽均匀一致,无气泡麻面,达到装饰效果。

站台雨棚混凝土浇筑一次成型,不做装饰而达到饰面清水效果。通过对混凝土原材料的质量把控和混凝土配合比试验,使混凝土表面色泽一致,无气泡麻面。

4.3 运用 BIM 建模深化设计模板划分编码,采用定制钢模板,解决雨棚结构曲面造型复杂的难题,并保证接口严密;结构边角模板设计成钝角,便于拆模,防止混凝土黏模掉角。采用蝉缝子母对接口技术,解决模板调节及拆模问题。钢筋保护层垫块四角设置,钢筋绑丝头一律朝向内侧,避免与模板接触产生混凝土表面锈渍。按设计结构伸缩缝划分施工段,一次浇筑混凝土梁板,不留竖向施工缝。

5 施工工艺流程及操作要点

5.1 施工工艺流程

双曲面异形饰面清水混凝土站台雨棚施工工艺流程如图 1 所示。

5.2 施工准备

5.2.1 模板深化设计

京张高铁昌平站清水混凝土雨棚主体施工,造型复杂(图 2)、要求工期紧,采用传统木模板无法满足外观效果及工期任务。经过方案比选,模板采用定型钢模板,次龙骨与定型钢模加工成整体,工厂化加工,支撑体系选用承插式盘扣脚手架,主龙骨选用 150H 型钢。现场共计投入 7 套梁板模板及 16 套异形柱模板,钢模板加工如图 3 所示。

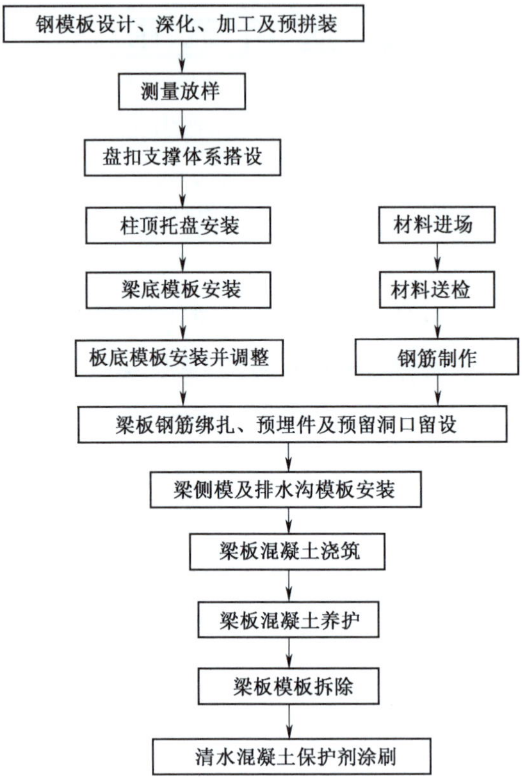

图 1　施工工艺流程示意

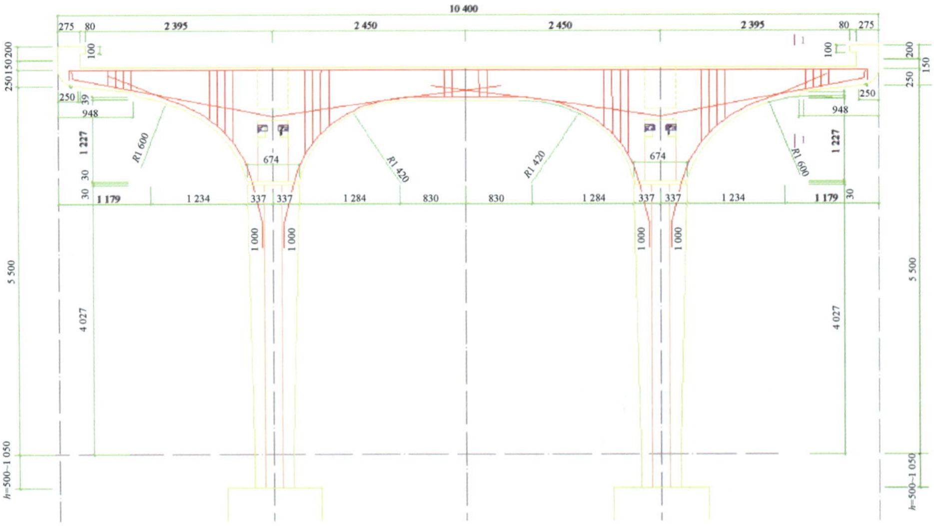

图 2　双柱雨棚设计示意图(单位:mm)

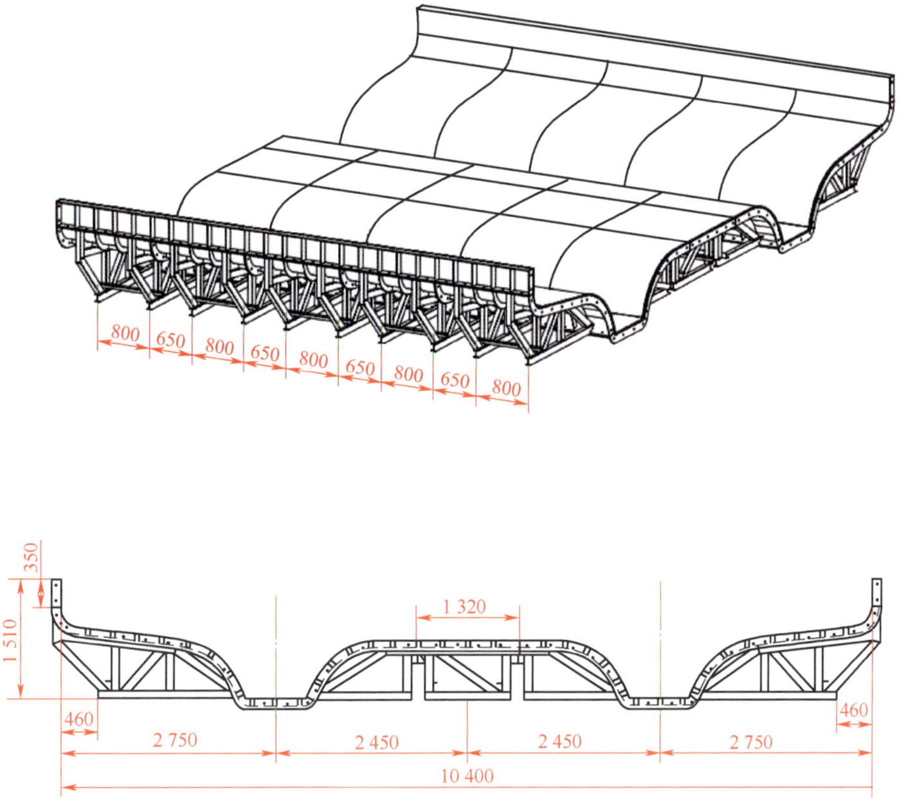

图 3　雨棚钢模板加工示意(单位:mm)

采用 BIM 模型对深化设计模板进行划分编码,将每跨内模板进行分割,划分为柱边异形段及中间通用段,最大程度保证蝉缝合理交圈、模板搭设拆除容易、加大周转率、减少模板总投入。

1. 施工段划分

第二站台分为 13 个施工区域,两个施工段,根据昌平站改三步过渡、跟随有利条件及时跟进施工,保证施工的顺利进行,如图 4 所示。为保证施工进度,共加工 B1、B4、B5、B10、B11、B12、B13 共 288 m 钢模板。

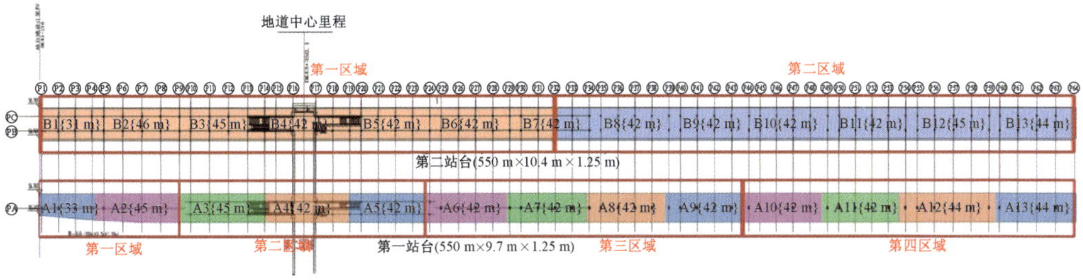

图 4　站台雨棚施工区域划分示意

2. 施工细节

(1)为减少模板拼缝对外观的影响,在模板拼缝处设计 20 mm 宽,10 mm 深蝉缝,保证拼缝交圈、美观。

(2)为保证异形钢模板顺利拆除,将蝉缝位置处进行深化,采用子母对接口技术,小轴号模板子母口在上,大轴号方向模板子母口在下,在蝉缝处对模板进行搭接,保证混凝土的浇筑质量,减少漏浆情况,弱化钢模板间"硬碰硬"难拆除问题,加快钢模板周转速度。

(3)加工垫片安装于子母对接口位置,垫片形状同异型钢模板,如图 5 所示。

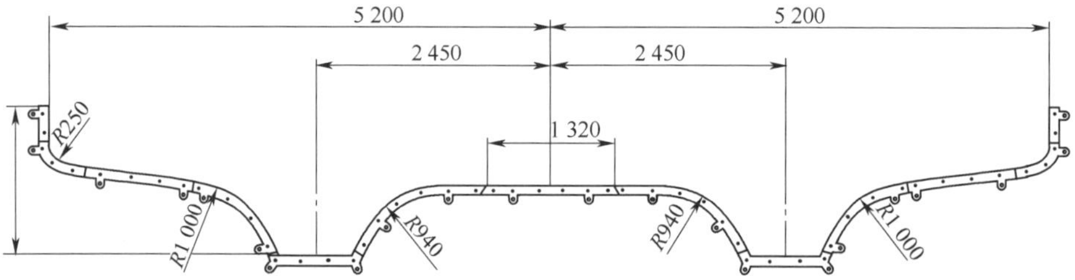

图 5　垫片加工示意(单位:mm)

垫片与顶板模板同形状,厚度为 10 mm,置于蝉缝对接口下部,通过增加或减少垫片的数量,消除施工误差带来的钢模板拼装问题。以 9 m 跨为例,在不影响蝉缝尺寸的前提下,可消除±70 mm 的误差。在垫片下增加方便拆除的拉环,如图 6、图 7 所示。

图 6　垫片实物图

图 7　垫片施工完成图

5. 2. 2　清水混凝土配合比设计

1. 本工程雨棚主体采用 C40 混凝土,根据商品混凝土原材及多次试验结果,确定外观颜色最好的配合比为水泥：砂：石子：水：粉煤灰：外加剂=307：745：1 051：165：132：9. 2。

2. 水泥选用同一厂家,同一品牌质量稳定,碱含量低,需水量小的优质 P. O42. 5 普通硅酸盐水泥。

3. 石子选用粒径 5~25 mm,含泥量小于 1%,泥块含量小于 0. 5%,针片状颗粒不大于 15%。

4. 砂选用细度模数大于 2. 6 的中砂,含泥量小于 1. 5%,泥块含量小于 1. 5%,质地坚硬,级配良好,颜色均匀一致。

5. 粉煤灰选用一级粉煤灰,固定厂家,固定品质,固定颜色,不含杂质。粉煤灰烧失量小于 5%,细度 8%~12%,需水量比小于 95%。

6. 外加剂选用高效减水剂,应含适当引气组分,不得使用含氯盐的外加剂,外加剂应不改变混凝土的颜色。

7. 严禁使用碱活性骨料,含砂率控制在 38%~42%范围内。

8. 混凝土坍落度应在(170±20)mm。

5. 3　测量定位放线

施工测量是各分部分项工程的先导工序,针对本工程有清水混凝土质量要求,施工测量必须从严控制。施工中应注意以下问题:

5. 3. 1　在核对图纸准确无误的前提下,依据设计图纸对桩位进行精确定位。主要是轴线、标高的标识应精心测设,首先是在保证测设精度、控制方便的前提下,尽可能在隐蔽部位或在能被下道工序覆盖部位设置标识;其次,设置的标识不但要准确、牢固,而且要清洁,不污染其他部位。

5.3.2 将平面轴线控制点投测到各施工段,建立各施工段的控制网;确定平面上各构件轴线,并测设出竖向结构的轮廓线。清水混凝土不允许出现露筋情况,因此,在浇筑主体(或基础)混凝土前后都必须加以校正。

5.3.3 标高控制按照常规操作布置,对于预埋预留的控制,采用在钢筋上设卡子,或缠有色胶带作控制点(在预埋、预留件固定、验收后拆除)。

5.4 盘扣支撑体系搭设

盘扣式支撑系统的杆件立杆直径为 60.2 mm,壁厚为 3.2 mm,材质为 Q345;横杆材质为 Q345,管径为 48.2 mm,管壁厚为 2.5 mm;斜杆材质为 Q235,管径为 42.2 mm,管壁厚为 2.75 mm,且均经过热镀锌处理。脚手架由立杆、横杆和斜拉杆组成的支撑体系,稳定性好,轻质高强。架体的承载能力高。架体连接形式均采用圆盘形扣盘与卡钳型楔销锁紧固定。安装速度快,精度高。

昌平站站台雨棚采用盘扣式脚手架支撑体系(图 8、图 9),在双柱雨棚下横向布置有 1.8 m、1.2 m、0.9 m、0.6 m 四种尺寸,顺向 1.5 m、0.9 m;水平杆沿高度方向标准步距为 1.5 m。盘扣支架底托下应加垫 400 cm×200 cm×5 cm 厚木板。主龙骨采用顺向 150H 型钢。

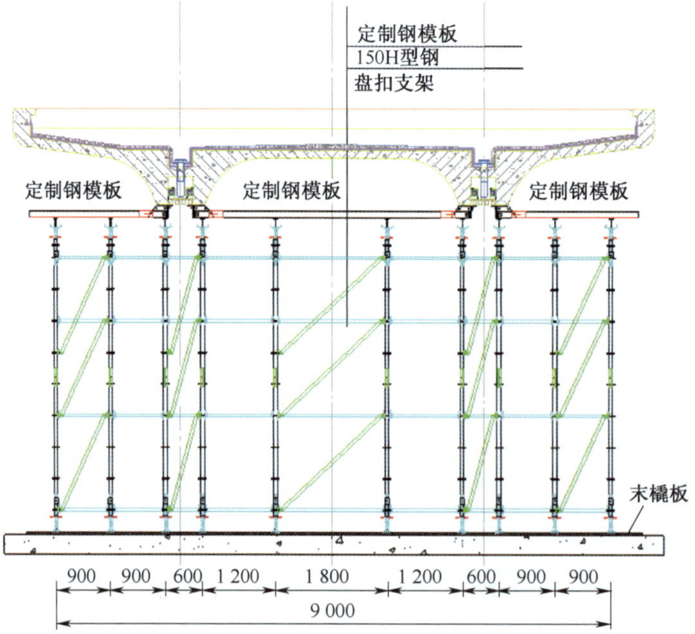

图 8　盘扣支撑体系布置示意(单位:mm)

图 9　盘扣支撑体系搭设

5.5　模板安装

在盘扣支撑体系搭设完毕并对标高、坐标校核无误后进行钢模板拼装,施工顺序为:板底模板预拼装(图 10)→钢模板倒运(图 11)→柱顶托盘安装(图 12)→柱顶异形梁模板安装(图 12)→顺向梁底模板安装(图 12)→双柱中间板底模板安装(图 13)→两侧弧形板底模板安装(图 13)→钢模板打磨(图 14)→脱模剂涂刷(图 14),安装完成后的雨棚模板如图 15 所示。

图 10　板底钢模板预拼装

图 11　钢模板倒运

5.5.1　模板安装前,用角磨机从模板一端开始清理,将钢模板出厂自带的水泥浆清理干净后,采用干净拖布进行擦拭,保证面层无灰尘。检验标准:干净拖布擦拭不沾灰。

图 12　钢模板拼装(一)

图 13　钢模板拼装(二)

图 14　钢模板打磨、脱模剂涂刷

图 15　钢模板拼装完成图

5.5.2 模板安装前应首先进行样板模板的试安装，验收合格后方可进行其他模板安装。

5.5.3 钢模板脱模剂选用正规厂家出厂的水性脱模剂。水性脱模剂涂刷不宜过厚，要均匀一致，无漏刷挂流现象，用量一般为 20 m^2/kg 左右；水性脱模剂涂刷后，待白色消失形成一层很滑的隔离膜，方可进行钢筋绑扎。

5.5.4 模板安装要保证梁模板与混凝土柱、梁模板拼缝严密，板缝之间粘贴双面胶，避免出现漏浆现象。

5.6 钢筋安装、预埋件及预留洞口留设

钢筋下料及成型的第一件产品必须自检合格后方可成批加工制作，外形尺寸较复杂的应由配料工长和质检员检查认可后方可继续加工。受力钢筋顺长度方向全长的净尺寸允许偏差-10 mm、+4 mm，箍筋内净尺寸允许偏差-3 mm、+2 mm。

5.6.1 钢筋绑扎采用 20~22 无锈绑扎钢丝，绑丝多余部分向内弯折，以免因外露造成锈斑。梁板钢筋如有弯钩时，上层钢筋弯钩朝下，下层钢筋弯钩朝上。板、次梁与主梁交叉处，板的钢筋在上，次梁的钢筋在中层，主梁钢筋在下。

5.6.2 框架梁节点处钢筋穿插十分稠密，注意梁顶面主筋间的净间距要留有 25 mm，梁筋保护层采用 25 mm 厚的砂浆垫块且应绑在主筋下部。

5.6.3 预埋件及预留洞口在钢筋绑扎过程中穿插进行，在钢筋绑扎过程中及时核对，保证能随时发现，随时整改；在钢筋绑扎完成后，应组织各专业对预留预埋进行数量和位置的再次确认，避免后期在饰面清水混凝土表面进行打眼或剔凿等。

5.6.4 钢筋及预留预埋经监理验收合格后立即进行梁侧模及女儿墙内侧模板合模，此部分模板采用木模板。

5.7 混凝土施工

钢筋绑扎及合模完成后，应再次对钢模板进行处理，利用吸尘器等设施清理施工产生的垃圾、杂物、尘土等，保证板底混凝土浇筑后的外观质量。

5.7.1 混凝土浇筑

1. 采用振捣棒振捣时，柱混凝土利用两根 ϕ50 振捣棒，振点应从边缘开始向中间部分同步振捣，先下振捣棒再进行混凝土浇筑，确保振捣到位，梁板部分应随浇筑连续进行。

2. 振捣过程避免撬振模板、钢筋，每一振点的振动时间，应以混凝土表面不再下沉，无气泡为止，宜为 20~30 s，振捣棒插入混凝土表面距离不宜小于

50 mm。

3. 用橡胶锤在模板外侧随振捣过程进行轻敲,以减少混凝土气泡的产生。

4. 对混凝土运输车每车进行塌落度检测,目测混凝土外观色泽、有无离析现象,做好记录。

5.7.2 混凝土养护

要严格控制混凝土的拆模时间,拆模时应能保证混凝土不掉角、不起皮。本工程清水混凝土梁板以同条件试块强度达到 100% 为准。拆模后在混凝土表面再洒一道水,然后用塑料薄膜包裹,边角接茬部位要严密并压实,养护时间不少于 7 天。

5.8 模板拆除

钢模板拆除流程如图 16 所示。

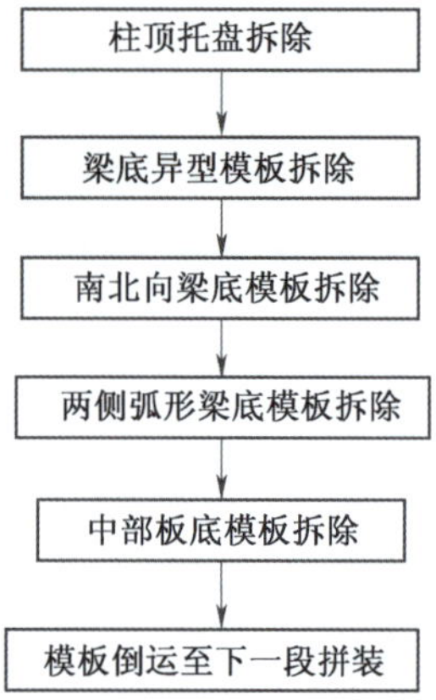

图 16 钢模板拆除流程示意

5.8.1 柱顶托盘拆除

利用 3 t 倒链进行拆除,严禁使用撬棍,保证混凝土的外观质量。

5.8.2 梁底模板拆除

利用 2 个 3 t 倒链进行拆除,待梁底模板松动后,利用 25 t 汽车吊将模板吊出。

5.8.3 两侧弧形模板拆除

首先拆除两侧下方的盘扣支撑体系,在与吊车可靠连接后,再拆除弧形模板和两侧的连接螺栓,最后用吊车将模板移除,如图 17 所示。

图 17 吊车拆除两侧模板图

5.8.4 中部板底模板拆除

将板底中部的盘扣架全部拆除完毕后，吊进 2 辆 5 t 叉车从中间向两侧分别进行板底模板拆除工作。利用叉车托住模板，对中间垫片、螺栓进行拆除，之后拆除此部分盘扣支撑体系，待模板松动后叉车缓慢下放模板落地后，利用吊车将模板从一侧吊出并运至下一段继续拼装，如图 18 所示。

图 18 叉车拆除中间板底模板

5.9 保护剂涂刷

清水混凝土涂刷保护剂：

5.9.1 涂刷丙烯酸共聚物基混凝土保护剂两遍。

5.9.2 聚合物砂浆局部修补基层。

5.9.3 用喷砂或水枪清除混凝土基层表面灰尘、油污、泛碱、松动砂浆及表面残留物。

5.10 成品保护

5.10.1 拆除模板后，不得碰撞清水混凝土表面，以防混凝土表面受损。

5.10.2 混凝土表面应用塑料薄膜进行封闭严实，以防混凝土表面污染。

6 材料与设备

6.1 材料准备

6.1.1 钢筋

钢筋一般采用 HRB335、HRB400 级钢筋。钢筋规格、型号应符合设计要求，需要有出厂合格证明文件、相关试验报告及进场复验报告等，并根据场地情况，设置钢筋加工场地。

6.1.2 商品混凝土

采用C40混凝土,混凝土搅拌时间比普通混凝土延长20~30s;混凝土运输车每次清洗后注意排净料筒内的积水;控制混凝土运输时间差,避免坍落度损失过大。

6.1.3 定型钢模板

框架柱和梁板均采用5 mm厚定型钢模板。顶板模板采用均匀分布原则,注意控制板幅尺寸和最小尺寸;增加标准段,做到相互周转;控制模板重量,提高工人操作效率,减少校正误差时间。

6.2 机械设备

施工所需机具设备见表1。

表1 机具设备表

序号	设备名称	设备型号	单位	数量	用　途
1	混凝土罐车	12 m^3	台	2	混凝土浇筑
2	混凝土泵车	BC100-36	台	1	混凝土浇筑
3	汽 车 吊	25 t	台	20	钢模板搭拆
4	汽 车 吊	50 t	台	2	钢模板搭拆
5	叉　车	5 t	台	8	钢模板拆除
6	自卸吊车	—	台	4	钢模板倒运
7	柴油发电机	150 KW	台	2	现场照明
8	倒　链	3 t	套	8	钢模板拆除
9	振 捣 棒	50	套	20	混凝土振捣

7 质 量 控 制

7.1 质量标准

饰面清水混凝土站台雨棚施工质量验收标准,执行设计要求和国家及地方标准等相关技术规程的规定。

7.2 质量控制要点

7.2.1 模板质量控制

清水混凝土模板施工应注意以下事项:

1. 模板有足够的刚度,尺寸准确,板面平顺清洁,粗糙度满足要求,拼缝严密平整。

2. 为保证饰面清水效果,模板面板拼缝与大模板的拼缝必须与建筑设计的明缝、蝉缝相对应,模板的配置需考虑施工缝的留设。

3. 选用合理的脱模剂,保证不污染混凝土墙面,又能顺利脱模。

4. 模板安装质量标准见表2。

表2　模板安装质量标准

序号	项　目		饰面清水混凝土允许偏差(mm)	检查方法
1	轴线位移		3	尺　量
2	截面尺寸		±3	尺　量
3	标　高		±3	水准仪、尺量
	相邻板面高低差		2	尺　量
4	模板垂直度	不大于5 m	3	经纬仪、线坠、尺量
		大于5 m	5	
5	表面平整度		2	塞尺、尺量
6	阴阳角	方　正	2	方尺、塞尺
7		顺　直	2	线　尺
8	预留洞口	中心线位移	6	拉线、尺量
		孔洞尺寸	+4,0	
9	预埋件	中心线位移	2	拉线、尺量

7.2.2　钢筋质量控制

入模的钢筋要保持清洁,无明显水锈、油污及其他污染;钢筋翻样制作准确,保护层宜按正误差控制,绑扎时需将绑扎点的扎丝扣按倒,以免翘起在混凝土面出现锈斑。

7.2.3　混凝土质量控制

1. 混凝土须经试验、试配,优选出满足强度和抗渗等级要求、施工性能良好的配合比。

2. 选定的预拌混凝土供应厂家必须按照优化后的配合比,选用同一厂家、同一品种标号的水泥,同一品种、规格的外加剂、掺合料、脱模剂和养护液,选用同一产源、同一品种、同一规格的粗细骨料,以确保执行同一配合比。要注意原材料的色泽,使混凝土的色差能保持在可调范围内。

3. 及时作好保湿蓄热养护,确保浇筑质量。

7.2.4　外观质量控制

1. 颜色:清水混凝土在同一视觉空间内,表面颜色一致,色泽均匀。自然光下,应在距混凝土 5 m 处肉眼看不到明显的颜色差别。

2. 几何与外观尺寸:表面垂直度、表面平整度和阴阳角方正符合验收规范要求,起拱线、拱面几何尺寸准确圆滑。

3. 混凝土表面不得出现蜂窝、麻面、砂带、冷接缝和表面损伤等,不得受到污染和出现斑迹。

4. 混凝土表面裂纹宽度不得超过 0.15 mm;1 m^2表面气泡面积总和不超过 3×10^{-4} m^2,最大气泡直径不大于 3 mm,深度不大于 3 mm。

5. 分隔缝直线度:清水混凝土分隔缝直线度偏差不大于 3 mm,应形成有规律的装饰效果。

6. 模板拼缝印迹整齐、均匀,在同一视觉空间交圈,且印迹宽度不大于 2 mm。

7. 饰面清水混凝土结构允许偏差与检查方法见表 3。

表 3　饰面清水混凝土结构允许偏差与检查方法

序号	项目		饰面清水混凝土允许偏差(mm)	检查方法
1	轴线位移		5	尺量
2	截面尺寸		±3	尺量
3	垂直度	层高	5	经纬仪、线坠、尺量
		全高(H)	H/1 000,且≤30	
4	表面平整度		3	2 m 靠尺、赛尺
5	角线顺直		3	拉线、尺量
6	预留洞口中线位移		8	尺量
7	标高	层高	±5	水准仪、尺量
8	阴阳角	方正	3	尺量
		顺直	3	
9	明缝直线度		3	拉 5 m 线,不足 5 m 拉通线,钢尺检查
10	蝉缝错台		2	尺量
11	蝉缝交圈		5	拉 5 m 线,不足 5 m 拉通线

7.3　清水混凝土常见质量通病及预防措施

7.3.1　清水混凝土常见质量通病见表 4。

表 4　清水混凝土常见质量通病

序号	名　称	外观影响
1	表面气泡过多、过大	
2	失　浆	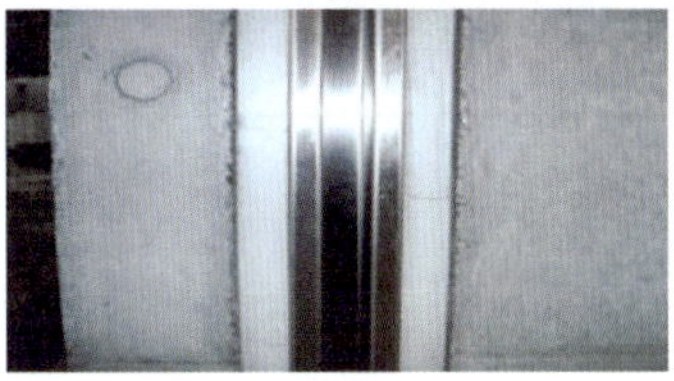
3	施工冷缝	
4	表面锈迹	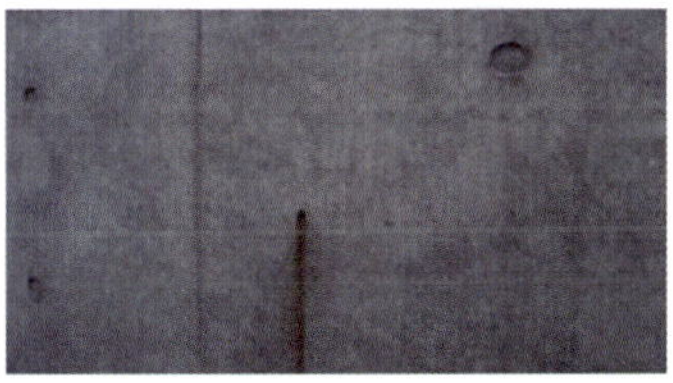

7.3.2　常见通病的原因分析及预防措施见表 5。

表 5　常见通病的原因分析及预防措施

序号	通病名称	原因分析	预防对策
1	表面气泡过多、过大	(1)混凝土含有引气剂等成分 (2)振捣不正确,没有将空气带出或将空气引入 (3)构件上部浮浆未处理,导致缺乏粗骨料	(1)对混凝土配比进行试验,选择高效外加剂,起到减水、消泡的效果。样板试验合格方可进行正式施工 (2)对振捣工人进行技术交底,明确振捣棒的插拔速度,振捣时间 (3)采用超灌工艺,预防上层浮浆引起的多孔
2	阳角处失浆	阳角处拼缝不严密	检查阳角内模的平整度、垂直度,内模边嵌海绵双面胶带、阳角内模用螺栓拉紧

续上表

序号	通病名称	原因分析	预防对策
3	施工冷缝	施工分层的间隙时间过长	了解所使用混凝土的初凝、终凝等参数,对施工分层间隙时间有准确把握
4	表面锈迹	钢筋保护层过小,钢筋锈蚀产生锈斑,污染混凝土表面	钢筋验收时加强保护层的检查。所有钢筋扎丝均向内弯折,保护层偏差不允许出现负偏差。明缝部位,钢筋须避让

8 安全措施

8.1 进入施工现场人员必须戴好安全帽,高空作业人员必须佩带安全带。

8.2 使用混凝土振动器时,应穿绝缘胶鞋,带绝缘手套。电缆不得在钢筋上乱拖,电源开关箱及电源线的装拆及电气故障的排除应由电工进行。

8.3 泵送混凝土应遵守混凝土机械中混凝土泵、混凝土泵车的有关规定,管道的架子必须牢固,泵送管要自成体系,不得与脚手架等连接,作业人员不得用肩扛、手抱输送管,应使用溜绳拖拽。输送前必须试送,检修必须卸压。

8.4 浇水养护不得倒退作业并注意预留洞口和建筑物边沿,防止坠落事故。覆盖养护时,应先将预留孔洞采取可靠措施封盖,不得遮盖未作保护的预留孔洞口。采用土工布进行覆盖洒水养护,禁止使用塑料薄膜,防止其飘向线路,造成安全事故。

8.5 拆模的顺序和方法。因站台工作面受限,应按照拆除方案逐段拆除。尽可能遵循后支先拆、先支后拆的顺序;先拆非承重模板,后拆承重的模板及支撑;已拆活动的模板,必须一次连续拆除完,方可停歇,严禁留下不安全隐患。

8.6 拆模作业时,必须设警戒区,严禁下方有人进入。拆模作业人员必须站在平稳牢固可靠的地方,保持自身平衡,不得猛撬,以防失稳坠落。

8.7 高空作业要搭设脚手架或操作台,上、下要使用梯子,不准在大梁底模上行走。操作人员严禁穿硬底鞋及有跟鞋作业。

9 环境保护及节能措施

9.1 施工过程中严格遵守国家和地方政府下发的有关环境保护的法律、法规和规章制度,加强对施工燃油、工程材料、设备、废水、生产生活垃圾、弃渣的控制和治理,遵守防火及废弃物处理的规章制度,做好交通环境疏导,充分满足便民要求,认真接受城市交通管理,随时接受相关单位的监督检查。

9.2 钢模板的起吊和安装施工噪声应符合国标要求,不大于 55 dB。夜间施工不得扰民。

9.3 将施工场地和作业限制在工程建设允许的范围内,合理布置、规范围挡,做到标牌清楚、齐全,各种标识醒目,施工场地整洁文明。

9.4 对施工场地道路进行硬化,并在晴天经常对施工通行道路进行洒水,防止扬尘污染环境。

10 效 益 分 析

10.1 经济效益

以京张高铁昌平站双柱饰面清水混凝土雨棚施工为例,为了保证异形混凝土雨棚浇筑后的整体外观效果,经过施工方案比选,以定型钢模板及维萨板为例,经济效益对比见表 6。

表 6 经济效益对比

顶 板		
对比项目	维萨木模板	钢模板
技术难度	刚度差,异形制作后无法周转	刚度较好,可以多次周转
工 期	90 天	60 天
人工费(劳务)	964 560 元	783 705 元
模板费用	2 411 400 元	4 024 140 元
辅助材料(支架)	2 412 017 元	1 455 877 元
机械费	2 700 000 元	1 800 000 元
费用合计	8 487 977 元	8 063 722 元

经过综合比较,钢模板施工总工期缩短 1 个月,综合费用对比结果钢模板比木模板节约费用约 42.4 万元。

10.2　社会效益

京张高铁昌平站异形风雨棚工程采用的高铁客站清水混凝土雨棚施工工法,工艺方便快捷,能够减少人工投入和机械耗能,在节约成本的同时,保证了雨棚施工质量及饰面清水混凝土外观效果,保障了整体施工进度,施工现场达到绿色环保和安全文明施工要求,得到中国铁路北京局集团公司及使用单位的一致认可。

11　工程实例

新建北京至张家口铁路昌平站高铁客站,位于北京市昌平区。站台雨棚造型为异形曲面,构造复杂,且设计为饰面清水混凝土标准,施工难度大。

第一站台:站台设计尺寸为 550 m×9.7 m×1.25 m。

第二站台:站台设计尺寸为 550 m×10.4 m×1.25 m。

站台柱与雨棚为清水混凝土结构。车站设置 10 m 宽跨线地道一座,为下进下出型旅客车站。

高铁客站清水混凝土雨棚施工工法在昌平站工程中的成功运用,使完工后的清水混凝土站台雨棚外观颜色一致,色泽均匀,无蜂窝麻面及表面损伤现象,几何尺寸准确圆滑,模板拼缝印迹整齐、均匀,在节约工程成本的同时,保证了工程质量和既有线施工安全,取得了良好的经济和社会效益。

参编单位:中铁六局集团有限公司

参编人员:裴健、高立状、侯欣、刘玲、付平、王骐、柴国伟、王世奇、李志、范利君、张立新、周汉强、周彦华

评审人员:杨煜、钱增志、王中军、贾磊、姜贵军、耿贤军

六、铁路站房隔震支座安装施工工法

1 前　　言

随着高铁建设的快速发展,高铁站房的建设步伐越来越快,高铁站房一般都作为一个地区的标志性建筑进行设计,设计年限长、投资额大,为保证站房在使用过程中不被外界因素尤其是地震这样破坏力强又无法避免的自然因素破坏,将隔震支座技术应用于高铁站。建筑隔震技术不同于传统建筑的抗震技术,其隔震系统一般是在基础与上部结构之间,设置专门的橡胶隔震支座和耗能元件(如阻尼器与滑板支座等),形成刚度很低的柔性底层—隔震层,以延长整个结构体系的自振周期、增大阻尼,减少传输到上部结构的地震能量,达到预期防震结果。

中铁三局集团有限公司承建了首次使用隔震支座技术的站房,为保证隔震支座位置准确,与上下主体结构的良好连接,充分发挥隔震支座的作用和性能,消除质量通病,在施工实践基础上,经过系统分析提炼,总结了本工法。

2 工法特点

2.1 施工方法方便快捷简单适用,施工效率高,只需对安装作业人员进行培训,在专业人员指导下即可完成安装。

2.2 可准确控制隔震橡胶支座安装的轴线及标高。

2.3 质量稳定,可靠性高,对施工环境要求低。

2.4 经济合理,不额外增加施工成本。

3 适用范围

本工法适用于铁路站房、机场、地铁、车辆段等大跨度、大空间公共建筑的隔震支座施工,尤其适用于快速建设的大型铁路站房隔震支座施工。

4 工 艺 原 理

隔震支座由多层薄钢板和橡胶层交替组成,中部为铅芯,具有很大的刚度和承载力。橡胶支座上下各有一块连接钢板,支座的安装是通过提前预埋至结构里的套筒与连接钢板紧固连接,在基础和上部结构之间安装预埋钢板,形成柔性隔层,使基础和上部结构断开,延长上部结构的基本周期,从而减免共振效应,阻断地震能量向上部结构的传递,橡胶隔震支座构造及安装示意如图1所示。

叠层橡胶支座隔震是一项建筑结构抗震技术。由于隔震结构系统的周期变长,在地震作用下,上部结构的地震响应将大幅降低,从而可以降低上部结构的抗震设防烈度。为保证支座与结构主体连接固定,通过定位预埋钢板保证预埋套筒的位置和标高准确,优化混凝土的配合比、严格控制混凝土的塌落度、混凝土浇筑质量,确保下部混凝土的标高、平整度、强度以及弹性模量满足隔震支座的设计要求。

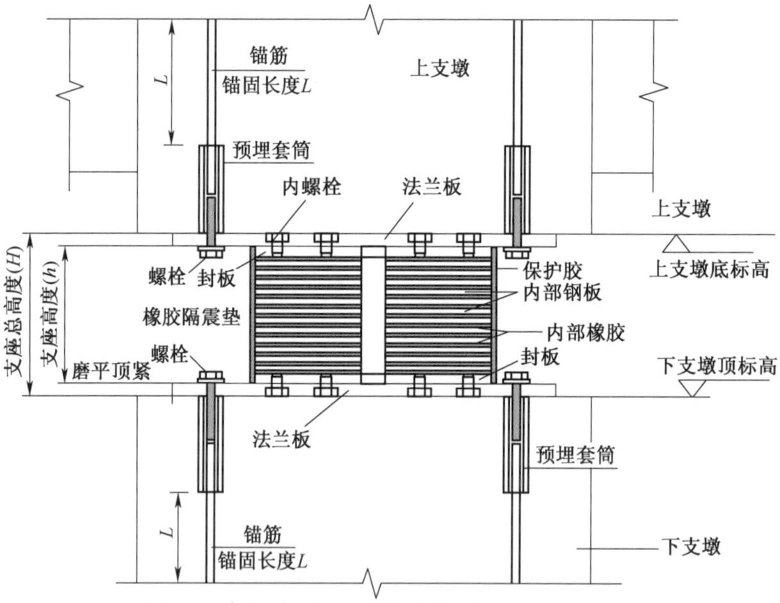

图1 建筑橡胶隔震支座构造及安装示意

5 施工工艺流程及操作要点

5.1 施工工艺流程

本工法施工工艺流程如图2所示。

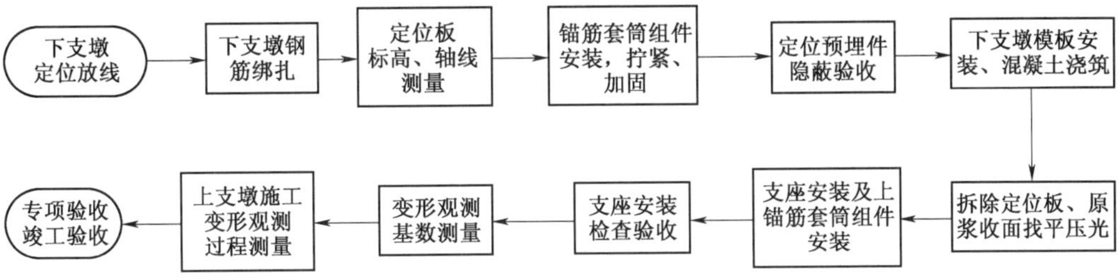

图 2　工艺总流程示意

5.2　施工准备

5.2.1　确定施工方案：明确预埋件安装方法、混凝土施工方案、测量控制方法、检测手段以及质量安全注意事项等。

5.2.2　基础、地梁土方开挖完毕，验收合格。

5.2.3　测量、校核仪器设备检定合格。

5.2.4　核查设计图纸上隔震支座的规格、型号、位置、标高是否有误。

5.2.5　支座安装前应进行抽样检测，产品为 100% 检测，合格后方能安装。

5.2.6　检查定位板的平整度是否满足安装要求，若变形超标需现场校正。

5.2.7　现场的安装机械设备及劳动力全部到位。

5.3　基础底板、下支墩钢筋安装施工

在绑扎基础钢筋时根据下支墩施工图纸要求按照实际尺寸绘制大比例节点钢筋布置图，理顺各钢筋的空间位置及摆放顺序，先绑扎支墩主筋，再绑扎支墩外侧箍筋和拉钩。当有地梁时，梁顶面标高以下的箍筋和拉钩全部绑扎到位，以上的箍筋和拉钩待梁筋绑完后再施工，钢筋节点区域可按 1∶1 放样，确保预埋件顺利放好。

根据图纸要求安装下支墩钢筋，注意避免在安装支墩钢筋过程中把下预埋钢板移动，检查钢筋并做好隐蔽验收记录。

为保证支座预埋板位置准确，将隔震支座墩柱与基础底板分开施工，墩柱竖向钢筋在基础底板混凝土浇筑前预埋准确，混凝土振捣平整，下支墩支模板前应将基础底板混凝土交接面凿毛。

5.4　下预埋件安装

5.4.1　标高控制。预先在下支墩顶面焊接 4 根短钢筋，直径不宜小于 10 mm，短钢筋顶标高为下支墩（柱）设计标高，注意短钢筋顶面必须切割平整，用水平尺检查 4 根短钢筋是否平整，将定位板放置在 4 根短钢筋顶面，再

次用水平尺检查定位板的水平度,合格后方能进行下步施工,如果出现水平度偏差较大的情况,应进行检查和校正至合格,如图 3 所示。

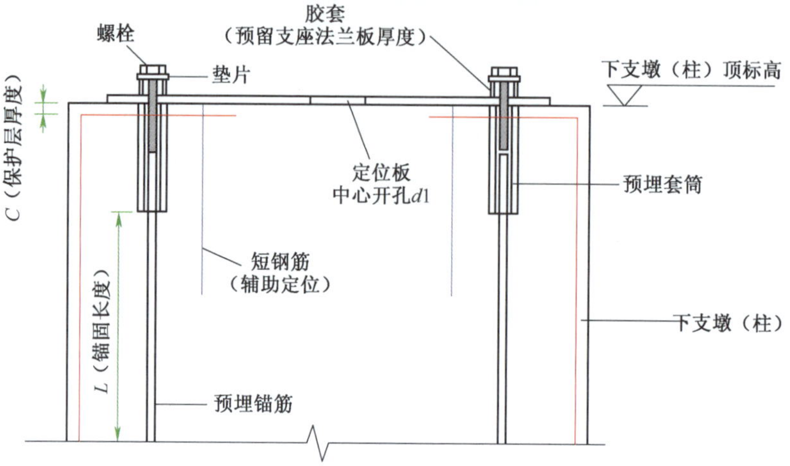

图 3　预埋套筒锚筋及定位板定位示意

5.4.2　中线(轴线)控制。定位板的中线与下支墩的中线在平面上需重合,不应存在定位板偏心的情况。安装前,将定位板的中线弹出,采用十字工程线拉通线或红外仪确定支墩中线位置,将定位板放置在短钢筋面,调整定位板位置,定位板上的十字中线与挂好的十字工程线(红外线)重合即可确定定位板的平面位置,如图 4、图 5 所示。

图 4　定位板平面位置检查

图 5　定位板水平度检查

5.4.3　水平度控制。水平尺检查定位板对角水平度,水平尺气泡在正中。

5.4.4　锚筋套筒组件安装及固定。定位板轴线(中线)及标高控制符合要求后,将锚筋套筒组件逐根穿入下支墩钢筋笼内(一般为 8 根锚筋,锚筋大小根据设计规定),用螺栓与定位板连接固定(图 6),固定后对定位板的标高、轴线、水平度进行校核、复测并记录(图7)。检查套筒顶面是否贴平定位板,锚筋是否垂直,合格后采用短钢筋上下两点与下支墩主筋点焊固定牢固。

图6 定位板加固

图7 标高复核

5.4.5 隐蔽验收。隐蔽前全数逐个检查定位板、锚筋套筒组件规格、型号、位置是否符合设计图纸,合格后方能隐蔽。查看设计图纸中的连接参数表,隔震支座、定位板、锚筋套筒组件三者的尺寸和型号对应,例如直径600 mm的支座一般情况下定位板的尺寸为700 mm×700 mm。

5.4.6 注意事项。

1. 把下预埋钢板用钢筋与支墩钢筋笼焊接牢固。

2. 把长螺栓拧入套筒,注意留出短螺栓必要的拧入长度。

3. 把套筒螺栓放入下预埋板的螺栓孔点焊,套筒顶面不高出下预埋板顶面。

4. 为保证在浇筑混凝土振捣过程中不发生偏位,应把长螺栓与下支墩钢筋笼焊接牢固。

5. 现浇时把短螺栓拧在套筒上,堵好套筒孔,不能让混凝土灌入,并用塑料布缠上,防止混凝土污染。

5.5 下支墩混凝土浇筑

5.5.1 按支墩设计尺寸进行支模,加固牢靠。

5.5.2 浇捣支座混凝土,浇捣混凝土前应用胶带盖住螺帽进行保护;支座混凝土应振捣密实,振捣棒不得碰撞下预埋钢板,混凝土面不得高出下预埋钢板面,清除附着在钢板上混凝土块及砂浆。为防止上下预埋钢板与混凝土间收缩产生缝隙,混凝土宜掺入适量膨胀剂。

5.5.3 浇筑下支墩混凝土。下支墩混凝土一次性浇筑,为防止布料机振动使下预埋板发生位移,采用机械送料至工作平台,人工将混凝土送入模板内,如图8所示。

图 8　下支墩混凝土浇筑

5.5.4　为保证预埋板下混凝土的密实性,避免浇筑时预埋板位移,可采取以下措施:混凝土均匀布料,分层浇筑,每层浇筑高度不超过 400 mm;混凝土浇筑到定位钢板时,在预埋板中央开口处加专用料斗倒入混凝土,浇注时使用高频率振捣棒从中央开口处振捣,混凝土从中央向四周流动,混凝土中气体从气孔和四周开口排出;当混凝土充满时,浆料顺着气孔和四周开口往上冒,这时停止下料,抽出中央处振捣棒,振捣点间距控制在 30～40 cm。在振捣过程中,振捣时间不能过长,振捣点间距也不能过小,否则容易造成混凝土离析或导致混凝土中注入更多空气造成混凝土不密实甚至孔洞,如图 9 所示。

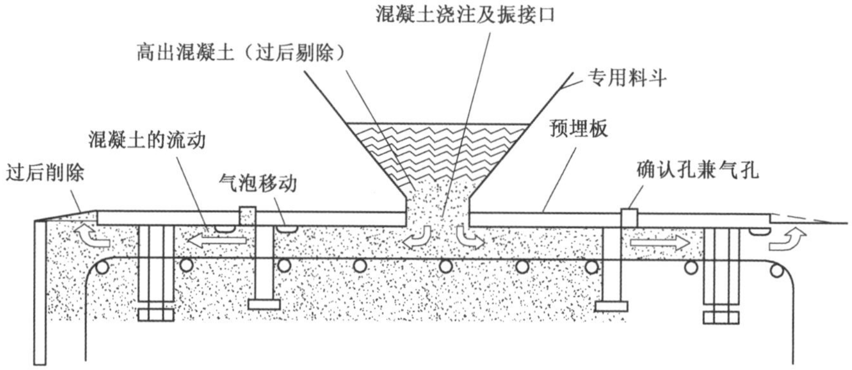

图 9　下支墩混凝土浇筑过程示意

5.5.5　当预埋板下钢筋较密造成混凝土难以流动或振捣时,可加大支墩截面尺寸,增加钢筋间距或选用自密实混凝土进行浇筑。

5.6　隔震支座安装

5.6.1　下支墩打磨

水平尺检查下支墩表面水平度,角磨机打磨平整,吹风机将支墩表面和套筒内杂物清理干净,套筒顶面不应高于下支墩混凝土表面,如图 10 所示。

5.6.2 型号标注

按照设计图纸，将隔震支座规格型号标注在下支墩表面（图 11），将下支墩表面轴线、标高、水平度复测（图 12）。

图 10　支墩表面打磨

图 11　支座规格、型号标注

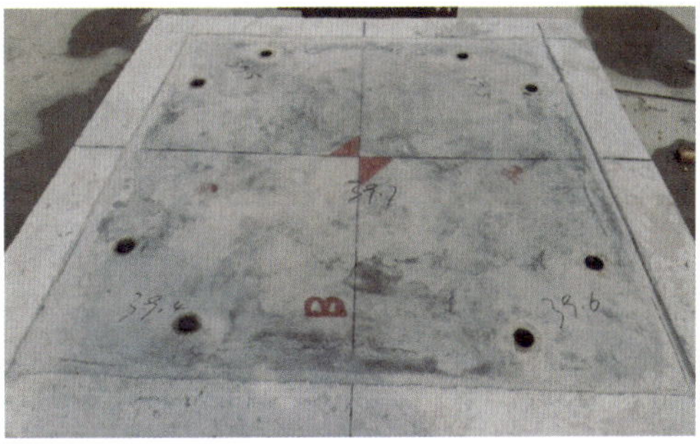

图 12　下支墩表面轴线、标高、水平度复测

5.6.3 支座安装

混凝土强度达到设计强度的 75% 后可进行隔震支座安装，选择吊装工器具，可采用塔吊、汽车吊、门型架、叉车等吊装设备，如图 13、图 14 所示。按

图 13　门型架吊装

图 14　叉车吊装

照设计图纸将对应的支座规格型号吊装就位,所有螺栓全部拧入套筒,对称分两次拧紧螺栓,一般情况工厂提供的支座连接螺栓为 8.8 级普通螺栓,没有扭力要求。若特殊项目采用高强螺栓,应采用扭力扳手按初扭、复扭、终扭拧紧。

5.6.4 型号复核

对照设计图纸,全数逐个核对支座型、位置是否正确,重点复核同直径的有铅(LRB)和无铅(LNR)支座安装位置,不能安装错误。

5.6.5 安装检查

检查支座与下支墩表面的缝隙(法兰板与下支墩表面密贴),检查螺栓是否拧紧,抄写铭牌上的支座生产编号(填写资料时使用),如图 15、图 16 所示。有双支座时应检查其高差。

图 15 下法兰板与支墩表面缝隙检查

图 16 支座铭牌生产编号记录

5.7 上预埋件安装与上支墩浇筑

5.7.1 当隔震支座与下部构件固定好后,将上预埋钢板放置在隔震支座顶部,螺栓向上拧入对应的套筒,上锚筋套筒组件直接采用螺栓与上法兰板连接固定牢固,并点焊套筒与上预埋钢板连接牢固。把伸入上支墩部分的预埋螺拴与上部钢筋网片绑扎牢固,如图 17、图 18 所示。

图 17 上预埋件安装

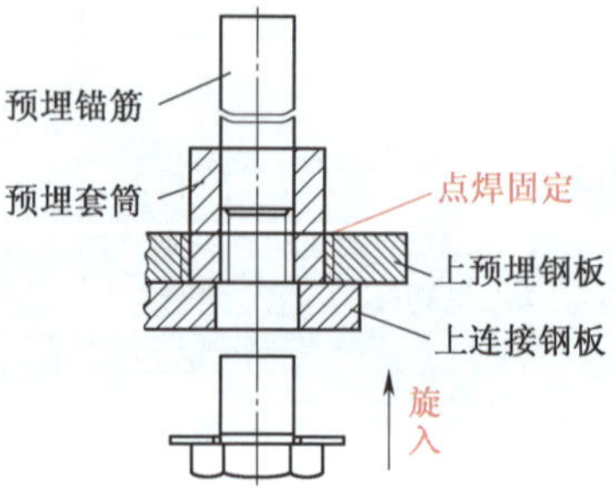

图 18 上预埋件安装示意

5.7.2 上支墩及隔震层顶板施工。

1. 前述工序完成后,先安装上支墩隔震层梁底模,支模工艺与普通楼盖相同,后绑扎上支墩钢筋与梁钢筋,最后将上支墩预埋锚筋拧入套筒。

2. 安装楼板模板,绑扎板筋,上支墩混凝土与楼板混凝土一起浇筑。

5.7.3 上支墩两侧梁底纵筋直径和方向相同时,可由一侧的梁底纵筋穿过支墩,在受力较小的区域(如距支座1/4跨度)与另一侧梁底筋机械连接,每侧接头不超过50%,以减少节点区的钢筋数量。

5.7.4 如上支墩梁底纵筋与隔震支座的预埋螺套位置重叠交叉时,可加工一同直径短筋弯锚入隔震支座的预埋螺套边。

5.7.5 对隔震支座上预埋钢板水平度和轴线位置进行复检,满足设计要求后,浇筑混凝土。严禁施工人员踩踏隔震支座。

5.7.6 混凝土凝结牢固后拆除模板;检查建筑隔震橡胶支座外观是否正常,如有脱漆现象,必须进行修补,包括螺栓头部分;待混凝土达到设计强度后,复拧六角头螺栓。

5.8 检查和维护

5.8.1 安装隔震支座阶段,应对隔震支座的支座表面、隔震支座顶面的水平度、隔震支座中心的平面位置和标高进行观测并记录。

5.8.2 隔震支座上部每浇筑一次混凝土后,由项目质检部专人对隔震支座进行检查。主要是检查隔震支座的外观变形情况,并做好检查记录。

5.8.3 在整个施工过程中,还需要对隔震支座的变形进行测量并记录。若出现很大的竖向变形,应及时与设计人员联系,协商解决。

5.8.4 变形观测。竖向压缩变形(上下法兰板净高)、上下法兰板水平位移(倾斜)、侧向不均匀变形(侧鼓)基数测量。观测次数为支座安装完成、主体施工到一半、主体封顶、验收前各测一次,共测量四次。

6 材料与设备

6.1 人员配置

施工所需人员配置见表1。

表1 人员配置表

序号	工 种	数 量(人)	职责分工
1	测量放样	2	架台、隔震垫等定位、复核

续上表

序号	工　种	数 量(人)	职责分工
2	焊　工	2	架台、隔震垫等固定
3	隔震垫安装工	2	上预埋钢板、隔震垫、下预埋钢板安装
4	安 全 员	1	监督安全措施落实情况
5	泥 水 工	2	浇捣隔震垫支座混凝土
6	木　工	2	安装隔震垫支座侧模
7	钢 筋 工	2	安装隔震垫支座附加钢筋

6.2　材料

6.2.1　检查隔震支座使用的橡胶、钢材及其他材料必须符合设计要求，并有厂家提供的材料检查证明书或抽样检查质量证明书。

6.2.2　检查隔震橡胶支座的外观不应有使用上有害的裂缝、鼓胀、外伤。

6.2.3　支座连接板平整偏差应小于 1/300。

6.2.4　检查连结板外形尺寸、板厚尺寸、孔中心距离及孔径符合规定要求。

6.2.5　检查防锈涂层厚度达到规定要求；检查螺栓有效高度达到规定要求。

6.2.6　隔震橡胶支座的力学性能符合《建筑隔震橡胶支座》(JG/T 118—2018)以及《橡胶支座：第 1 部分　隔震橡胶支座试验方法》(GB/T 20688.1—2007)所规定的出厂检验项目要求。

6.3　设备

施工所需主要机具设备见表 2。

表 2　机具设备表

序号	名　称	数量	用　途
1	经 纬 仪	1 台	轴线放样及复核
2	水 准 仪	1 台	标高放样及复核
3	塔　尺	1 把	标高放样及复核
4	起 重 机	1 台	吊装及搬运隔震支座
5	50 m 钢卷尺	1 把	轴线放样及复核
6	5 m 卷尺	2 把	水平位置定位及复核

续上表

序号	名　称	数量	用　途
7	吊装设备	1台	吊运隔震垫及预埋钢板
8	50 cm 钢角尺	1把	校准隔震垫及预埋钢板轴线、水平位置
9	水 平 尺	1把	校准下预埋钢板水平度
10	锲形塞尺	1台	校准下预埋钢板水平度
11	力矩扳手	1把	锁紧隔震垫与预埋钢板螺栓
12	电 焊 机	1台	安装下预埋钢板架台及固定下预埋钢板

7 质量控制

7.1 规范标准

橡胶隔震支座安装施工时，工程质量控制与验收应严格按照《橡胶支座 第1部分：建筑隔震橡胶支座》（GB/T 20688.1—2007）、《橡胶支座 第3部分：建筑隔震橡胶支座》（GB 20688.3—2006）相关规范执行。

7.2 质量控制措施

7.2.1 水电预埋管不得穿入隔震支座上支墩节点区域，上支墩底纵筋可向外侧，上支墩的钢筋网片绑扎时应注意几层纵向钢筋要对齐，避免上下钢筋错位形成过密的网眼，不利于混凝土骨料通过和振捣棒的穿插。

7.2.2 隔震支座安装完成后，应经验收后进行下道工序施工。

7.2.3 当发现隔震支座发生变形较大时，应停止上部结构施工。同时，要求相关单位及时派专业技术人员到场进行检查，必要时制定隔震支座更换专项方案，报批后及时更换。

7.2.4 由隔震支座制作厂家根据《建筑橡胶隔震支座》（JG/T 118—2018）的要求，支座安装完毕后及时安排专人进行隔震支座的防腐处理。按照设计要求，将隔震支座外露连接板、螺帽均应刷防锈漆两遍，外罩防火涂料。

7.2.5 对隔震支座连接板和外露螺栓应采取防锈保护措施。

7.2.6 套筒与螺栓、预埋锚筋连接拧紧力矩符合要求。

7.3 质量检测措施

7.3.1 预埋板密实度检测

用小榔头轻击预埋板表面，通过声音检查混凝土与钢板是否结合密实。

7.3.2 隔震支座检测

隔震支座进场后,由施工单位联合监理单位对隔震支座的外观进行检查,重点检查预埋板及连接板钢板厚度及平整度、预埋板上螺套孔洞定位及橡胶垫厚度是否满足图纸及经设计认可后的深化设计图纸要求。材料进场时必须具备厂家质检部门的合格证书;厂家提供的型检报告所含规格必须包含本工程涉及的规格;隔震支座检定取样每种规格的产品抽样比例不少于20%,且不少于3个,抽检合格率应为100%;厂家同时应拥有技术质监证书及市场准入证书。由参建各方一起到具备隔震支座检测资质的单位见证及监督隔震支座力学性能复试工作。

8 安全措施

8.1 进入施工现场戴好安全帽,穿戴规定的劳动保护用具。

8.2 各特殊工种经培训考试合格后持证上岗,严禁无证作业。

8.3 吊运支座时,吊车作业面范围内禁止站人,起吊支座必须绑扎牢固,并且有专人指挥整个吊装过程。

8.4 安装过程必须要有足够的操作空间,并做好防护。

8.5 橡胶隔震支座存放、安装处,不得堆放易燃易爆物品。

8.6 严禁乱接乱搭电线,电器设备维修等由专业人员操作。

8.7 隔震层构件的更换、修理或加固,应在有经验的工程技术人员的指导下进行。

8.8 隔震支座进场必须做好成品保护并有足够的防雨防水措施,在施工现场必须堆放整齐,并做好覆盖。

9 环境保护及节能措施

9.1 安装施工时,不得大力随意敲击钢板,尽量减少噪声的产生。

9.2 焊接作业时应正确佩戴个人防护用品。

9.3 焊接作业后应及时收集焊渣等废弃物,保持施工作业面整洁,做到工完场清。

9.4 隔震支座保护膜、包装材料在拆封安装完成后必须及时清理、清洁、清扫,保持施工现场整齐有序。

10 效益分析

10.1 采用本工法,在隔震支座预埋板定位与安装过程中可大大降低劳动强度,一个支座安装节约施工人员1人,按当地人工费200元/人,当隔震支座大面积安装时,可节省大量安装人员资金。

10.2 与传统工艺相比,因为定位准确下支墩面平整,可大大节省安装时吊车使用时间,每个支座只需使用1 h即可固定就位,比传统支座安装节约1 h,即机械使用台班减少一半。

10.3 隔震结构可以降低上部结构的抗震设防烈度,减小构件截面降低配筋率,降低工程造价。

10.4 通过工程的成功应用,证明本工法操作简便,对施工环境要求低,隔震垫安装质量容易控制,提高了施工效率,取得了良好的社会经济效益。

11 工程实例

11.1 库尔勒火车站工程

库尔勒火车站位于新疆维吾尔自治区库尔勒市,整体采用框剪结构,站房于2019年3月开始施工,2019年9月28日投入使用,库尔勒火车站房建筑面积为14 998.25 m^2,高23.5 m,站房局部存有地下室,站房中央为两层候车大厅,两侧为三层的办公及设备用房,如图19、图20所示。

结构设防烈度为8度,设计基本地震加速度峰值为0.2g,结构为框架结构,本工程于-2.2 m设置隔震层,基础部分设置了129个隔震支座,其中包括:LRB800-Ⅱ 39个、LNB800-Ⅱ 2个、LRB700-Ⅱ 46个、LNB700-Ⅱ 14个、LRB500-Ⅱ 14个、ESB400-Ⅱ 14个。库尔勒火车站使用的隔震支座技术,在国内铁路站房建设中属于首次使用。

根据施工组织隔震支座安装从右往左依次施工,为保证隔震支座8个预埋杆件安装精确,选用定制定位钢板进行固定,提前将基础底部混凝土浇筑,避免一次混凝土量过多导致下支墩预埋地脚螺栓偏位。施工时利用下部基础柱角主筋搭接焊上短钢筋作为定位筋,利用经纬仪与水准仪对整体定位板进行全数测量。对轴线进行复测后开始对隔震支座下支墩进行浇筑,下支墩为直接支承隔震层以上结构的重要构件,其混凝土浇筑质量将直接影响隔震建筑的质量,支座安装平稳也是基于螺栓高度精确及混凝土面平整作为保证,下支墩作为隔震支座最为关键的一步,为避免浇筑不密实应使用一级配无收缩混凝土。

本工法使隔震支座安装流程更加简洁,现场作业人员经过培训易于掌握,有效解决了隔震支座施工难度大、施工质量难以保证的难题,确保了结构的安全,极大提高了建筑的抗震能力,施工绿色环保,对周边环境无污染。

图 19　库尔勒站实景图

图 20　库尔勒站鸟瞰图

参编单位:中铁三局集团有限公司

参编人员:王志强、连亮亮、李峰、廖海峰、梁生武、马福林、周汉强

评审人员:杨煜、钱增志、王中军、贾磊、姜贵军、耿贤军

七、铁路轻钢结构体系装配式“四电”房屋施工工法

1 前　言

1.1　装配式建筑的发展现状及特点

1.1.1　近年来,国家和地方出台了多项政策和指导意见,大力推进建筑业转型升级和可持续发展,推动建造方式创新,积极推广装配式建筑。目前,预制装配式建筑在民用建筑中应用较多,但在铁路行业,装配式建筑尚处于起步阶段。铁路“四电”房屋作为铁路的重要组成部分,结合铁路“四电”房屋的特点和生产实际,推行装配式“四电”房屋建造很有必要。中铁电气化局集团有限公司实践了本次铁路“四电”房屋的工法开发。

1.1.2　本工法主要介绍了铁路轻钢结构体系装配式“四电”房屋施工的特点、工艺流程、关键步骤的操作要求及质量卡控要点。该类房屋利用工厂化加工的标准构配件,在施工现场通过简单高效地拼装而成,具有施工快捷、安全可靠、绿色环保、耐久性好的特点。

1.2　装配式构件安装难点及卡控措施

铁路轻钢结构体系装配式“四电”房屋预埋件的埋设精度及螺栓的防污染控制是基础施工阶段的难点。预埋的地脚螺栓及钢板焊接于基础主筋,采用红外水准仪控制预埋钢板及螺栓高度;装配式房屋主体施工阶段,需要通过 BIM 技术进行预埋碰撞检测,确保预埋无遗漏并满足使用需求;屋面施工阶段主要卡控屋面瓦安装的牢固程度及防水效果。

1.3　关键施工技术及管理亮点

铁路轻钢结构体系装配式“四电”房屋外墙外挂陶土板,通过断桥可调定位部件与墙面体系龙骨固定,室内安装高密度硅酸钙板与之形成空腔墙体,采用聚苯颗粒泡沫混凝土,进行整体浇筑填充,形成结构与节能一体化复合保温墙体,同时这种灌浆成型技术,无需二次装修,能够明显消除普通钢结构空响、渗漏等缺陷,提高房屋的耐久性、防火性能。运用 BIM 技术进行现场可视化交底,解决各专业接口预留预埋等技术难点,同时研发并应用了实用新

型专利技术“铁路客运专线坡屋面瓦固定装置”、“法拉第笼屏蔽网与装配式KF结构连接装置”、“一种装配式电缆槽道装置”。

2 工法特点

2.1 方法简便,节省费用

2.1.1 构配件均采用工厂自动化机床设备统一加工,生产效能高,有效避免了现场加工造成的能源、材料损耗和环境污染。施工现场工作量小、施工速度快,仅需少量作业人员拼装建造,施工方法简便,现场成品安装全部干作业,节省用水,施工中仅产生少量建筑垃圾,降低污染环境,节约施工成本。

2.1.2 房屋保温材料防火等级为A级,达到75%节能标准,屋顶Ⅰ级防水,墙体气密性、水密性满足铁路房屋要求。建筑外墙与屋面主要通过聚苯颗粒混凝土来实现保温隔热功能,钢结构冷桥处采用橡胶垫做断桥处理,导热系数小,房屋整体保温性能良好,有利于减少设备空调的运行时间,从而达到节电的效果。

2.2 精度控制措施到位,质量得到保证

2.2.1 运用信息化管理手段,确保施工质量。应用本工法通过信息化管理手段确保工程质量,建造过程中运用了BIM技术、Sino-BIM云平台等信息化管理手段,通过应用无限射频芯片和二维码技术,对构件进行一物一码标识,可实时跟踪,达到了质量控制和跟踪的目的。

2.2.2 工厂化预制加工,精度有保证。本工法轻钢结构龙骨、陶土板、硅酸钙板、屋面瓦等均采用工厂化预制加工,各种工艺预埋、安装精度控制措施到位,容易保证质量。

2.3 工人操作简便,提高功效

构配件均采用工厂自动化机床设备统一加工,生产效能高,有效避免了现场加工造成的能源、材料损耗和环境污染。施工现场只是构件的安装及校验,工人操作简便,提高施工功效。

2.4 作业人员操作方便,结构体系安全可靠

轻钢结构体系以冷弯薄壁型钢构件作为承重结构,以轻型板材作为围护结构,结构整体由格构柱、上下导梁、墙龙骨、斜向支撑龙骨构成,采用单侧带销螺栓相互连接,构成稳定的框架结构体系,并通过高强地脚螺栓与基础连接。经过多次体系试验,证明此结构体系的竖向承载力、侧向刚度、抗剪承载力及抗震性能良好,均满足结构安全要求。

3 适用范围

本工法适用于客运专线铁路生产“四电”生活房屋工程,以及低层工业与民用建筑。

4 工艺原理

4.1 设计原理

房屋采用混凝土筏板基础或条形基础,先将各类构配件在工厂统一加工完成后,运抵施工现场;通过地脚螺栓将格构柱与基础连接固定,将上下导梁与格构柱相连,再安装墙体横向、竖向龙骨及斜撑,竖向结构安装完毕后,安装轻钢桁架屋盖结构,其由下弦杆、上弦杆、屋上弦杆、直腹杆、斜腹杆和屋面梁组成。屋面檐口杆件通过三维角码与屋盖悬挑端部连接,形成房屋框架结构体系;然后在屋上弦杆和屋面梁安装上下两层硅酸钙板,形成空腔,空腔内填充聚苯颗粒混凝土;采用燕尾钉和可调式定位部件在墙体横竖龙骨上固定内外装饰板,形成空腔墙体,空腔内填充聚苯颗粒混凝土;屋面防水层施工完毕后铺设屋面瓦,消除了普通钢结构围护体系空响、渗漏等缺陷,提高了房屋的密闭性、耐久性、防火性如图 1~图 4 所示。

4.2 信息化管理

运用 BIM 技术,建立轻钢结构体系三维信息模型,对钢构件骨架、管线、配电箱等结构预埋构件进行碰撞检测,通过深化设计,输出三维构件加工图,

图 1 房屋效果图

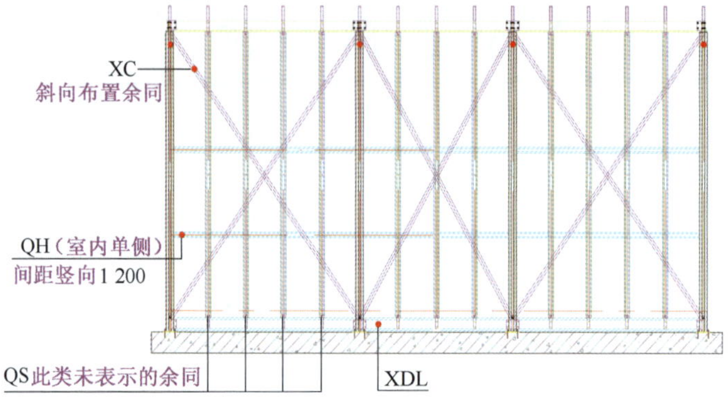

图2　立柱平面布设示意(单位:mm)

图3　地脚连接

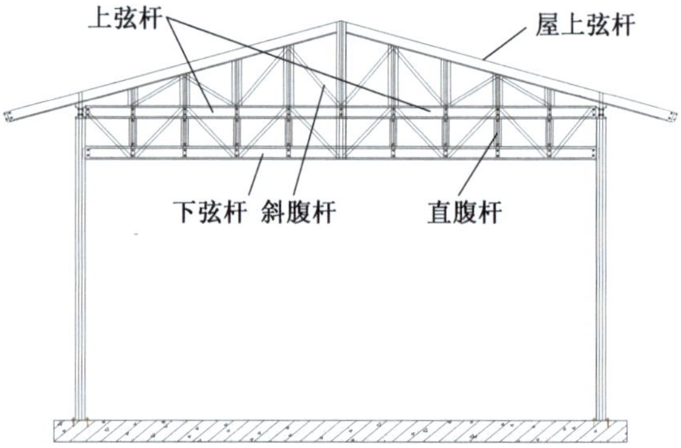

图4　屋盖体系构造示意

利用专用数控机床设备对龙骨构件自动加工,确保构件质量;通过运用 BIM 技术信息化管理平台实现对设计、构件生产加工、运输、装配施工、验收及运营过程的全生命周期的信息化管理。

5　施工工艺流程及操作要点

5.1　施工工艺流程

施工工艺流程如图5所示。

5.2　建筑信息模型建立

5.2.1　模型建立。"四电"房屋施工专业繁多,涉及通信、信号、防灾、电力等专业,为了做到安装精准无遗漏,应根据设计院提供的二维图纸,运用 Autocad、Revit、SolidWorks 等建模软件，分专业建立三维信息模型，如图 6 所示。

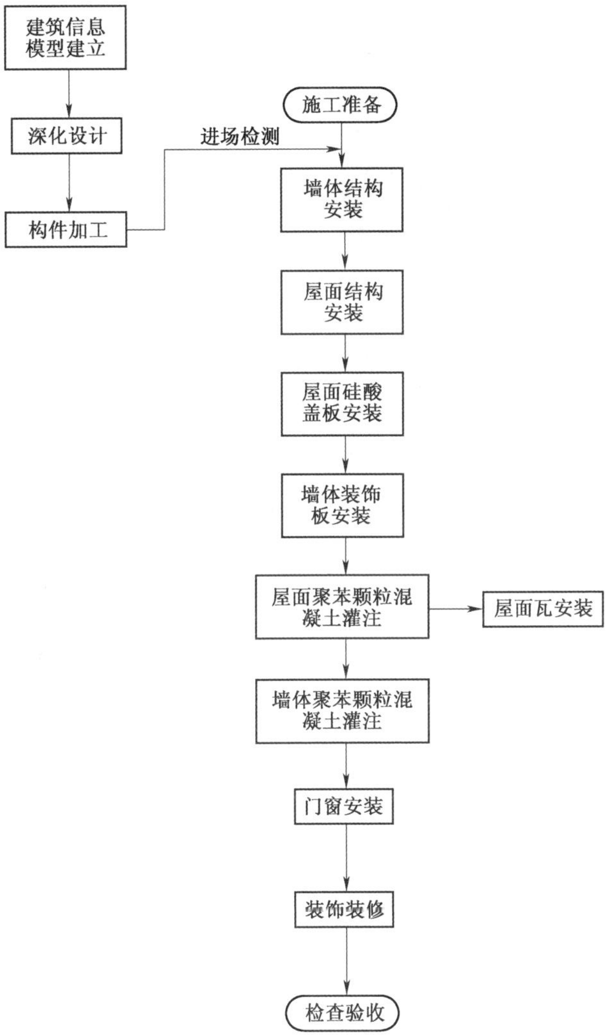

图 5　施工工艺流程示意

5.2.2　深化设计。整合各专业建立的三维信息模型，运用三维建模软件进行碰撞检测，优化节点设计、管线布置、预留洞口、“四电”接口等，合理布局，最终形成三维深化设计图，如图 7 所示。

5.2.3　形成构件加工图。根据三维深化设计图，采用 SolidWorks 软件导出各类构配件的三维加工图，如图 8 所示。

图6 BIM骨架模型

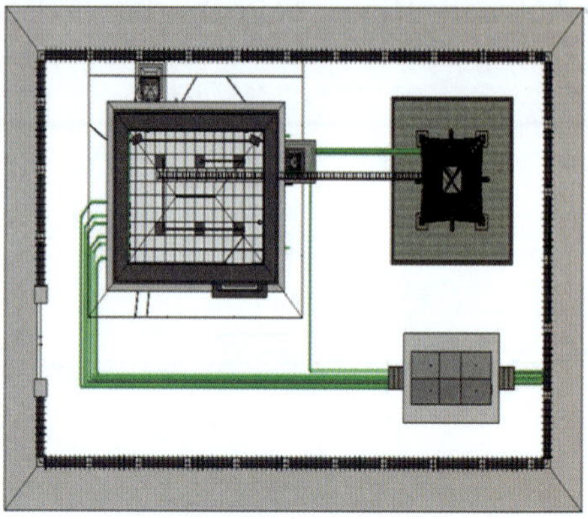

图7 BIM四电接口

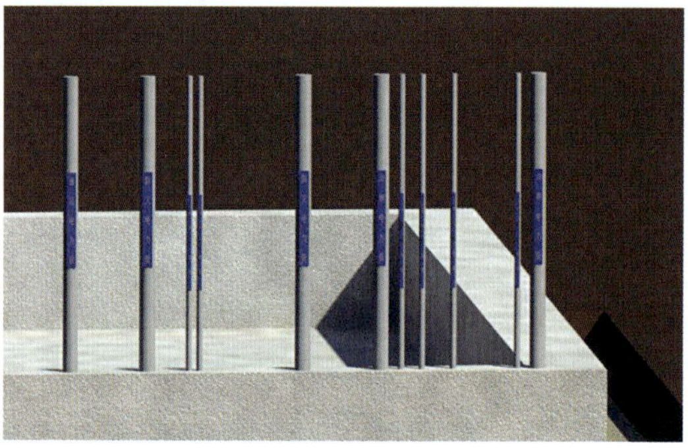

图8 BIM预埋管线

5.3 构件加工

5.3.1 将构件的深化加工图导入自动化加工设备控制系统,自动加工生成构件。

5.3.2 构件加工完毕后应进行厂检,原材料的品种、规格、性能等应符合现行国家产品标准和设计要求,构件尺寸、外观应进行抽检,构件经厂检合格后,将二维码牌及RFID芯片贴附于构件表面,并保证黏贴牢固。

5.4 施工准备

5.4.1 施工条件:完成基础施工并验收合格,基础混凝土强度为C30。

5.4.2 技术准备:完成三维深化图确认、施工方案审核,完成对相关人员的安全技术交底。

5.4.3 材料要求:进场的构配件及原材应符合国家相关标准规定,按设计图纸要求的规格、品种等备料,并进行质量检验。

5.5 围护墙体安装

5.5.1 测量调校。根据设计图纸,对固定立柱的基础预埋钢板标高进行测量,调节螺母校准钢板高度。采用拉线、水准仪测平的方法调节预埋钢板,保证钢板的标高和平面位置符合设计要求。

5.5.2 立柱安装。待预埋钢板调节完毕,开始安装房屋立柱,先安装四根角柱,后安装中间柱,立柱逐个放稳校正后紧固地脚螺栓,如图9所示。

图9 墙面立柱安装

5.5.3 导梁安装。待所有立柱安装完毕后,先安装下导梁,后安装上导梁,上下导梁均通过锥形螺栓与立柱连接牢固,如图10、图11所示。

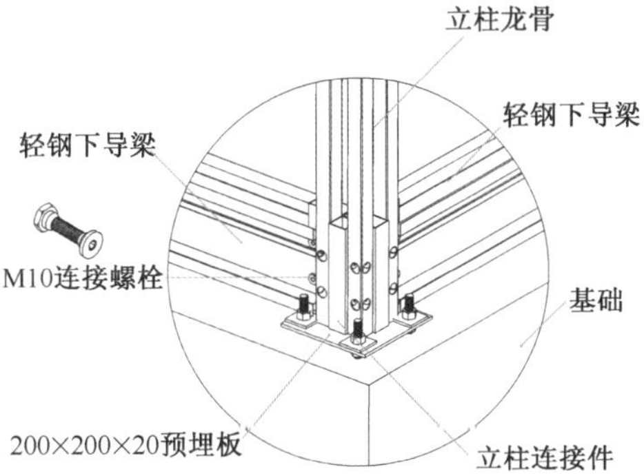

图10 立柱与下导梁连接节点示意(单位:mm)

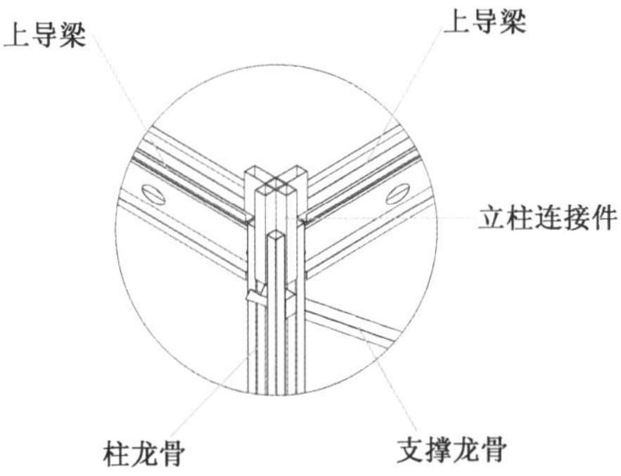

图11 立柱与上导梁连接结点示意

5.5.4 龙骨安装。先安装墙体竖向龙骨,后安装墙体横向龙骨。竖向龙骨通过螺栓固定于预装在上下导梁的连接件上。横向龙骨通过镀锌角码固定于竖向龙骨及立柱间,如图 12、图 13 所示。

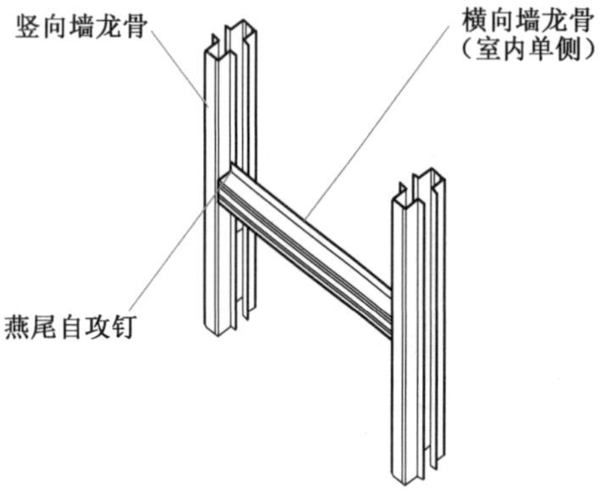

图 12　横竖墙龙骨连接节点示意

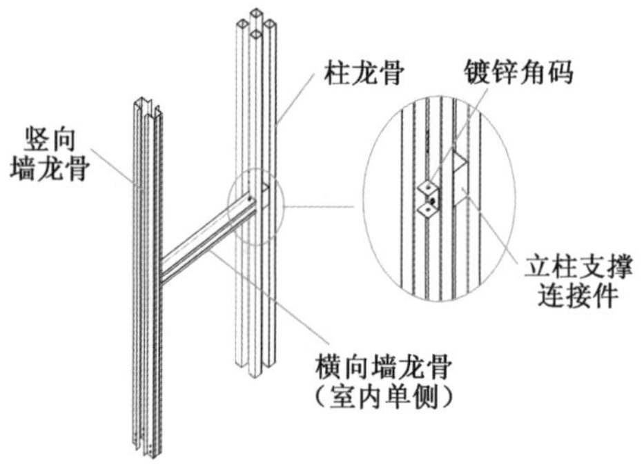

图 13　横向墙龙骨与立柱连接节点示意

5.5.5 斜撑安装。斜撑杆件截面形式为"几"字形,斜撑在每跨立柱间剪刀型交叉设置,通过燕尾钉固定于上下导梁之间,与相交的竖向龙骨采用燕尾钉固定连接,如图 14 所示。

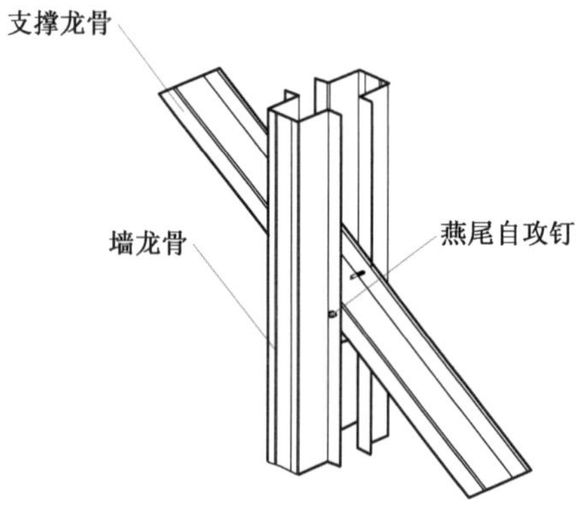

图 14　墙龙骨与斜撑连接节点示意

5.5.6 法拉第笼屏蔽网安装。待墙体龙骨全部安装完毕,在房屋外墙内安装法拉第笼屏蔽网,屏蔽网采用镀锌 ϕ8 mm、ϕ12 mm 钢筋,将横向钢筋专用卡件使用燕尾钉固定于墙体竖向龙骨,卡件竖向间距控制在 600 mm 以内,为了防止卡件与固定陶土板的可调式伸缩挂件冲突,一般此专用卡件竖向间距控制在 400 mm 以内,符合屏蔽网 600 mm×600 mm 网格间距的要求。卡件安装完毕,将横向镀锌钢筋置在卡槽里,竖向钢筋与墙体四周的接地端子和防静电地板下的金属支架(或支架下的铜箔带)连接,屏蔽网钢筋均采用双面焊接连接,并涂刷铝粉防锈漆。屏蔽网构造如图 15 所示。

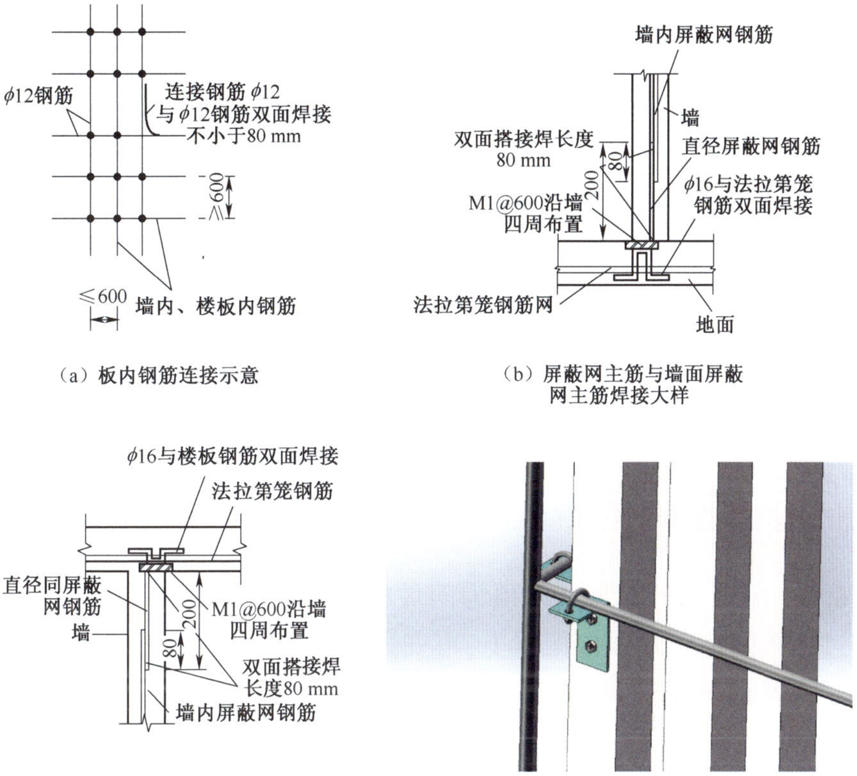

(a) 板内钢筋连接示意

(b) 屏蔽网主筋与墙面屏蔽网主筋焊接大样

(c) 屋面板屏蔽网主筋与墙面屏蔽网主筋焊接大样

(d) 屏蔽网与骨架连接构造

图 15　屏蔽网构造示意(单位:mm)

5.5.7　防雷接地系统

1. 地网。在房屋周围 1 m 外敷设地网,接地极采用 50 mm×5 mm×2.5 m 的热镀锌角钢,间距大于等于 5 m。接地极之间采用不小于 40 mm×4 mm 的热镀锌扁钢连接,埋深不小于 0.8 m。

2. 引下线。在房屋四角敷设 ϕ12 mm 热镀锌圆钢做为引下线,上端与避雷带可靠连接,下端与地网可靠连接。

3. 避雷带。在房屋屋脊敷设 ϕ8 mm 的热镀锌圆钢作为避雷带,避雷带支撑高度 15 cm,间距不大于 1 m,转弯处不大于 0.5 m。避雷带与引下线连接采用双面焊接连接,搭接长度为 6d(d 为直径)。所有焊接处要做好防腐处理。

5.6 屋面结构安装

5.6.1 上、下弦杆安装。墙体骨架安装完毕后,安装屋架上、下弦杆,上下弦两端通过螺栓与上导梁和墙龙骨连接固定。上弦和下弦之间通过直腹杆和斜腹杆相连组合形成桁架梁,纵横杆件通过螺栓相互连接固定,如图 16、图 17 所示。

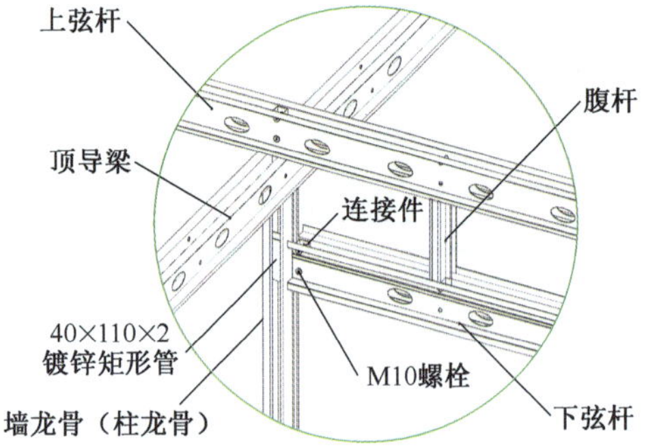

图 16 桁架与导梁连接示意(单位:mm)

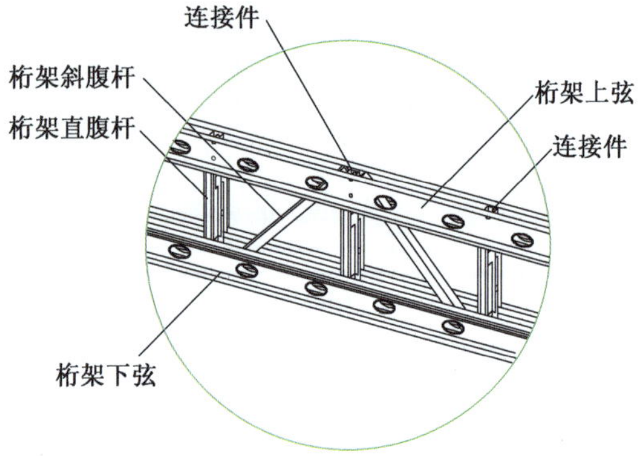

图 17 桁架节点示意

5.6.2 屋顶龙骨安装。屋顶为四坡构造,先安装支撑屋顶龙骨的立柱,立柱通过螺栓固定于屋顶桁架梁上,再安装屋顶龙骨,通过螺栓与立柱端部相连,屋上弦杆与上弦杆之间采用螺钉连接固定直腹杆和斜腹杆,如图 18 所示。

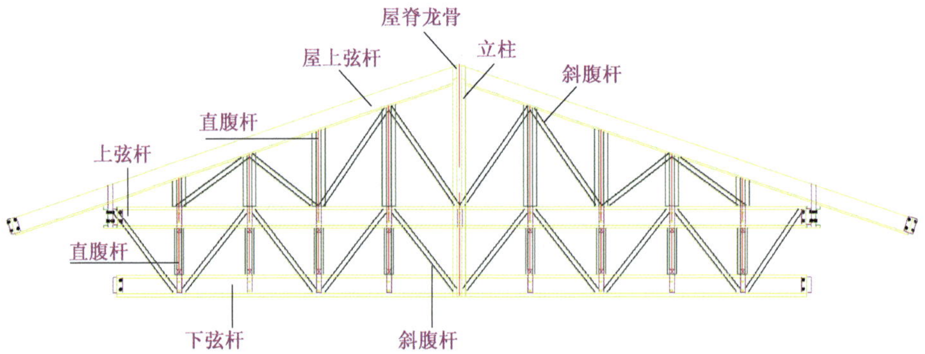

图 18 屋架示意

5.6.3 檐口安装。屋面悬挑檐口通过螺栓及专用檐口连接件固定于屋顶龙骨,如图 19 所示。

5.7 屋面硅酸钙板安装

先安装下层高密度硅酸钙板,将硅酸盖板铺设于屋顶龙骨之间,通过龙骨杆件两侧弯折形成的挑板将硅酸钙板托起,卡在四周龙骨之间。再安装顶层硅酸钙板,采用燕尾钉固定在屋顶龙骨上,如图 20 所示。

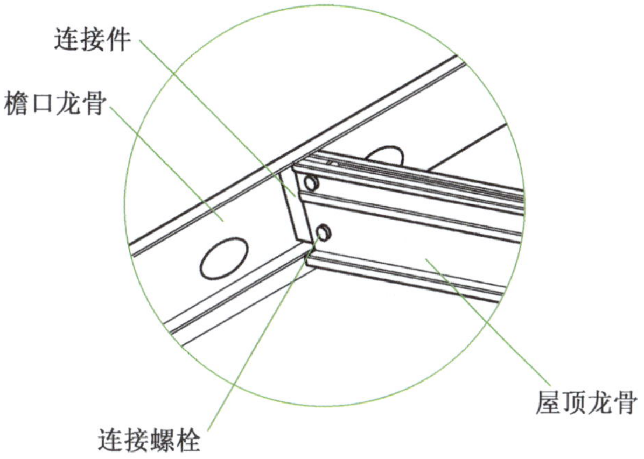

图 19　檐口龙骨示意

图 20　屋面檐口

5.8　屋面聚苯颗粒混凝土浇注

屋面上下两层硅酸钙板安装固定完成后,现场拌制聚苯颗粒混凝土,聚苯颗粒混凝土配比控制:水泥:聚苯颗粒:水为 15:1:7.5,拌制时间控制在 3~5 min,确保聚苯颗粒混凝土充分拌制均匀。采用压力泵输送聚苯颗粒混凝土至屋面上下两层硅酸钙板空腔内。为保证聚苯颗粒混凝土填充密实,在每块上层硅酸盖板上开方形 150 mm×150 mm 孔,作为浇注入口,浇注完成后,再将开孔处用切下的盖板封闭。

5.9　围护墙体装饰板安装

5.9.1　外墙陶土板安装。陶土板通过断桥可调式定位部件自上而下逐层安装紧固于横向铝合金龙骨上。陶土板上缘嵌入铝合金卡槽内,下缘自带U形槽口,通过该槽口扣入铝合金挂件,如图21所示。

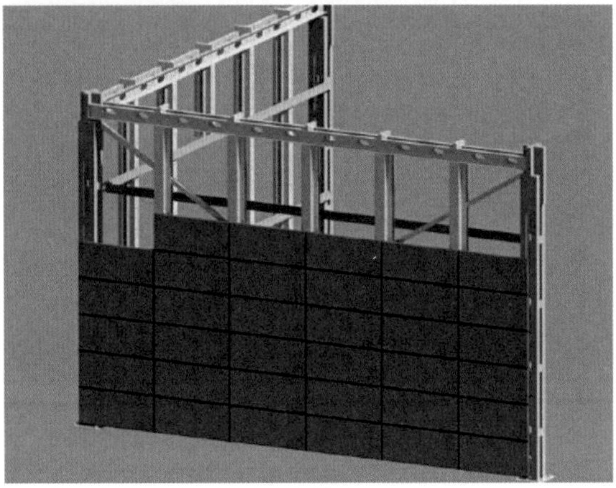

图21　外墙陶土板

5.9.2　内墙免拆高强硅酸钙板安装。硅酸盖板采用燕尾钉固定于墙体龙骨上,板间隙采用石膏嵌缝,内墙硅酸钙板采用整体挂网刮腻子进入下一步涂装工序。

5.10　墙体聚苯颗粒混凝土浇注

后浇筑无振捣聚苯颗粒混凝土宜连续施工,保证浇注密实性,厚度均匀。施工现场组织的人员、机具、材料、浇注顺序如下:

5.10.1　人员:搅拌后台5人(1人按照配比填料,4人辅助备料),浇注前台2人(1人扶管浇注,1人紧随敲击检查密实性)。

5.10.2　设备:搅拌机、0.75 kW输送泵。

5.10.3　聚苯颗粒混凝土配比控制:水泥∶聚苯颗粒∶水=15∶1∶7.5。根据房屋构造计算聚苯颗粒混凝土总量,再根据配合比分别计算水泥、聚苯颗粒、水用量。

5.10.4　浇注顺序:沿内墙贴地面安装第一层高强硅酸钙板,待一层浇注完毕,安装上层高强硅酸钙板,再行浇注。最后一层墙体硅酸钙板开洞,注入聚苯颗粒混凝土,待注浆孔反浆即可停止浇注。每层浇筑高度为一张高强硅酸钙板宽度(1.22 m)。

5.11　屋面瓦安装

由基层至屋面瓦的构造形式:

5.11.1　两层高密度硅酸钙板形成腔体浇筑100 mm厚聚苯颗粒混

凝土。

5.11.2 待基层干燥后，在顶层硅酸钙板涂刷冷底子油，做2道卷材防水（一级）。

5.11.3 在屋脊、檐口、屋面局部与屋面钢结构预留螺栓，并做好相应防水附加层，通过螺栓固定3 mm镀锌钢丝网片。

5.11.4 50 mm聚苯颗粒砂浆卧瓦。

5.11.5 采用铜丝将3 mm镀锌钢丝网片与瓦绑扎固定。其中屋面瓦与镀锌钢丝网片采用铜丝绑扎连接，每片瓦有两处绑扎点。瓦之间横向搭接70 mm，竖向搭接60~70 mm，整体错缝布置。

5.12 门窗安装

门、窗制作完成，安装在预先安装好的门窗的附框上，门为乙级钢质防火防盗保温门，如图22所示。

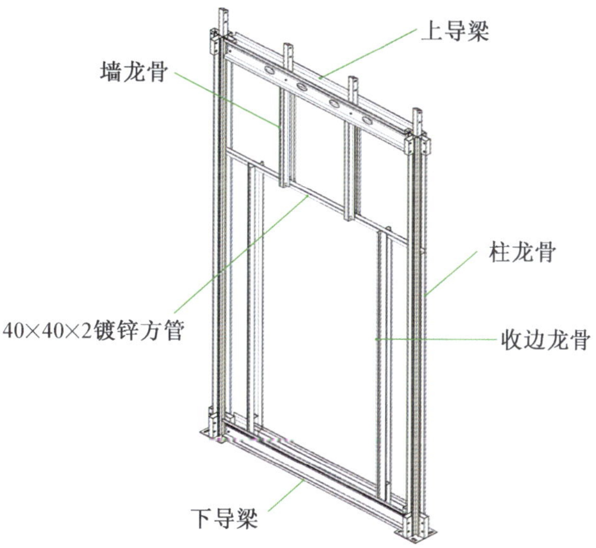

图22 门窗节点示意（单位：mm）

5.13 装饰装修

门窗安装完成后，进入室内墙面、吊顶、地面等装饰装修阶段及室外陶土板墙面清理、门口台阶及散水等施工阶段。

5.14 验收

基础验收、龙骨安装验收、陶土板安装验收、屋面验收、排水验收。

6 材料与设备

6.1 人员配置

施工所需人员配置见表 1。

表 1 人员配置

序号	工种	工种人数(人)	工作任务
1	安装工	7	构配件安装
2	浇筑工	3	聚苯颗粒混凝土搅拌、浇筑
总计		10	

6.2 材料

施工所需主要材料见表 2。

表 2 主要材料

序号	材料名称	规格型号	技术性能	数量	单位	备注
1	导梁	厚:1.8 mm Q345	房屋骨架	28.8	m	Q345(≥B 级)
2	弦杆	厚:1.8 mm Q345	房屋骨架	42	m	Q345(≥B 级)
3	屋面梁	厚:1.8 mm Q345	房屋骨架	22.26	m	Q345(≥B 级)
4	墙竖向龙骨	厚:1.0 mm Q345	房屋骨架	156	m	Q345(≥B 级)
5	墙横向龙骨	厚:1.0 mm Q345	房屋骨架	172.8	m	Q345(≥B 级)
6	斜撑	厚:1.0 mm Q345	确保房屋抗剪性能	120	m	Q345(≥B 级)
7	立柱	35 mm×35 mm×2 mm 镀锌方管	房屋骨架	55.2	m	Q345(≥B 级)
8	锥形连接螺栓		骨架连接	1 500	套	
9	可调式定位部件		装饰托架	800	套	Q345(≥B 级)
10	铝合金龙骨		有效构成房屋组成构件	324	m	Q345(≥B 级)
11	防腐体系		增强房屋耐久			
12	地脚螺栓	M16×400 mm	增强房屋稳定性	40	套	
13	硅酸钙板	10 mm 高密	免拆模板	166.04	m^2	
14	防水卷材	3 mm	加强屋面防水效果	35	卷	
15	聚苯颗粒砂浆		加强房屋保温节能效果	45	m^3	
16	燕尾钉		加强构件紧固	8 500	个	

6.3 设备

施工所需主要机具设备见表 3。

表 3　机具设备

序号	设备名称	规格型号	技术性能	数量	单位	主要性能和使用方法
1	水 准 仪	DSZ1	测量构件水平，方便快捷。	1	台	测量水平
2	搅 拌 机	60 型	搅拌聚苯颗粒混凝土，应用简单	1	台	搅拌聚苯颗粒混凝土
3	输 送 泵	50 型	输送聚苯颗粒混凝土，简单实用	1	台	输送聚苯颗粒混凝土
4	电 子 秤	300 kg	计量原材重量	1	台	称重原材
5	雾 炮 机	60 m	有效控制扬尘	2	台	防尘降尘
6	电动扳手	SC4180-1	紧固螺栓，方便快捷	5	把	紧固螺栓
7	振 动 棒	ZM-35	振捣混凝土	1	把	振捣密实混凝土

7　质量控制

7.1　质量卡控重点

7.1.1　高出钢板平面的地脚螺栓需使用 PVC 套管或者棉布进行保护，防止丝扣受损、生锈，待安装墙体立柱时方可拆除螺栓保护套。

7.1.2　立柱安装完毕后，安装房屋导梁，导梁校正放稳后紧固螺栓。屋(托)架、桁架、梁及受压杆件的垂直度和侧向弯曲矢高的允许偏差(mm)，对主要立面全部检查。对每个所检查的立面，除两列角柱外，尚应至少选取一列中间柱。

7.1.3　陶土板接缝应横平竖直、宽窄均匀；阴阳角陶土板压向应正确，板边合缝应顺直；凹凸线出墙厚度应一致，上下口应平直。陶土板幕墙表面应平整、洁净、无污染、缺损和裂痕。颜色和花纹应协调一致，无明显色差，无明显修痕。

7.1.4　屋面瓦选材质量控制：正规厂家生产的优等品，物理性能符合《混凝土瓦》(JC/T 746)标准规定，吸水性能小于等于 10%，抗循环冻融能力不小于 25 次。

7.1.5　墙体用聚苯颗粒混凝土导热系数、燃烧性能、配合比、抗压强度应符合工程要求。聚苯颗粒混凝土流动性控制：现场搅拌聚苯颗粒混凝土扩展度达到：350 mm。必须要符合《聚苯乙烯颗粒泡沫混凝土》(JC/T 2458)的 350～400 mm 的范围要求。采用敲击法检查浇筑部位是否密实。每个检验批抽查不少于 3 处，每处一个检查点，每个检查点不少于 10 m^2。

7.1.6 墙体体系的外墙陶土板维护时,采用锤子、铲刀凿除并清理干净受损部位整块陶土板,采用錾子凿毛聚苯颗粒混凝土表面,陶土板背面抹 1∶1 水泥砂浆,按先上缘后下缘的步骤安装陶土板,并用橡皮锤轻敲击、水平靠尺控制板面平整度并和其他原外墙面保持一致。

7.1.7 硅酸钙板不允许有裂纹、分层、缺角,允许有不影响使用的鼓泡和凹陷。硅酸钙板相对于规格尺寸的允许偏差应符合《纤维增强硅酸钙板》(JC/T 564)的相关规定。

7.2 规范标准

本工法在施工中应执行《建筑结构荷载规范》等国家标准和行业标准,保证施工质量。

8 安全措施

8.1 进场前必须组织作业人员进行岗前安全培训教育,进入施工现场应正确佩戴安全帽,特种作业人员需持证上岗。

8.2 作业前检查所用的工具、机械和防护用品,确保安全可靠。

8.3 作业面距地面 2 m 及以上属于高空作业,作业人员必须正确佩戴安全带,高挂低用;架体需根据房屋高度按要求搭设剪刀撑、抛撑,确保架体稳定;施工操作用脚手架顶层需安装超出屋檐口 1.2 m 防护栏杆;架体走道、平台处严禁堆放材料、小型机具,防止架体失稳和掉落伤人。

8.4 施工现场临时用电线路应按用电规范布设,长距离电缆线不得随地乱拉,应架空固定。用电设备必须实行"一机、一闸、一漏、一箱、一锁"制,即每台用电设备必须有自己专用的开关箱,专用开关箱内必须设置独立的隔离开关和漏电保护器。分配电箱距开关箱不得大于 30 m,开关箱与用电设备水平距离不得大于 3 m。

9 环境保护及节能措施

9.1 清理施工现场时严禁从高处向下抛撒垃圾废料。

9.2 施工过程中防止噪声污染,在施工场界噪声敏感区域应使用低噪声设备,对施工中噪声大的机具,应安排在白天操作。

9.3 施工现场清理时应洒少量水湿润后打扫,废料及垃圾应及时清理干净,装袋运至指定堆放地点,堆放垃圾处应进行围挡。

10 效益分析

10.1 经济效益分析

经过施工现场测算冷弯薄壁轻钢装配式房屋综合单价 4 000~4 500 元/m²;混凝土结构的房屋综合成本测算约 5 000~6 000 元/m²,类比节约 1 000~1 500 元/m²,同时受商品混凝土价格、砂、石等地材价格不稳定、人工费涨幅、房屋分散,增加二次倒运费用等不利因素的影响,混凝土结构“四电”房屋工程实际成本还有上升趋势。综上所述,冷弯薄壁装配式房屋的综合成本远远低于铁路“四电”混凝土结构房屋的建造综合成本。

10.2 工期效益

铁路“四电”混凝土结构房屋施工周期相对很长,所需材料种类繁多,施工工艺繁琐,尤其梁板施工,需要大量时间进行周转材料、支撑体系搭设,混凝土强度达到规范要求才能拆模,进行下一道工序施工,对工程进度造成影响;同时施工过程中多受冬、雨季施工等季节的变化,对施工进度的制约也很大。而冷弯薄壁轻钢装配式房屋能有效地持续施工,大大减少施工工期,如混凝土结构基站施工周期约 45 d、中继站施工周期约 75 d;冷弯薄壁轻钢装配式房屋基站施工周期约 30 d、中继站施工周期约 30 d,相比较而言冷弯薄壁轻钢装配式房屋节约近一半工期。

10.3 社会效益分析

冷弯薄壁轻钢装配式房屋适用于我国夏热冬冷、寒冷及温和等多种不同地域的气候特点,建造过程中,选用大量环保绿色材料,与国家绿色建筑发展相适应。

铁路客运专线“四电”房屋采用轻钢结构体系能够解决铁路“四电”房屋建造过程与后期使用中的各种问题,铁路“四电”房屋采用装配式钢结构体系施工是一种较好的选择。

11 工程实例

11.1 工程概况

11.1.1 新建京雄城际铁路 12 号通信基站,里程 DIIK89+400,位于河北省固安县境内。建筑面积 50.4 m^2,建筑高度 5.3 m,地上一层,单层装配式冷弯薄壁型钢结构,设计使用年限为 50 年。外墙装饰面采用可调龙骨陶土板材,内墙装饰面硅酸钙板,中间为聚苯颗粒混凝土,采用瓦屋面,有良好的保温、防火抗震性。房屋附属的室外围墙形式也采用了预制混凝土装配式围墙。

11.1.2 新建京雄城际铁路 4 号中继站,里程 DIIK92+873,位于河北省雄县境内。建筑面积 157 m^2,建筑高度 5.6 m,地上一层,单层装配式冷弯薄壁型钢结构,设计使用年限为 50 年。外墙装饰面采用可调龙骨陶土板材,内墙装饰面硅酸钙板,中间为聚苯颗粒混凝土,采用瓦屋面,有良好的保温、防火抗震性。房屋附属的室外围墙形式也采用了预制混凝土装配式围墙。

11.2 工程实例

工程施工效果如图 23~图 25 所示。

图 23　京雄城际铁路 12 号通信基站、围墙

图 24　京雄城际铁路 12 号通信基站

图 25　京雄城际铁路 4 号中继站

参编单位：中铁电气化局集团有限公司

参编人员：刘新乐、姬建华、李长青、王秀利、于旭伟、张玺、韩超、梁生武、姜锐、蒋东宇、王伟贺

评审人员：杨煜、钱增志、王中军、贾磊、姜贵军、耿贤军

第二篇　装饰装修工程

八、基于 BIM 技术铁路站房大厅“设计施工一体化”施工工法

1 前　　言

近年来随着我国高速铁路的飞速发展,各种独具特色的铁路站房在全国各地不断涌现,而且标准和要求越来越高,尤其是在铁路站房大厅等公共区域的装饰装修设计施工中,既要确保严酷的工期、质量,又要求同存异,注重细部雕琢,由点到面、统筹全局,全面打造站房艺术品装修。以传统的装饰装修设计与施工分离的施工模式,在实际施工中往往存在装饰设计与各专业的脱节、内外装设计的脱节,设计与施工沟通协调效率低,设计效果与实际施工效果相差悬殊,造成大量人力、材料资源、工期的浪费。传统模式难以适应铁路站房大厅设计施工的新要求,借助 BIM 技术在装饰装修阶段独特的优势,基于 BIM 技术的铁路站房大厅“设计施工一体化”施工工法为实现高质量、高效率、高标准的站房艺术品工程提供了一种全新的思路。

2 工 法 特 点

2.1　传统装饰设计施工的劣势

2.1.1　设计与机电安装专业协调困难,尤其是铁路站房机电安装管线复杂多变,施工中多专业互相制约影响,返工和改动较多,造成大量材料和人工消耗,延误工期。

2.1.2　内、外装修设计不同步、统筹困难,往往在交接面区域考虑不周,存在较多缺陷,影响整体效果的协调统一。

2.1.3　传统 CAD 二维设计很难面面俱到,传统 3DMAX 效果图费时费力,且无法进行立体实时渲染的效果表达,实际施工效果往往大打折扣,与最初的设计意图相去甚远。

2.1.4　传统 CAD 二维设计模式与现场施工沟通方式存在局限性、沟通效率低下的劣势。尤其在复杂空间设计中,在进行交底时缺乏立体化、可视

化、多角度的表达方式,造成施工人员未正确按图施工,留下难以消除的缺陷和遗憾。

2.2 基于 BIM 技术的铁路站房大厅“设计施工一体化”施工的优势

利用 BIM 技术在装饰设计阶段全面介入,统筹前期各专业 Revit 模型,在设计之初全面考虑机电安装管线排布,灯具、风口等选型与布置,内装修与外幕墙收口的协同设计,在设计的过程中解决所有的冲突和碰撞,优化所有的排版不美观、不对缝问题,做到了标准统一,内外兼修。同时,基于 BIM 技术的设计施工一体化是一个牵一发而动全身的优化过程,避免了局部单专业优化而其他专业不能随动而造成的设计缺陷,从而为多专业协调配合的高效施工创造了必要的条件。

在施工阶段利用 FUZOR 软件的插件与 Revit 模型进行实时链接,赋予模型真实材质,在实时渲染模式下对现场施工人员进行交底,在施工问题的解决上实现了三维化、无纸化办公,极大地提高了沟通效率和沟通质量,大大缩短了工期,确保了设计效果的零缺陷表达,真正实现了所见即所得,如图 1 所示。

图 1　高铁站房大厅

3　适 用 范 围

基于 BIM 技术的铁路站房大厅“设计施工一体化”施工工法适用于铁路站房、地铁站房等工期紧、标准高、专业交叉多、装饰装修复杂的工程。

4　工 艺 原 理

4.1 利用 Revit 软件进行内装修与幕墙的设计与排版,链接或导入结构、建筑、机电安装等各专业模型,以基础模型为依托,考虑各专业的互相影响,主要利用 Revit“幕墙”、“玻璃斜窗”、“内建模型”、“外建族”等命令为构图方式进行装饰模型的搭建,按照由整体到局部分层搭建的方式逐步完成初步设计模型搭建工作。

4.2 初步设计模型搭建完成后,利用分格工具对墙地面、吊顶、幕墙等各平、立面进行网格划分与排版。幕墙在优化网格之前需对竖挺进行定型建模,确定各部位竖挺截面后再进行网格布置,同时自动生成相应竖挺。

4.3 细部节点的处理。大面排版工作完成后,对墙地面、吊顶、幕墙等交接的特殊部位、异形构件(如异形铝板吊顶、售票机、异形风口、静态标识等)进行单独设计并创建 rfa 格式族构件,然后完成细部收口的设计和其他构件的布置。

4.4 设计模型完成后导出 CAD 二维图纸以及各种块材(石材、铝板、玻璃嵌板)、异形板材、构件规格尺寸表并赋予编号,由供货厂家在施工前按尺寸加工,分批运抵施工现场。在施工的过程中配合 FUZOR 移动端软件进行现场管理与问题的解决,实现现场施工技术人员无纸化办公。

5 施工工艺流程及操作要点

5.1 施工工艺流程

施工工艺流程如图 2 所示。

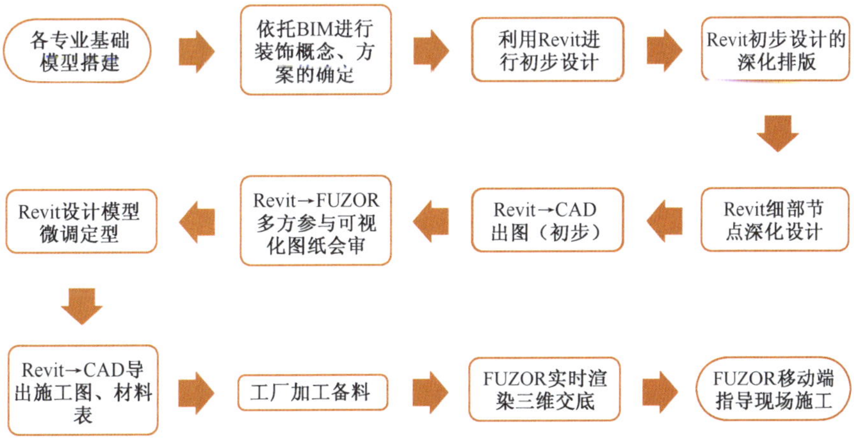

图 2 施工工艺流程示意

5.2 制定设计和模型标准

在装饰设计前,制定完善的 BIM 设计及模型标准,如图 3 所示。

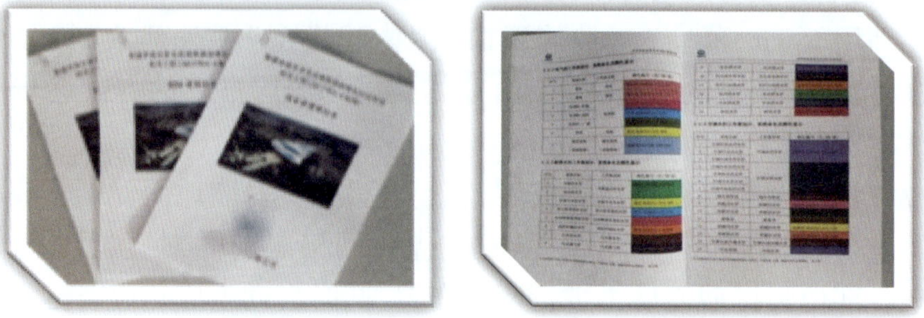

图3　设计和模型标准

5.3　利用 Revit 搭建模型

利用 Revit 对结构、建筑、机电安装各专业模型进行分层分区搭建,同时全面解决结构建筑设计问题,为装饰设计工作的顺利展开奠定基础,如图 4 所示。

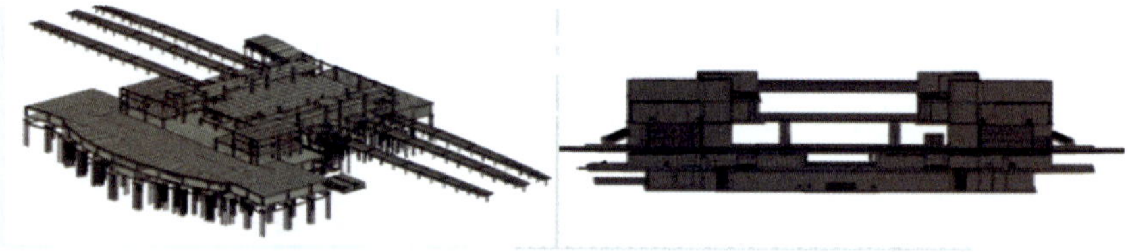

(a) 结构模型　　(b) 建筑模型

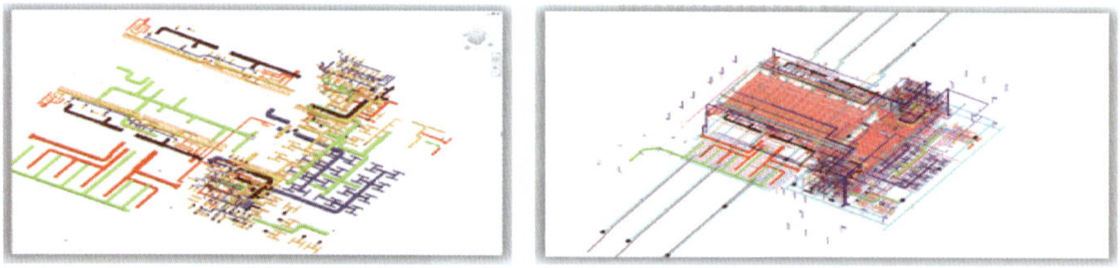

(c) 喷淋模型　　(d) 机电安装模型

图4　分专业模型

5.4　利用 Revit 进行三维设计排版

利用 Revit 自动化网格生成命令对大面进行初步分格,然后针对门洞口、墙角、几何形状突变等特殊部位进行网格的对缝优化,做到内外装、各专业协调统一。尤其针对立面空调出风口的位置,在保证风量的情况下,为力求效果的对称美观,协调安装专业对安装模型进行合理的优化。也就是说,在装饰设计阶段必须同时对各专业进行相应的优化,由于所涉及的所有专业协调联动,同步优化,在最大程度上保证了装饰设计的效果,避免了在装饰施工中造成的机电安装管线的返工和拆改,如图 5 所示。

图 5　三维排版

5.5　Revit 细部节点的模型设计

针对传统精装设计重点部位，如柱顶、柱脚与吊顶以及地面的交接处理，墙柱阴阳角处理、门洞口收口、内外装交界面收口等进行精细设计，如图 6 所示。

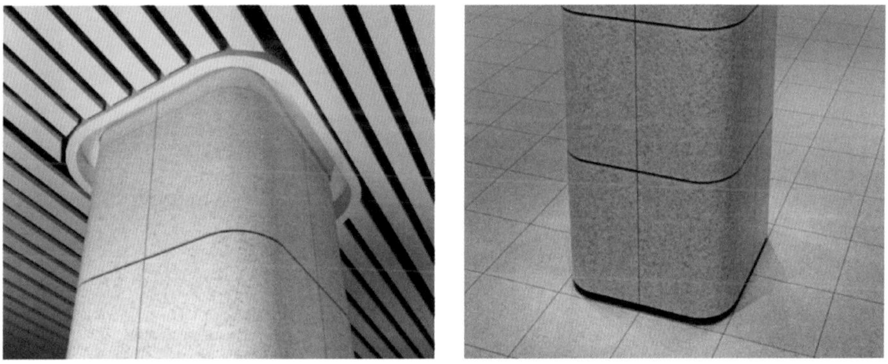

图 6　细部节点设计

5.6　Revit 复杂异形空间和构件的模型设计

利用 Revit 的构件族结合内建模型针对异形铝板吊顶、弧形柱面石材、消防箱门以及铁路站房专有设备（自动售票机、闸机、显示屏、静态标识等）进行准确的模型创建，形成铁路站房特有的专业构件库，并上传至云端构件库系统，供同类设计和施工重复使用，如图 7、图 8 所示。

5.7　利用 Revit 进行幕墙模型设计

利用 Revit 进行幕墙模型设计之初，分别确定各部位玻璃幕墙、铝板幕墙的竖挺样式，并利用 Revit 集中绘制所有竖挺轮廓族文件，共享到 Revit 构件库系统，供所有设计人员直接调用。在完成大面整体设计后进行细部节点的深化设计建模，如图 9、图 10 所示。

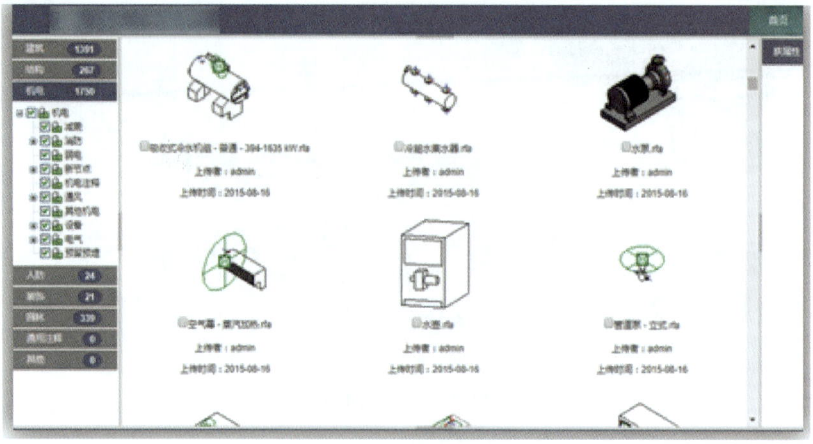

图 7　云端构件库

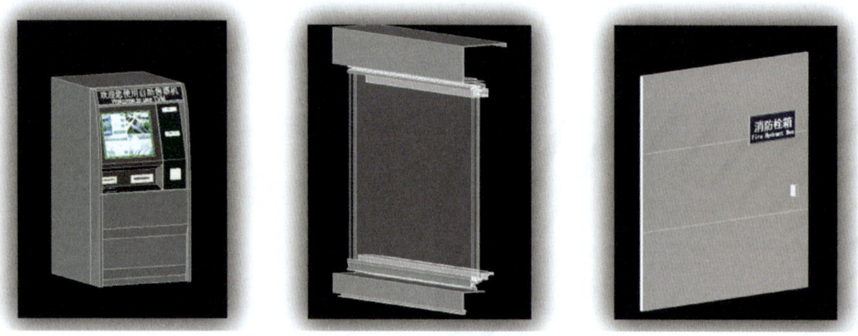

图 8　构件族(模型)

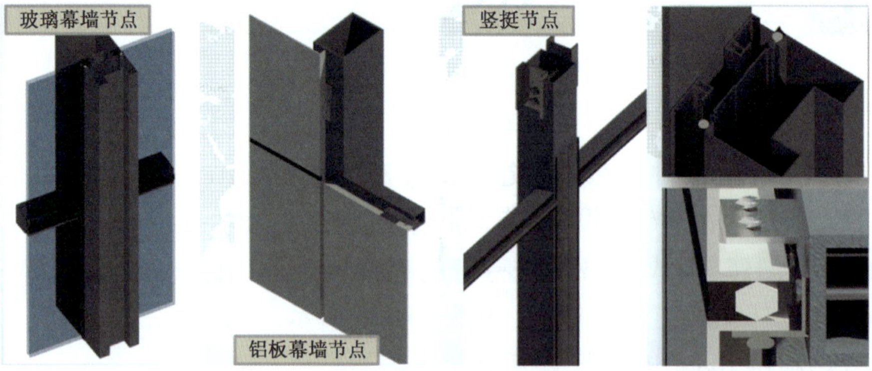

图 9　幕墙竖挺

5.8　内装模型与幕墙模型对接

将设计完成后的 Revit 内装模型与幕墙模型进行链接,对内外交界处进行集中检查,并进行相应的优化处理。

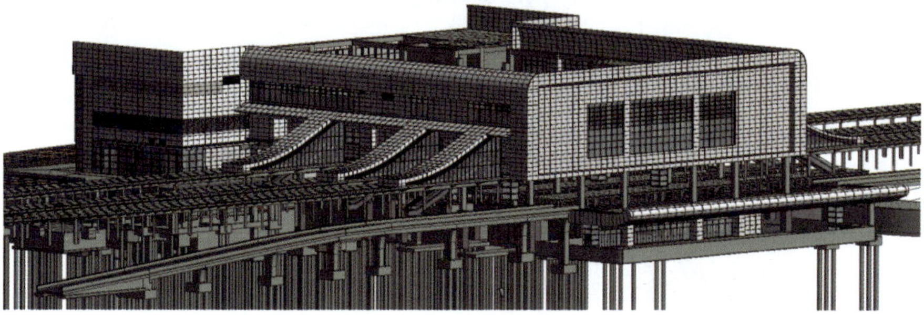

图 10　幕墙整体模型

5.9　基于 Revit→FUZOR 模型实时渲染的三维设计效果展示

收集真实材质高清照片，在 FUZOR 中进行贴图及参数设置，达到虚拟现实的逼真效果，可配合 VR 眼镜进行整体装饰设计效果的漫游查看，如图 11、图 12 所示。

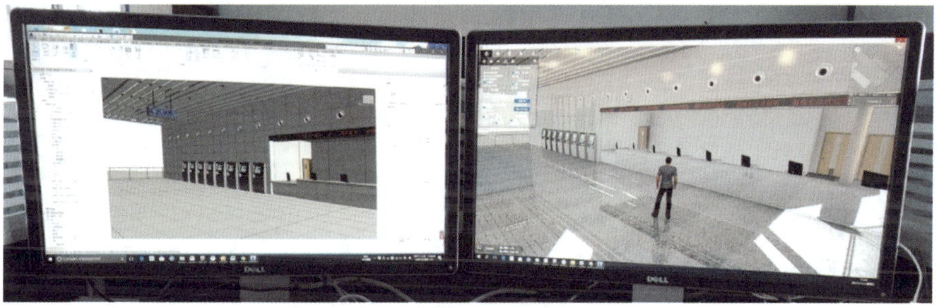

图 11　实时渲染查看

图 12　装饰效果漫游

5.10　Revit→CAD 导出施工图

利用 Revit 导出图纸的功能，将设计排版导出为 CAD 格式图纸，如图 13、图 14 所示。

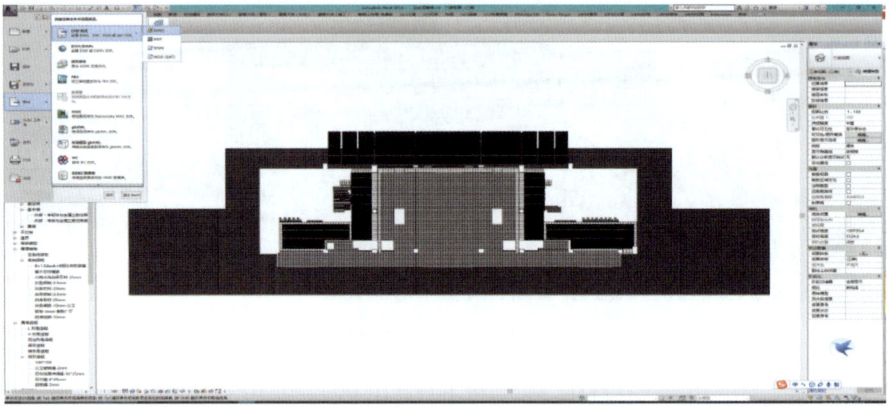

图 13　Revit 排版模型

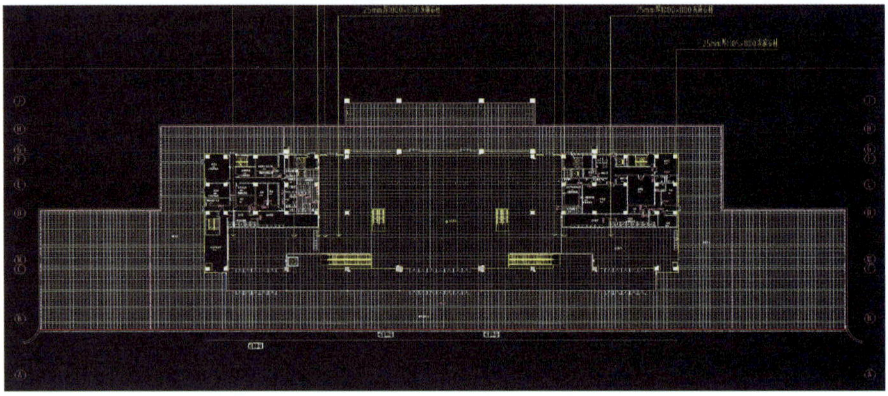

图 14　Revit 导出 CAD 图

5.11　利用 Revit 导出明细表

利用 Revit 明细表功能导出各种块材(石材、铝板、玻璃嵌板)、异形板材、构件的材料和构配件明细表,如图 15 所示。明细表中包含位置、规格尺寸、材质以及编码等详细信息,将明细表提交技术、物资部门进行审核并分阶段发送给生产厂家,由生产厂家在施工前按明细表注明的规格尺寸进行工厂化定制加工,按照施工进度分批运抵施工现场。

5.12　基于 BIM 的可视化交底及 FUZOR 移动端辅助施工管理

依托 Revit 接口众多的优势,通过 FUZOR 插件、Lumion 插件实现 Revit 模型到实时渲染软件的数据和信息传递,通过游戏化的简单操作模式,由整体到局部对施工人员进行 360°实时渲染的可视化技术交底,三维展示施工中的复杂点,方便施工人员整体性、直观的理解设计要点和施工过程,大大减少单纯依靠传统二维 CAD 施工图所带来的施工差错和质量问题,如图 16 所示。

同时,在施工过程中,将 FUZOR 电脑端导出的轻量化模型(宜分区域导

<幕墙明细表>

A	B	C	D	E	F
族	族与类型	宽度	高度	面积	合计
3mm厚穿孔铝板	3mm厚穿孔铝板：白色穿孔铝板	371.78	1000.00	0.37	1
3mm厚穿孔铝板	3mm厚穿孔铝板：白色穿孔铝板	1500.00	800.00	1.20	1
3mm厚穿孔铝板	3mm厚穿孔铝板：白色穿孔铝板	1500.00	1000.00	3.00	2
3mm厚穿孔铝板	3mm厚穿孔铝板：白色穿孔铝板	1650.00	800.00	1.32	1
3mm厚穿孔铝板	3mm厚穿孔铝板：白色穿孔铝板	1650.00	1000.00	3.30	2
3mm厚穿孔铝板	3mm厚穿孔铝板：白色穿孔铝板	1793.30	800.00	1.43	1
3mm厚穿孔铝板	3mm厚穿孔铝板：白色穿孔铝板	1793.30	1000.00	3.59	2
3mm厚穿孔铝板	3mm厚穿孔铝板：白色穿孔铝板	1986.60	800.00	22.25	14
3mm厚穿孔铝板	3mm厚穿孔铝板：白色穿孔铝板	1986.60	1000.00	91.38	46
3mm厚穿孔铝板	3mm厚穿孔铝板：白色穿孔铝板	1993.30	800.00	1.59	1
3mm厚穿孔铝板	3mm厚穿孔铝板：白色穿孔铝板	1993.30	1000.00	9.97	5
3mm厚穿孔铝板	3mm厚穿孔铝板：白色穿孔铝板	3000.00	800.00	2.40	1
3mm厚穿孔铝板	3mm厚穿孔铝板：白色穿孔铝板	3000.00	1000.00	6.00	2
3mm厚铝单板	3mm厚铝单板：白色铝板	43.94	592.50	0.03	1
3mm厚铝单板	3mm厚铝单板：白色铝板	43.94	1985.00	0.52	6

图 15　幕墙明细表

图 16　三维交底与样板施工

出）共享给现场管理和施工人员，利用 FUZOR 移动端在手机或平板电脑等移动设备中随时查看三维设计信息，实现施工过程信息化、无纸化管理，在全面提高施工质量的同时，大大缩短工期，如图 17 所示。

图 17　手机移动端查看

6　材料与设备

施工所需主要材料设备见表 1。

表 1　材料设备表

序号	设备名称	用　途
1	BIM 工作站	软件运行基础
2	欧特克 Revit、CAD 系列软件	模型设计、出图、材料构件明细表
3	FUZOR 系列软件	实时三维渲染、可视化交底、移动端指导现场施工
4	智能手机、平板电脑	FUZOR 移动端 APP 指导现场施工
5	HTC VIVE 智能眼镜	设计模型的 VR 虚拟现实浏览
6	电 焊 机	龙骨焊接等
7	电　钻	结构打孔
8	气 钉 枪	射　钉
9	手提电锯	木质材料切割
10	砂轮切割机	龙骨切割
11	收 边 机	倒角修边
12	打 磨 机	打磨抛光
13	铝合金梯	登高作业
14	移动式液压操作平台	登高作业

7 质量控制

7.1 制定模型设计标准,规范、精细化设计。

7.2 多专业同步协调,保证设计成果与各专业零碰撞。

7.3 以材料、构件明细表为依据,加强材料、构件工厂和现场的质量验收,确保材料与构件规格、质量等符合要求。

7.4 坚持样板先行,依托 BIM 技术辅助样板施工。

7.5 基于 BIM 三维移动端模型,指导现场施工,随时提取模型中设计信息,确保每一个构件准确无误的安装就位。

8 安全措施

8.1 所有现场人员都必须佩戴安全帽,穿胶底鞋,不得穿硬底鞋、高跟鞋、拖鞋或赤脚。特种作业人员持证上岗,严格遵守操作规程。

8.2 施工机械在使用过程中,按操作规程使用,加强对机械设备的管理,做到常检、常修、常保养,保持良好的工作状态。

8.3 用电施工应符合《施工现场临时用电安全技术规范》中对用电规范的要求,专人负责用电机具的施工,常检修用电机具,防止漏电。

8.4 对工人进行施工班前教育,明确安全技术要求,要求工人做到心中有数。

9 环境保护及节能措施

9.1 将材料、构件加工由施工现场转移至各材料构件加工厂,规避现场加工产生的建筑垃圾及噪声污染。

9.2 按进度分批进料,减少场地占用,节省材料保护与维护措施。

9.3 严格遵守《建筑施工场界环境噪声排放标准》(GB 12523—2011)的有关规定,对电钻等高噪声机械,合理安排使用时间,减少噪声污染。加强机械设备的维修和保养,保证机械设备的正常运转,降低噪声的等级。

10 效益分析

10.1 经济效益

10.1.1 人员效益:基于 BIM 技术的铁路站房大厅“设计施工一体化”施工工法解放了施工技术人员图纸会审的工作;“设计施工一体化”减少了多专业协调的工作;基于 BIM 的材料构件明细表大大降低了工程量计算工作量。

10.1.2 材料、经济:将大量材料、构件加工转移至各专业化加工厂进行工厂化化生产,同时根据进度计划安排,快速准确运输至相应的安装区域。减少施工现场扬尘、噪声污染、施工垃圾和机械伤害,同时避免进场材料因施工安排调整带来的长期堆放、多次倒运和加工空间紧张等问题,节省了工期和大量人力物力。

基于 BIM 技术的铁路站房大厅“设计施工一体化”施工工法提高了设计与施工质量,提高了材料加工质量、生产效率,降低材料损耗和废品率,减少了二次倒运,降低了人工投入,工程节省成本约 120 万。

10.2 社会效益

通过基于 BIM 技术的铁路站房大厅“设计施工一体化”施工工法,全方位提高了铁路站房大厅的设计、施工质量,为本工程创优目标打下了良好的基础。同时,为同类工程的建设提供了新的工作思路。

11 工程实例

济青高铁淄博北站项目位于山东省淄博市高新区,建筑面积:34 471 m^2;站台雨棚覆盖面积:9 821.68 m^2。站房共 5 层,分别为出站层、广场层、落客平台层、候车层、商业夹层,为中型铁路旅客车站。项目全面应用 BIM 技术,并依托 BIM 平台实现包括设计模型管理、工程计量管理、工程计价管理、工程施工管理以及工程数据管理的应用。在装饰施工阶段,该项目基于 BIM 技术进行铁路站房大厅“设计施工一体化”施工,运用 BIM 技术进行三维正向设计,三维指导施工的模式,真正实现了铁路站房大厅“设计施工一体化”,如图 18 所示。

济青高铁潍坊北站项目位于山东省潍坊市寒亭区,建筑面积60 000 m^2,雨棚覆盖面积 23 426 m^2,地上四层,地下一层,分别为出站层、广场层、站台层、候车层、商业夹层,为中型铁路旅客车站。项目自开工即组建了专业 BIM

设计建模团队，在结构、建筑、机电安装等阶段全面应用 BIM 技术，并积极提高 BIM 应用层次，在装饰装修阶段，以 BIM 设计建模团队为依托，全面实现了基于 BIM 技术铁路站房大厅“设计施工一体化”施工，在设计效果和施工质量上得到了巨大的提升，如图 19 所示。

图 18　淄博北站

图 19　潍坊北站

参编单位：中铁建工集团有限公司

参编人员：赵军、刘晓静、高飞、高洋、宋雪甜、姜枫、张竞夫、张立新、郭瑞霞、姜锐

评审人员：杨煜、钱增志、王中军、贾磊、姜贵军、耿贤军

九、弧形曲面大檐口滑移吊篮安装铝单板施工工法

1 前　言

工程建设施工中,大型铁路站房、飞机航站楼、体育馆等工程的檐口系统通常造型复杂、立体多变、悬挑跨度大。其屋面檐口板通常由多块大面积的板拼装组合而成。因处于檐口系统边缘,离地高度大,安装时无临近着力点,施工难度非常大。常见的高空檐口板安装方法有搭设满堂脚手架、利用登高车安装等。此类方法具有施工成本高、效率低、受场地限制等缺点。中铁建工集团有限公司结合湛江西站高铁站房实际情况和以往经验,创新采用自制横向滑移吊篮平台和钢丝绳滑索系统安装檐口板,有效节约了施工成本,提高了施工工效。

现代化高铁站房,立面设计效果文化气息浓重,在满足使用功能的前提下,由平面结构体系向空间艺术体系发展。以高铁站房湛江西站正立面铝板檐口为例,其设计创意结合沿海城市"蓝天白云、海浪海鸟"的城市印象,将端庄舒展的曲线屋面檐口和波浪线条巧妙地融合。

铝板檐口整体呈曲面造型,美观简约,其测量放线精度高。檐口主结构均为悬挑构件,跨度大、高度高、呈弧形阶梯分布,其铝板施工安装困难大、安全影响因素多,风险高。结合弧形曲面大檐口铝板特点和施工内容,总结形成了本施工工法。

2 工法特点

2.1　采用自制吊篮平台和钢丝绳滑索系统进行檐口铝板施工,提高屋面檐口铝板的施工工效。

2.2　不需要满堂脚手架搭设或大量高空作业车,节约大量脚手架平台材料,人工费、材料费减少,降低了施工成本。

2.3　有临近着力点,安装檐口铝板作业人员施工操作方便,保证了施工

质量。

2.4 吊篮平台和钢丝绳滑索系统均处于高空中运行状态,占用场地少,可为其他地面层施工作业创造条件。

3 适 用 范 围

本工法适用于屋架结构为网架结构的弧形曲面大檐口屋面系统施工,尤其是悬挑式檐口铝板等轻质材料檐口系统的安装施工。

4 工 艺 原 理

安装檐口板前,在屋面檐口网架下弦杆处安装钢丝绳滑索系统。同时,吊篮平台于地面处组装并检验,通过电动卷扬机将吊篮提升至靠近屋面檐口的位置,然后将吊篮转换紧扣在钢丝绳滑索上,最终形成檐口部位的空中作业平台。弧形处檐口和平面处檐口各设置一组吊篮平台,两组平台相互错开,独立运行。

安装檐口板时,安装完一处檐口板,通过吊篮平台上自带的电动卷扬机,滑移至相邻部位,从而安装下一块檐口板。采用自制吊篮平台和钢丝绳滑索系统的方式,可免去大量脚手架平台的搭设或者高空车的使用,节约成本,提高工效,如图1、图2所示。

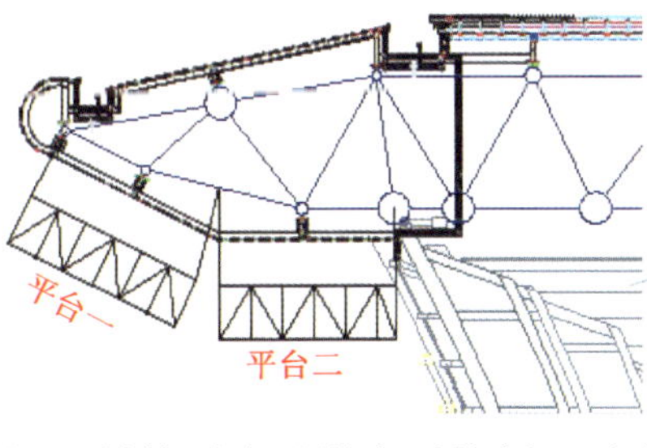

图1 吊篮平台及滑索系统剖面示意

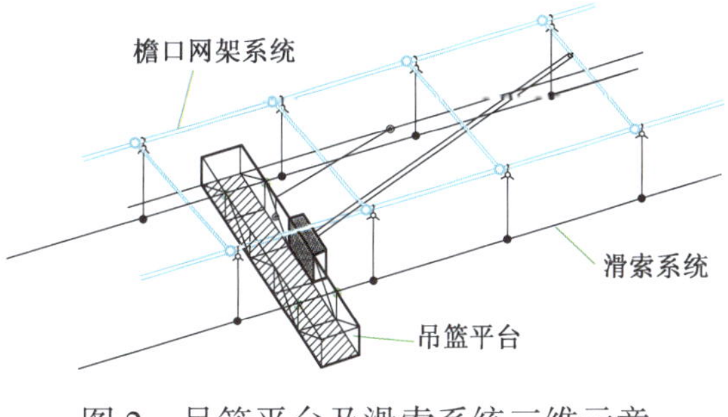

图2 吊篮平台及滑索系统三维示意

5 施工工艺流程及操作要点

5.1 施工工艺

吊篮平台制作安装及滑索系统安装→吊篮平台提升与转换连接→檐口

铝板安装及注胶→吊篮平台滑移及相邻檐口铝板安装(拆解手拉葫芦→吊篮平台滑移→恢复拆解手拉葫芦和铝板安装作业→依次循环滑移和安装作业)→吊篮平台拆卸降落。

5.2 吊篮平台制作安装

吊篮平台采用长 6 m、直径 25 mm、壁厚 2 mm、材质为 Q345 的圆钢管焊接成网架样式。平台长 6 m、宽 0.8 m、高 0.75 m,平台底部间距 0.5 m 焊接 ϕ25 mm 圆管横撑,侧面配焊 ϕ25 mm 的圆管立杆和斜撑。平台底部采用 0.6 mm厚压型钢板作底面,底部四周用 150 mm 高、0.6 mm 厚彩钢板做踢脚板。平台总重 120 kg,限载 2 人或者限载 600 kg,可供 2 人同时操作,如图 3 所示。

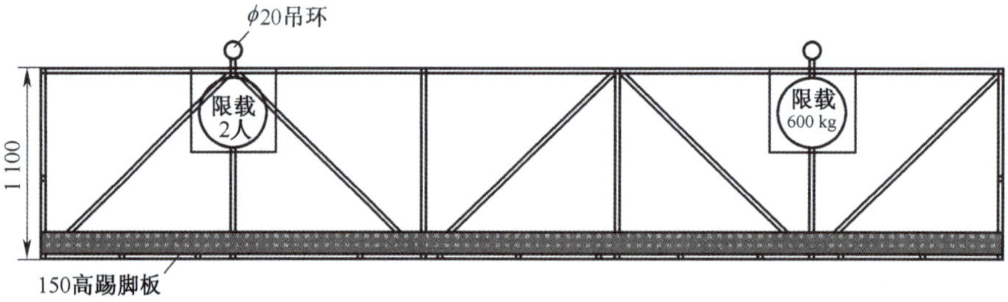

图 3　滑移平台制作安装示意(单位:mm)

吊篮平台一侧配备安装电动卷扬机,用以提供吊篮平台横向滑移的动力。此外,吊篮平台的吊环处配备栓环,用以吊篮平台与钢丝绳滑索系统的连接,如图 4 所示。

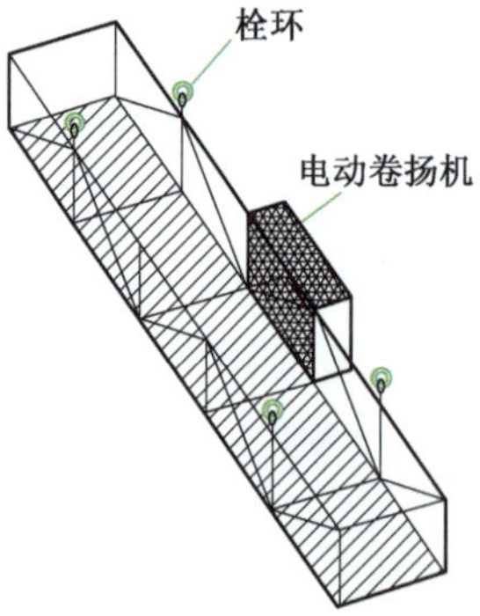

图 4　吊篮平台三维示意

5.3 滑索系统安装

采用 2 根 ϕ16 mm 的钢丝绳充当平台滑索,另外采用 1 根 ϕ16 mm 的钢丝绳充当安全绳。安全绳和滑索钢丝绳两个端头分别缠绕紧固在两端头的网架杆上,两端头安装紧固拉力器,紧固滑索钢丝绳和安全绳,为滑索系统提供适当绷直张力,控制下扰度。滑索钢丝绳和安全绳长度按照作业段设置,一般以 50 m 为宜,如图 5 所示。

钢丝绳滑索与固定在檐口网架球节点上的手动葫芦装置连接。手动葫芦装置与网架球节点紧固缠绕部位垫胶皮垫,达到保护网架涂层的目的。手动葫芦收紧钢丝绳滑索时不宜太紧,避免钢丝绳受到过大的张力,如图 6 所示。

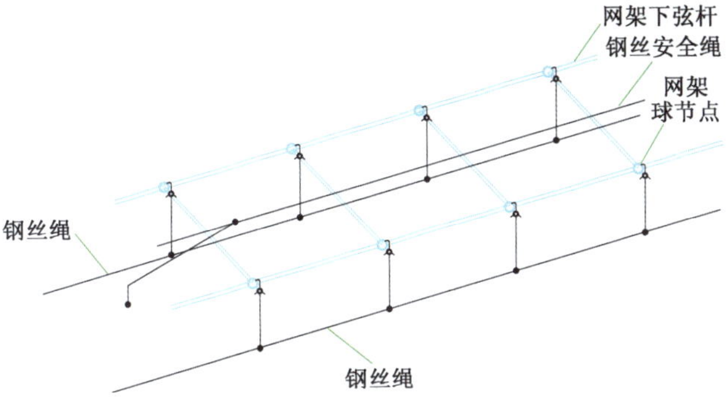

图 5　滑索系统三维示意

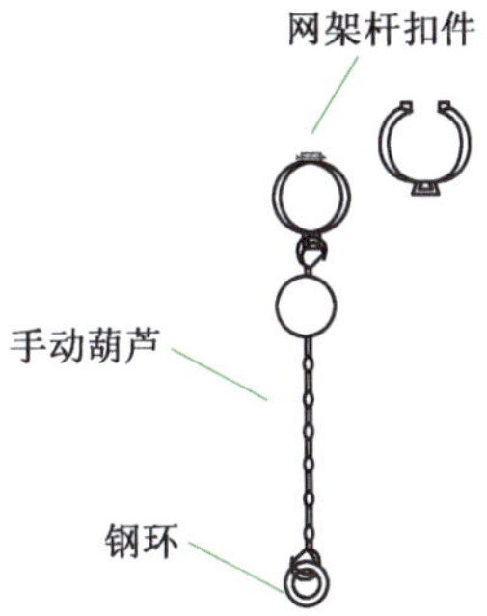

图 6　手动葫芦装置连接示意

5.4　吊篮平台提升与转换连接

每台吊篮平台采用 2 台 1 t 的卷扬机和 2 对转换滑轮组提升吊篮平台至屋面檐口下方。卷扬机通过化学螺栓固定在混凝土地面上,转换滑轮固定在钢结构球节点上,如图 7 所示。

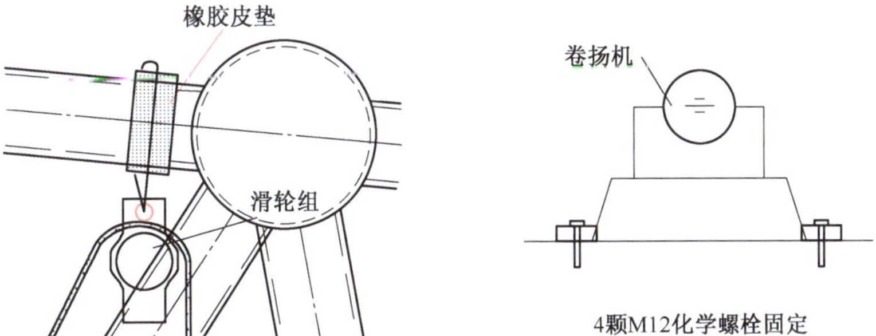

图 7　滑轮组与网架节点连接示意

吊篮平台提升至屋面檐口下方时,通过栓环与钢丝绳滑索系统转换连接,如图 8 所示。吊篮平台与钢丝绳滑索系统连接后,空载调试运行,运行无故障和安全稳定后,作业人员方可进入吊篮平台中。

5.5　檐口铝板安装及注胶

大中小块檐口铝板材料通过吊篮平台一并运输至檐口下方,作业人员通过操作梯从网架结构中进入吊篮平台上,并于吊篮平台中安装铝板。超大块和异型铝板材料通过高空作业车辅助运输至吊篮平台临近处,便于作业人员拾取和安装。檐口铝板安装过程中,需按照铝板安装工艺顺序依次施工,安装时随时检查檐口接缝直线的平整度和弧形曲线的平滑。此外,安装完铝板后,一并完成注胶工序,一次成活。注胶过程中需保证胶缝密实、注胶厚度一致,防止返工。

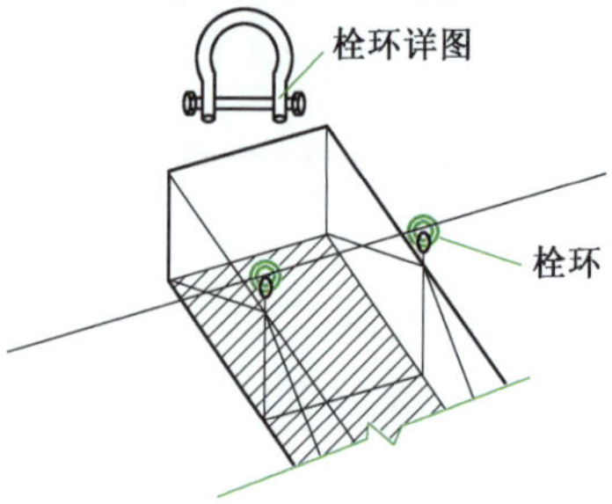

图8　吊篮平台与转换连接示意

5.6　吊篮平台滑移及相邻檐口铝板安装

安装完一处檐口板,作业人员可启动吊篮平台上的电动卷扬机向相邻处滑移,并安装檐口铝板。其流程主要如下:拆解手动葫芦→电动卷扬机启动及滑移→恢复拆解手动葫芦→吊篮平台固定→铝板安装作业→依次循环。

5.6.1　拆解手动葫芦

吊篮平台滑移过程中,滑移至相邻手动葫芦吊挂装置处时暂停,此时启动吊篮平台处的手动葫芦吊挂装置,向下降低吊挂装置,使得此处吊挂装置容易拆解,接着拆除中间的吊挂装置(即手动葫芦与钢环脱钩即可)。拆除手动葫芦吊挂装置后钢丝绳势必会下挠,滑移前,相邻两端的手动葫芦将钢丝绳往上提,调节控制钢丝绳下挠距离,如图9所示。

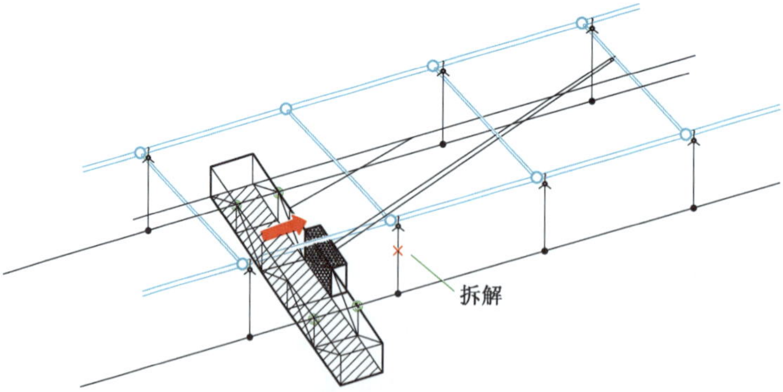

图9　开始滑移状态,拆除相邻处手动葫芦吊挂装置示意

5.6.2　电动卷扬机启动及滑移

启动电动卷扬机,吊篮平台再接着滑移。滑移至相邻铝板安装部位停止。此过程滑移时,需缓慢、匀速。根据吊篮平台里的载重情况,作业人员可

通过操作梯进入网架结构中,减轻吊篮平台载重,如图 10 所示。

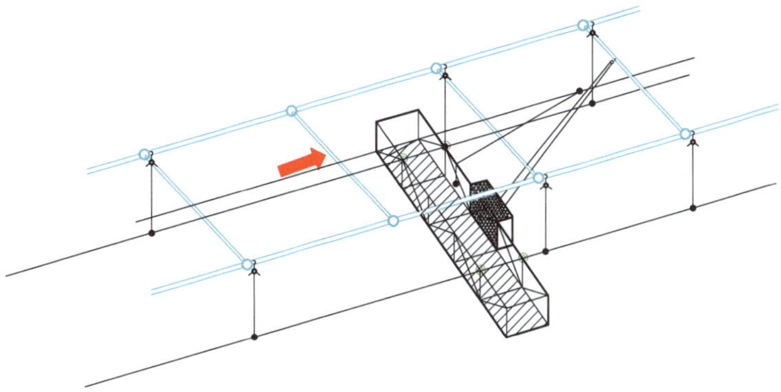

图 10　滑移状态示意

5.6.3　恢复拆解手动葫芦和铝板安装作业

接着恢复安装刚拆除的手动葫芦吊挂装置,此时,吊篮平台完成滑移,固定吊篮平台后可开始安装屋面檐口板,如图 11 所示。

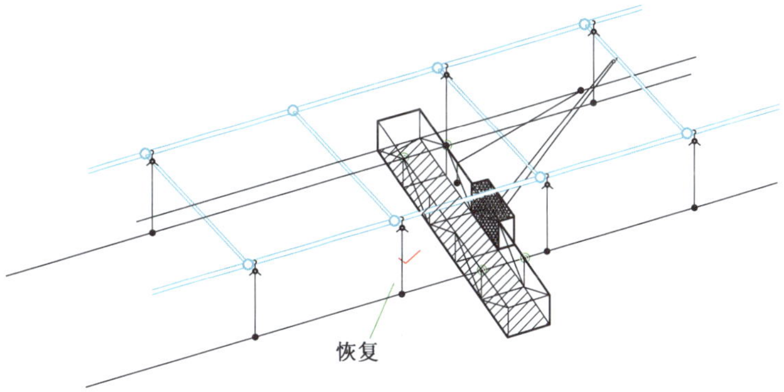

图 11　恢复拆除处手动葫芦吊挂装置示意

5.6.4　依次循环滑移和安装作业

顺着吊篮平台滑移,依次循环拆解、恢复和固定吊篮平台,即可依次安装檐口铝板。当吊篮平台滑移到距离吊篮卷扬机绳索尽头 3 m 的位置,不得再进行滑移,此安装作业段完成,作业人员需从平台内全部移动到网架结构中,之后将平台降至地面。下一作业阶段开始,提升吊篮平台至下一安装工作面,吊篮连接转换、安装铝板、滑移,依此循环,如图 12 所示。

5.7　吊篮平台拆卸降落

同样采用 2 台 1 t 的卷扬机和 2 对转换滑轮组拆卸降落吊篮平台。平台拆卸过程与安装过程正好相反,先装的后拆,后装的先拆。平台拆卸的主要流程是:降落平台→钢丝绳完全松弛卸载→拆卸钢丝绳滑索系统→拆卸平台其他配件→材料清理。吊篮平台拆卸降落前,作业人员需通过操作梯从平台内全部移动到网架结构中,拆卸降落是禁止人员乘坐吊篮平台下降,如图 13 所示。

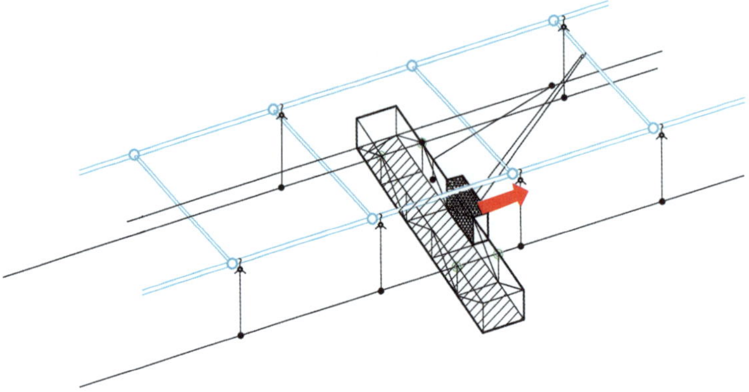

图 12　循环滑移示意

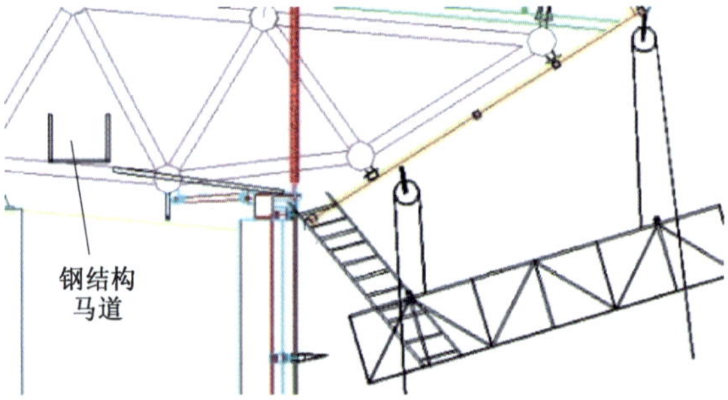

图 13　吊篮平台拆卸降落示意

6　材料与设备

施工所需的主要材料设备见表 1。

表 1　材料与设备表

序号	设备名称	数量	单位	型号	备注
1	自制平台	8	个	6 m×0. 8 m×1. 1 m	常用 4 个,4 个备用
2	钢 丝 绳	8	根	ϕ16 mm	用作导轨
3	手动葫芦	16	台	5 t	张紧钢丝绳
4	尼 龙 绳	20	根	ϕ16 mm	工作时固定平台
5	卷 扬 机	4	台	1 t	提升平台用

续上表

序号	设备名称	数量	单位	型号	备注
6	滑　轮	20	个	5 t	D>200 mm，轮槽半径 5.5 mm
7	卸　扣	40	个	ϕ20 mm	滑 移 用
8	吊　绳	10	根	ϕ10 mm 钢丝绳	平台提升钢丝绳
9	保险生命绳	12	根	ϕ8 mm 钢丝绳	平台里每个工人配独立的保险绳

7 质量控制

7.1 檐口铝板安装及注胶施工质量控制遵循《屋面工程质量验收规范》（GB 50207—2012）和《建筑装饰装修工程质量验收标准》（GB 50210—2018）。

7.2 注胶过程中需保证胶缝密实、注胶厚度一致，防止返工。

7.3 铝板间胶缝采用黑色中性耐候密封胶，胶缝应横平竖直、深浅一致、宽窄均匀、光滑顺直。

7.4 铝板安装时平整度控制严格，板块间不允许出现接缝不直现象，确保一次成活。

7.5 采用先进的便携式检测工具及时检测，主要有胶膜厚度检测仪，高精度数字游标卡尺等。

8 安全措施

8.1 安全绳、滑索钢丝绳、卷扬机及其他辅助配件进场手续必须齐全，要有正规的合格证，必须通过计算合格后才可投入使用。

8.2 机具、构件、材料进场要有完备的资料，投入使用前需经过验收。

8.3 滑索钢丝绳、安全绳两端与网架结构固定要牢靠，配备防松散装置。

8.4 安全用具、自制平台、钢丝绳、栓环等必须在作业前和作业后检查破损情况和性能状态，并有检查记录。

8.5 自制平台使用下方拉设警戒线并有明确标识，应考虑风力因素，警戒线拉设范围足够宽，平台使用时必须有专职安全员蹲点监督，确保工人安全带时刻挂在安全绳上和监控施工区域下方的行人。

8.6 平台内操作人员不超过 2 人，确保 2 名操作人员安全带分别挂在安全钢丝绳上。

8.7 每组平台水平位置间隔距离不小于 6 m。防止间距过近而相互影响。

8.8 施工作业中严格遵循《高处作业吊篮》(GB 19155—2017)《钢丝绳通用技术条件》(GB/T 2018—2017)、《建筑机械使用安全技术规程》(JGJ 33—2012)、《建筑施工安全检查标准》(JGJ 59—2011)。

9 环境保护及节能措施

9.1 现场合理安排铝单板和自制吊篮平台的堆放,保证材料整齐有序,并在显眼位置做好警示标语。

9.2 自制吊篮平台、滑索系统制作安装时,严控材料的制作,避免浪费和过多废弃。吊篮平台使用过后,增加周转使用率。

10 效益分析

10.1 采用自制吊篮平台和钢丝绳滑索系统进行檐口装修施工,提高屋面檐口装修的施工工效。工法施工速度快,可以满足施工工期紧张的要求。

10.2 不需要满堂脚手架搭设,节约大量脚手架平台材料,人工费、材料费减少,降低了施工成本。

10.3 为今后类似工程的檐口铝单板施工积累了宝贵经验,具有一定的参考价值和指导作用。

11 工程实例

湛江西站高铁站房为线侧平式站房,车场规模 3 台 7 线,最高聚集人数为 6 000 人。站房总面积 2.5 万 m^2,地上主体三层,主体为钢混结构,屋架为网架结构,檐口主结构均为悬挑构件,铝单板装饰。屋面檐口铝板面积约 7 600 m^2,檐口最高点 24.7 m,最低点 19.2 m。正立面檐口总长为 156.3 m,檐口外挑较大宽度 5.9 m,檐口铝单板上与金属屋面连接,下与玻璃幕墙对缝相连。檐口铝单板纵向长度 2.8~6.5 m,采用厚 3 mm 氟碳喷涂铝单板整块无缝拼装。檐口铝单板上下口标高变化多端,整体呈曲线状,且存在双曲悬挑部分,给施工带来较大难度。

常见檐口板安装方法有登高车安装，其次还有搭设满堂脚手架作为操作平台。结合现场实际情况和以往经验，湛江西站高铁站房工程创新采用自制操作平台施工安装檐口铝单板，如图 14 所示。

湛江西站高铁站房工程应用了本工法，其檐口铝板面积大、线性长、高度高，应用本工法顺利完成了弧形曲面大檐口铝板的安装作业，应用效果良好，如图 15 所示。

图 14　平台安装实物图片

图 15　湛江西站弧形曲面大檐口铝板安装应用效果

参编单位：中铁建工集团有限公司

参编人员：李志强、张大祥、高代阳、姜枫、张竞夫、张立新、马福林、郭瑞霞

评审人员：杨煜、钱增志、王中军、贾磊、姜贵军、耿贤军

十、高大空间超长密拼铝单板双开交替式施工工法

1 前　　言

近年来随着建筑行业装饰装修技术的飞速发展，越来越多的工程开始引入集施工便捷、经久耐用、易于清洁、回收率高、大气美观等诸多优点于一身的铝板吊顶。铝板吊顶一般由铝条板和密拼铝单板相互结合后共同构成，如图 1 所示。铝条板施工后相互之间不影响，质量较好控制；铝单板拼接时相互影响，质量难以控制。随着铝板吊顶在一座座大体量、大跨度铁路站房、机场航站楼等大型公建中的推广使用，施工过程中面对尺寸越来越大、动辄连接数百米的密拼铝单板，质量控制难度也随之呈几何倍增，传统的小跨度单板施工工艺逐渐相形见绌，难以保证大型站房中超长密拼铝单板的外观质量，非常容易出现返工的情况。多个已完工程调查显示，连接跨度突破百米以上的密拼式铝单板的平均合格率(一次性成型后未返工调整之前)约为 72%。

图 1　吉安西站候车大厅铝板吊顶装饰效果

为解决这项难题，从贵阳北站开始，项目技术人员便结合哈尔滨西站、宁

波站、合肥南站等大型站房的相关施工经验,在原有经验基础上针对超长密拼板进行分析总结,改进工艺,革新技术,并在吉安西站长达 188 m 的超长密拼铝单板施工中进行验证,总结摸索出一整套适合在高大空间中超长密拼铝单板先进施工工法。不仅质量得到了极大保障,同时大大提高了工作效率,缩短工期,节约成本,创造了可观的价值,为日后类似工程提供了可借鉴的方法。

2 工 法 特 点

率先引入可调速手电钻替代普通手电钻开发出变速式操作,大幅度降低加固过程中震动对单板的影响;独创的“双开交替”施工模式既保证质量又能缩短工期,具体特点如下。

2.1 质量方面:解决了百米以上大跨度密拼铝单板安装质量难以控制的难题,大幅度提高工程质量,确保靓丽外观。且在 0°~180°内任意角度的密拼铝单板均可完美适用。

2.2 工期方面:比起传统的逐步递推安装,“双开交替”施工由两组人马由两端往中间施工,再结合其特殊的工艺流程灵活进行施工段流水划分,速度至少快了一半,大大缩短工期。

2.3 成本方面:工程质量较之传统工艺一次性到位,节约了大量二次返工费用;加上后期使用维护费用减少,进一步节约成本。

2.4 安全方面:单板连接受震动影响被削弱到极点,连接点更加牢固,使用更加安全、放心。

综上所述,较之传统工艺,工程结构跨度越长则工期缩短越大,质量保证越强,成本节约越多,本工法优势也越明显。

3 适 用 范 围

本工法适用于现代化大型高铁站房、机场航站楼、博物馆等大型公建中超长密拼铝单板吊顶以及其他部位大跨度密拼铝板装饰装修施工;高大空间下的混凝土梁板结构及屋面钢网架结构体系均可应用;尤其适用于施工工期紧且质量要求较高的大型工程。

4 工艺原理

4.1 单板震动影响原理简介

4.1.1 传统铝单板吊顶施工过程中,单板与单板折边对拼连接时,普通手电钻钻入自攻钉连接会持续产生较大的震动导致单板位移,容易造成对接折边错缝不平或其他质量问题,如图 2 所示。

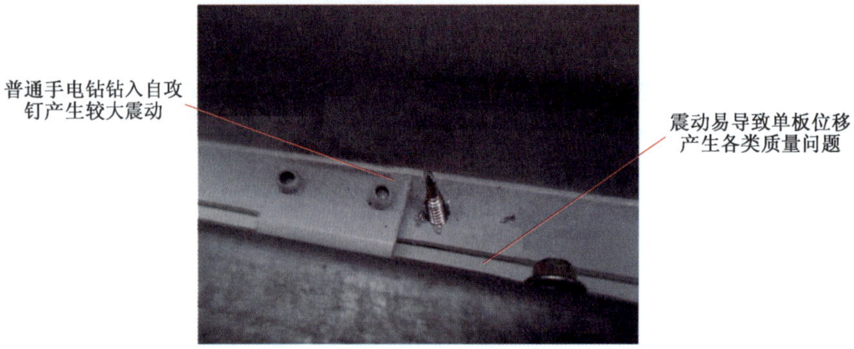

图 2 传统工艺震动影响问题

4.1.2 产生的震动还会影响距离最近的一条单板折边,由它和螺钉固定点完全承受传递而来的震动造成质量问题,导致后面所有折边都受前面一条折边施工的影响,不断重复累计形成一个循环;二次扩散出去的震动对其他折边的影响基本可以忽略不计,如图 3 所示。

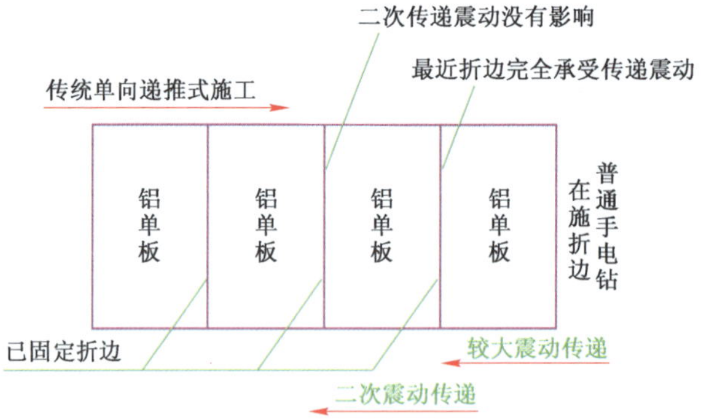

图 3 传统工艺震动传递影响原理分解示意

4.2 安装工艺原理

4.2.1 施工前培训操作工人使用可调速手电钻替代普通手电钻进行变速式操作,最大限度地减小震动的产生。注意材料使用前采取可靠保护措施，并派专人看守保管，使用时保证完好无损的单板倒运至现场。

4.2.2 施工开始后由两组人马分别从两边同时向中间展开施工，施工过程单板与单板之间的折边连接采取“隔一固一”的方式固定，即一条完全固定，一条临时固定，不断交替循环进行，如图 4 所示。

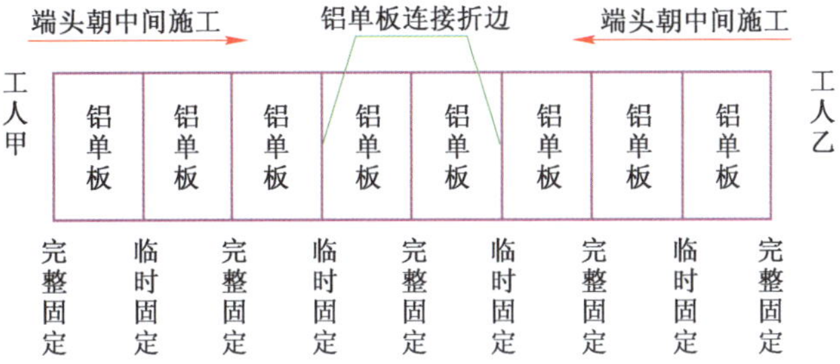

图 4　双开交替运作系统示意

这样固定后相对于传统的单向逐步递推式施工，有一半数量的临时固定折边形成一个个可调折边小单元，恰好这一个个折边因为是临时固定，所以它在完整固定前不用考虑周围完整固定折边施工时产生震动对其的影响，如图 5 所示。

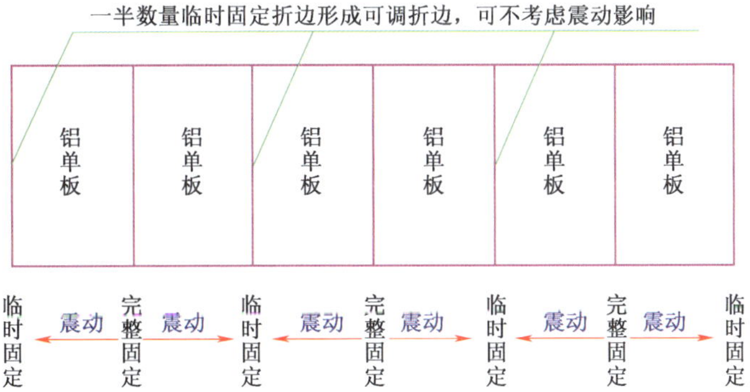

图 5　可调折边不考虑震动影响示意

4.2.3 当两人在中间相遇后，各自交换区域将先前对方临时加固的可调折边完整加固；所以当所有吊顶单板在加固完成后，那一半后面加固的可调折边可以说是百分之百的不受震动影响，反过来会受到影响的只是先固定好的那一部分，如图 6、图 7 所示。

因为引进了可调速手电钻进行变速式操作，实际上交换区域后可调折边在完整固定的过程中，一名熟练工人掌握的变速式操作只会引起部分微小震动，这部分震动再往已固定牢固的两侧或四周折边分散传播后会遭到进一步削弱,真正传递到折边所接受的震动已经很小,基本不受影响,如图 8 所示。

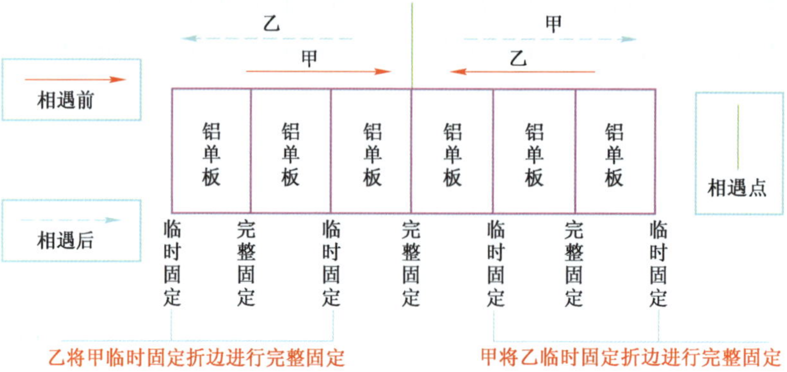

图 6　双方施工中间相遇后交换区域示意

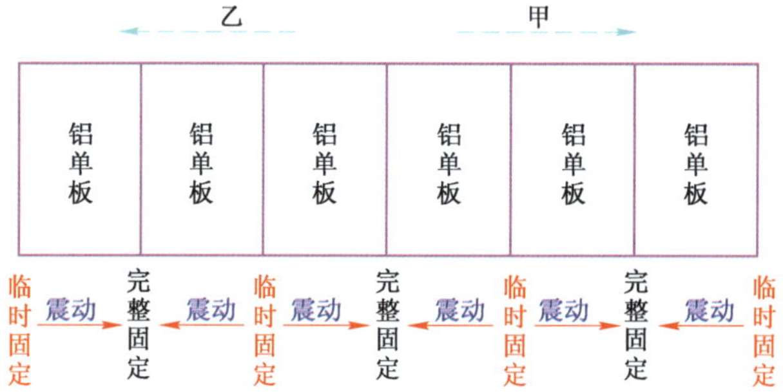

图 7　交换区域后震动影响分解示意

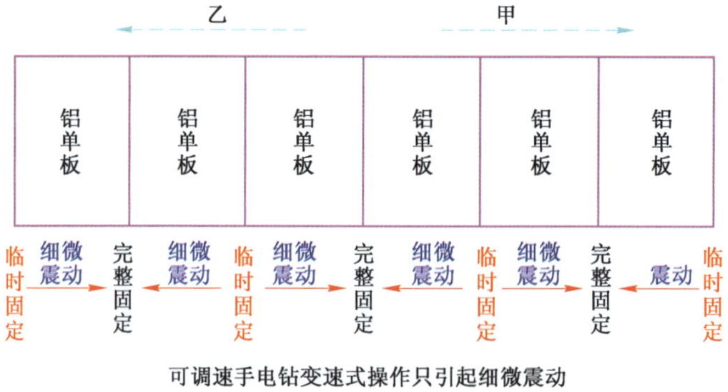

图 8　变速式操作实际震动影响示意

4.3　质量提高原理

经多个工程现场实际调查和分析后发现,造成铝单板安装质量问题主要两大因素有震动和安装前的成品材料保护,结合实测调查数据测出比例约为(震动：材料保护=4：1)。

所有出现的质量问题中在不算次要因素的情况下，假设两大主要影响因素的发生概率之和是100%，则震动影响占80%，材料本身影响只占20%。在采取良好保护措施的情况下，材料本身的影响几乎可以忽略不计，考虑特殊情况，假设其影响为2%；震动影响在可调折边和变速操作的共同作用下，先除去可调折边的一半(40%)，剩余影响在变速式操作下理论上细微震动是不会造成什么实质性的影响，考虑人为操作不当和外界不可测因素影响，假设为5%。

由数学概率论可知质量事件发生概率为：$(1-72\%)\times(5\%+2\%)=1.96\%$。

此结果为保守估计，一般情况下只要操作得当，发生的几率只会比这个更小。

5 施工工艺流程及操作要点

5.1 施工工艺流程

梁板混凝土结构体系铝板吊顶施工工艺流程如图9所示。

5.1.1 施工过程使用移动脚手架配合，再以小型卷扬机提升较重材料及设备。

5.1.2 主、次龙骨安装

1. 先采用M10化学锚栓打入混凝土固定角钢连接件(L40×4 mm)，同时在地面上将吊杆(L40×4 mm热镀锌角钢)与主龙骨提前用M10×40 mm螺栓组装好，绳子一端绑扎材料，另一端由人工拉拽，直至材料运输至脚手架工作面，将吊杆与角钢连接件采用M10×40 mm螺栓固定。其中主龙骨间距不大于1 200 mm，吊杆龙骨间距为1 300 mm。

2. 确认牢固后，用托线板检查垂直，拉通线检查平整，校正后进行螺栓加固，为防止主龙骨左右横向摆动，在万能角铁上使用L30×3 mm热镀锌角钢与主龙骨垂直进行加固，间距不大于3 000 mm。

3. 完善主龙骨后，再使用M8×180 mm的丝杆将吊顶次龙骨连接在正下方，其间距不大于1 200 mm，连接丝杆间距不大于900 mm。确保龙骨与龙骨之间水平高度，保持一致。

4. 所有龙骨安装完后进行检查，确保定位精确，连接牢固，如图10所示。

5. 两端安装斜撑加固，斜撑采用L40×4 mm角钢连接，间距为1 300 mm一道。

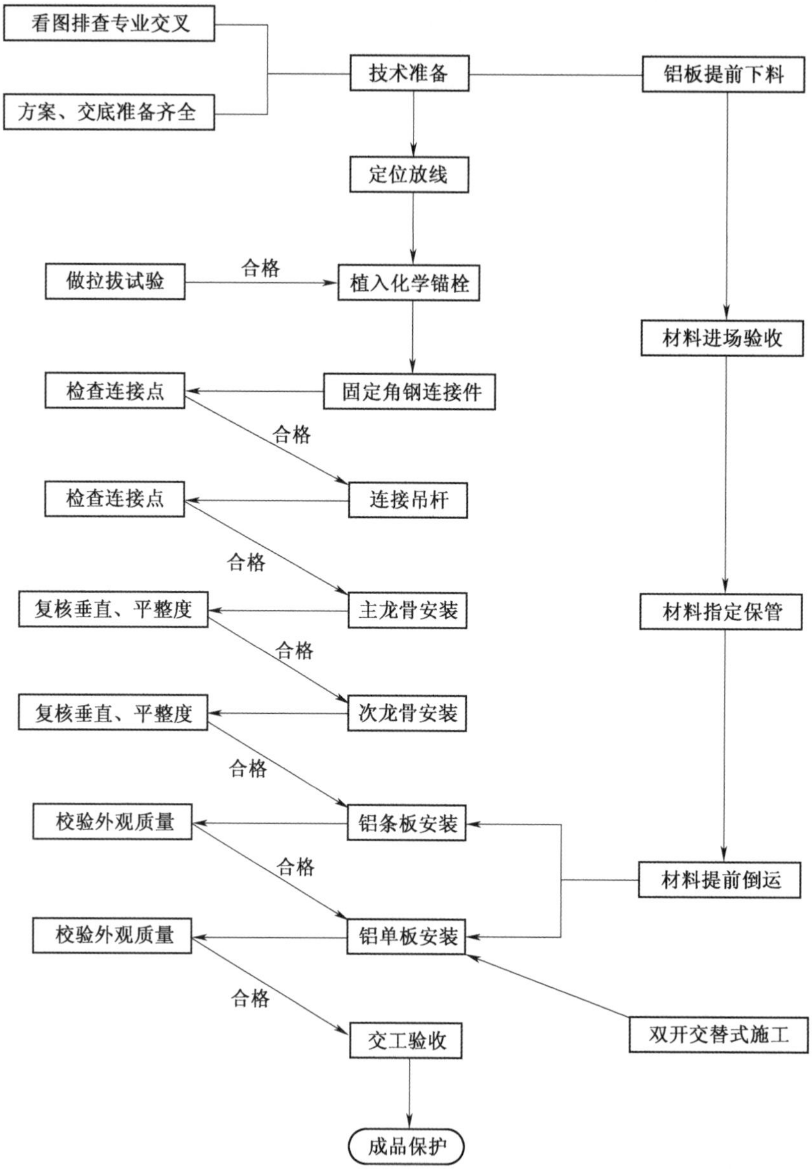

图9 梁板混凝土结构体系铝板吊顶施工工艺流程示意

5.1.3 铝单板安装

铝单板收边采用40 mm×40 mm×3 mm热镀锌方管和L40×4 mm角钢通过M5.5×25 mm自攻钉固定在龙骨上。安装铝单板时,要挂通线保证铝单板阳角顺直,如图11所示。

5.2 双开交替式操作要点

5.2.1 现场根据龙骨位置放线拉直外板面控制边线,两组工人做好准备工作复核无误后同时各自从两端向中间施工。

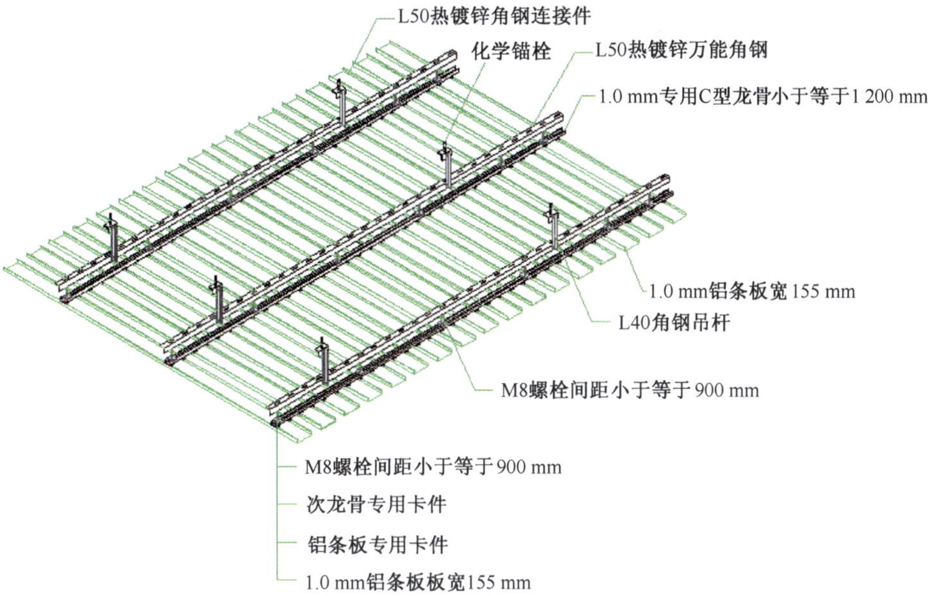

图 10　龙骨体系连接固定示意(单位:mm)

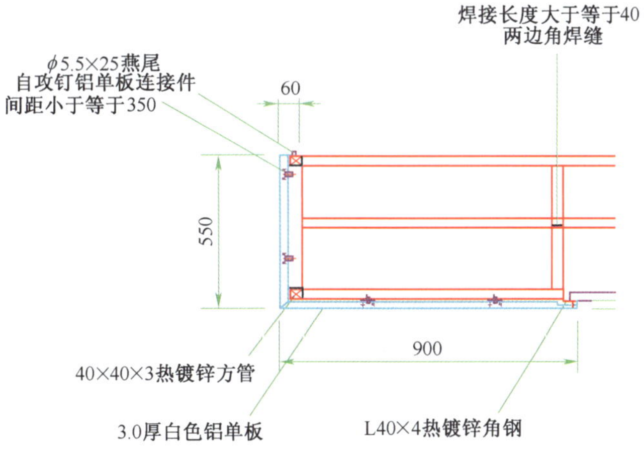

图 11　铝单板安装固定示意(单位:mm)

5.2.2　当铝单板的排数为单排时,两端工人都从两端的第一块单板开始施工,因端头受力相对其他位置偏大,故第一块单板两端的折边均与龙骨进行连接,保证起步的单板的牢固性,接下来按照“临时固定→完整固定→临时固定→完整固定”的循环在安装铝单板过程中交替固定连接折边,如图 12 所示。

1. 完整固定为折边与折边间使用间距 350 mm 的 $\phi5.5\times25$ mm 的燕尾自攻钉固定(图 13),折边与龙骨之间间距 350 mm 使用铝单板连接件固定

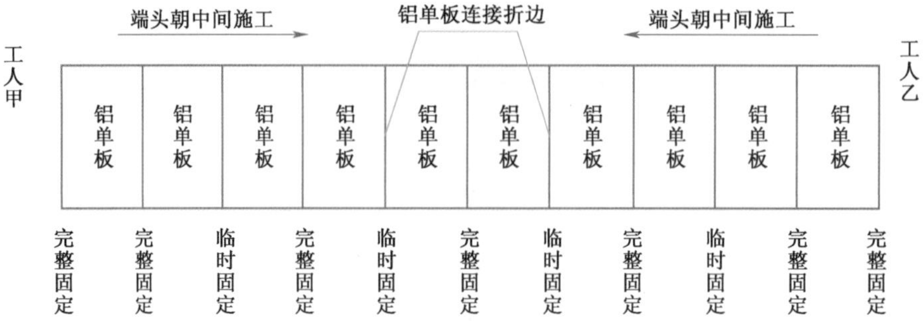

图 12　端头位置单板完整固定示意

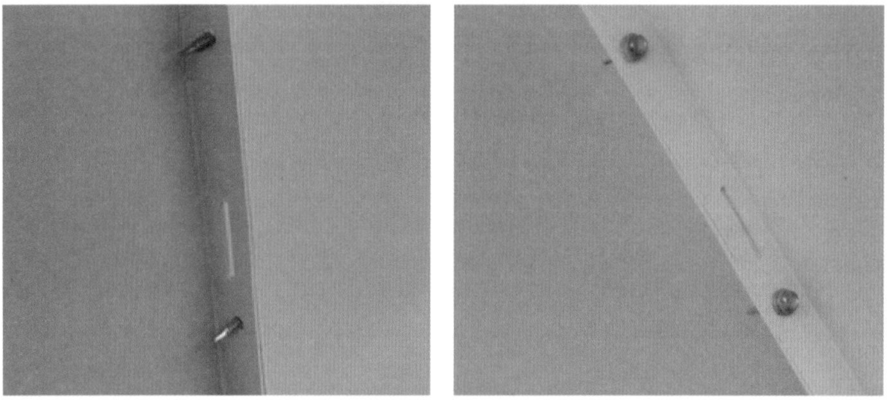

图 13　对接折边自攻钉固定

(图 14)。临时固定为单板与单板之间的折边孔采用 90°转角插销穿插连接后在龙骨上钉入两颗 ϕ5. 5×25 mm 的燕尾自攻钉固定,大于 1 000 mm 长的折边每条折边各在距离端头 1/3 处位置连接固定一个插销,形成非约束折边,小于 1 000 mm的折边在中间位置固定一个插销即可,如图 15 所示。

图 14　铝单板连接件连接龙骨与折边固定

图 15　90°转角插销固定

2. 同时施工的两组工人总有一个速度更快，双方都按要求安装完毕某一个位置相遇后，再交换各自施工的区域分别加固对齐临时加固的折边，恰好各自加固的折边也是“隔一加一”，如图 16 所示。

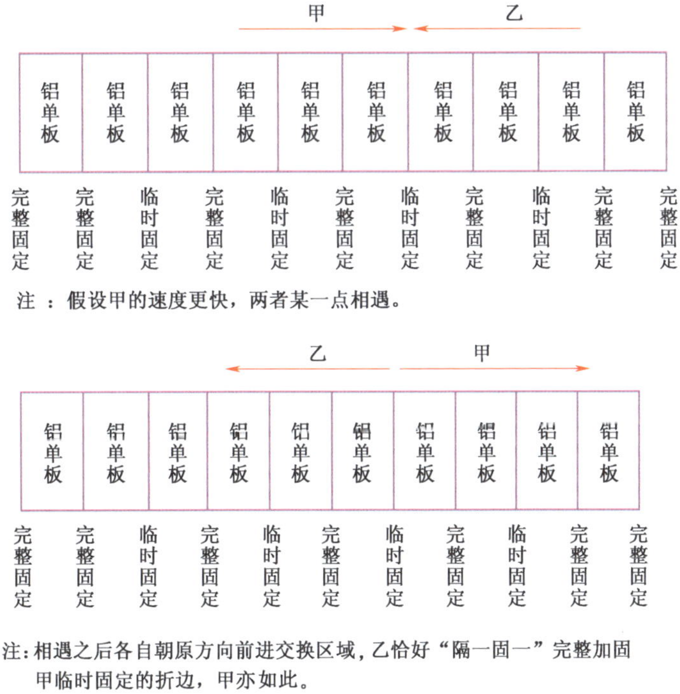

图 16　区域交换实施示意

5.2.3　当铝单板的排数为多排相互连接时，先按上述方法施工一排(遵循立面由下至上，平面由里朝外，斜面由下至上、由里朝外的原则)，第一排施工步骤和方法同单排，施工完毕后再各自从第二排端头朝中间施工，之后第三排、第四排等以此类推相互交替循环，其中跨度长边方向的对接折边固定同第一排"隔一固一"方式施工,短边方向对接折边之间全部固定,如图 17、图 18所示。

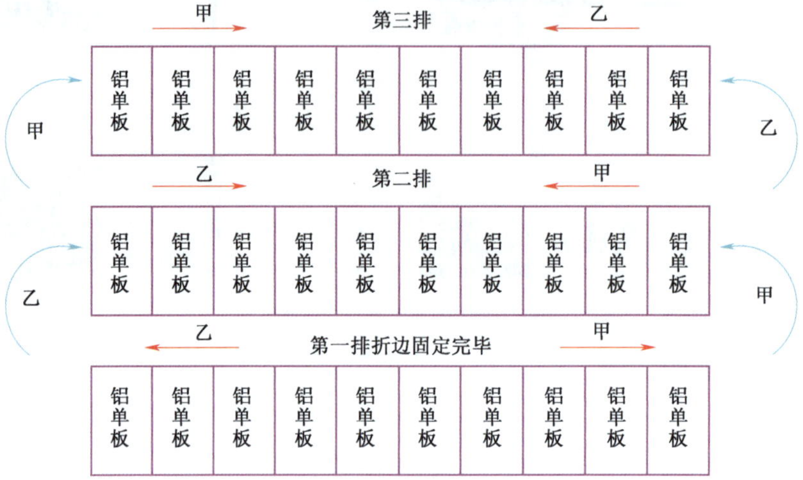

图 17　多排单板交替式施工示意

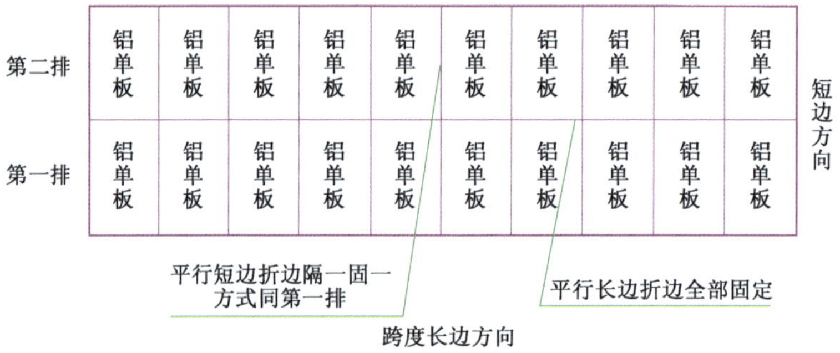

图 18　多排单板折边固定示意

5.3　变速式操作要点

5.3.1　使用可调速手电钻替代传统普通手电钻连接单板拼缝时,使用最大功率以最快的速度钻入,钻入瞬间后立即调回到最小功率,一边观察面板,一边缓慢加大功率匀速推进,保证面板在"无晃动"状态下也能持续推入则停止增加功率,将震动控制到最小。

5.3.2　严格控制钻头钻入角度,确保与单板折边垂直后方可开始钻孔,严禁以倾斜角度钻入导致受力不均,防止出现卡钉的现象。

5.3.3　单板拼接时每组由两名工人配合施工,一个钻孔,另一个负责稳定单板并随时调整,消除轻微震动或意外情况对单板的影响。

5.3.4　所有工人必须经过实践操作培训能够熟练控制过程震动后方可上岗操作。

5.4 屋面钢网架结构体系单板施工工艺流程

屋面钢网架结构体系单板施工工艺流程如图 19 所示。

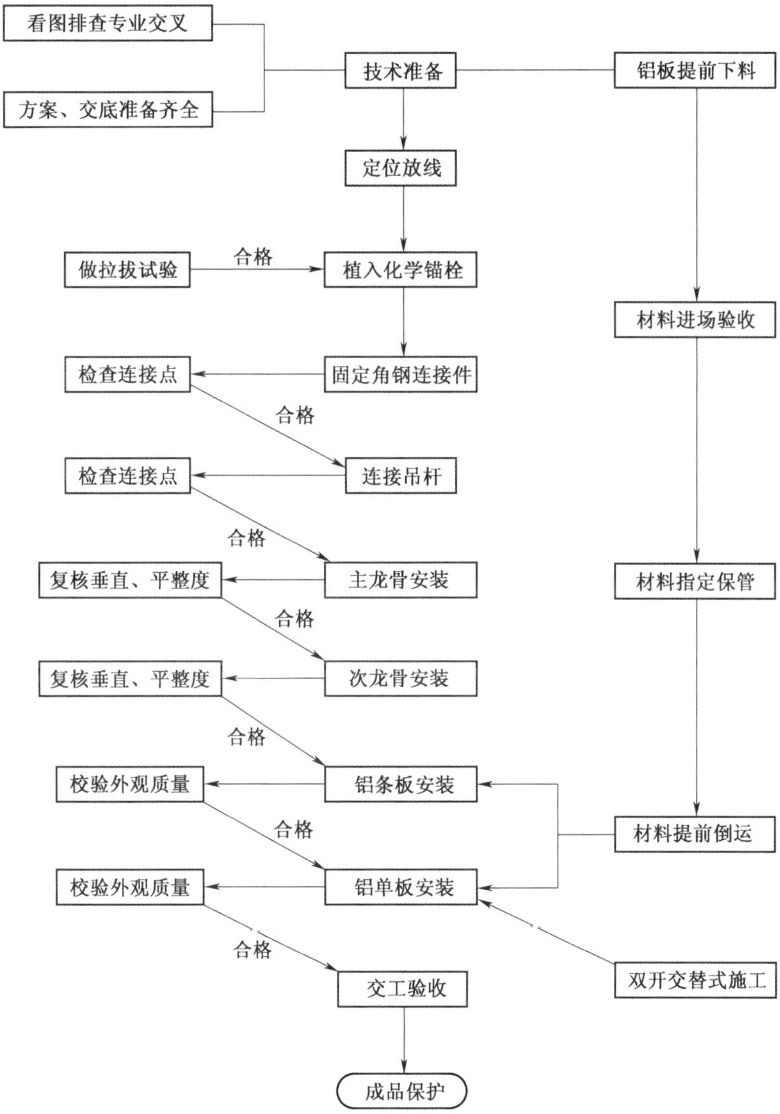

图 19　屋面钢网架结构体系单板施工工艺流程示意

5.4.1 平台搭设

正式施工开始前事先将脚手板通过网架检修马道满铺在网架檩条上方作操作平台，平台下方 1.5 m 处悬挂安全平网作防坠落防护，脚手板与网架及檩条绑扎牢固后方可上人施工；若现场屋面条件不满足也可直接使用移动脚手架作为操作平台。

5.4.2 网架抱箍

1. 根据设计单位提供的网架设计图纸计算每个网架球点的受力荷载进行图纸深化,确定吊顶钢架转换层的材料品种、型号、分布间距及每个受力点的位置,如图 20 所示。

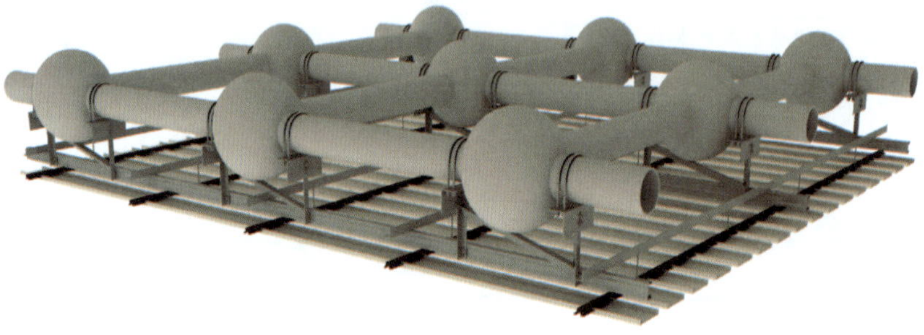

图 20 网架抱箍效果

2. 抱箍转接板用 6 mm 厚扁钢制作,大小根据不同球节点位置的杆件大小进行加工,使扁钢与节点完全吻合。抱箍上方环形固定螺杆与杆件焊接后再与转接板通过 4 个螺母拧紧加固,焊接部位及时涂刷防腐涂料,螺母部位黏结一圈抗震结构胶。

3. 引接转换层吊杆。

吊杆采用 50 mm×50 mm×5 mm 的热镀锌角钢,用 2 颗 M12 螺栓与扁钢垂直连接;或者用 40 mm×40 mm 方钢焊接后转接,一般都在两根或两根以上转接吊杆间再相互连接共同加固,具体数量根据底部荷载合理布置,如图 21 所示。

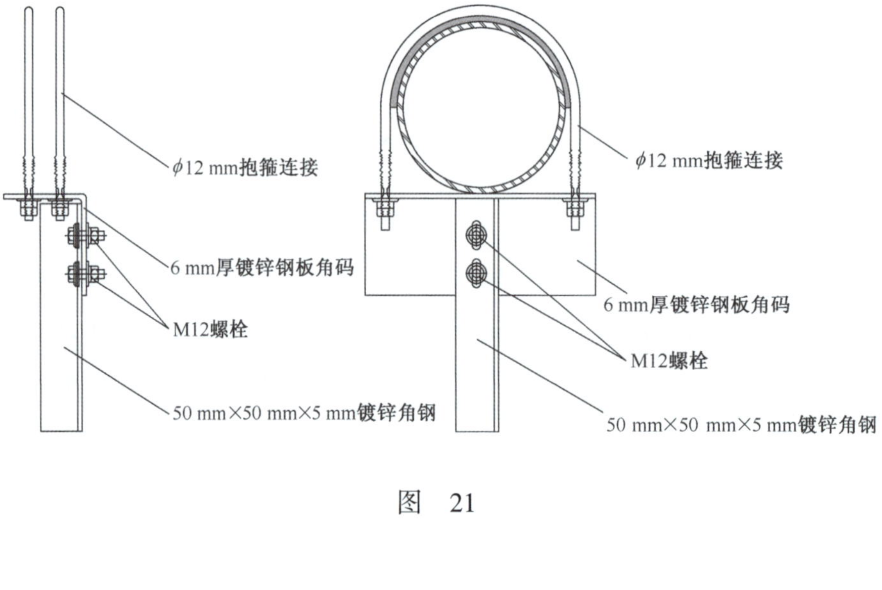

图 21

图 21　多个抱箍形式下转换层吊杆连接

其他龙骨安装、面板安装等流程步骤和操作与混凝土结构体系基本相同。

6　材料与设备

6.1　材料

施工所需主要材料见表 1。

表 1　主要材料

序号	材料名称	规　　格	技术指标
1	安全平网	1.5 m×6 m	尼龙，防坠落
2	铝 条 板	1.0 mm 厚白色铝条板	含配套龙骨
3	铝 单 板	3.0 mm 厚白色铝单板	氟碳喷涂
4	专业 C 型龙骨	1.0 mm 厚 50 mm×20 mm×10 mm	直径 6.5 mm 冲孔
5	万能角钢	L50×50 mm×5 mm、L40×40 mm×4 mm、L30×30 mm×3 mm	热镀锌，Q235B
6	镀锌方管	40 mm×40 mm×3 mm	热镀锌，Q235B
7	螺　　栓	M6、M8、M10	17 μm 镀锌
8	化学锚栓	M10	
9	地　　毯	2 m×3 m	腈纶
10	抱箍转接板	5 mm 扁钢	热轧碳素钢

注：表中主要材料需按照具体工程设计配备。

6.2 设备

施工所需主要机具设备见表2。

表2 机具设备

序号	机具名称	用途	单位	数量
1	修边机	构件刨边	台	2
2	角磨机	打磨构件	台	2
3	冲床	材料打孔	台	1
4	可调速手电钻	固定自攻钉	把	20
5	气泵	连接电钻	台	4
6	圆盘锯	方钢、角钢切割	台	2
7	切割机	方钢、角钢切割	台	2
8	电焊机	龙骨焊接	台	6
9	卷扬机	提升物料	台	4
10	移动脚手架	高空操作	个	4

7 质量控制

7.1 执行标准

本工法在施工中应执行《建筑装饰用铝单板》(GB/T 23443—2009)等标准和规范,以保证施工质量。

7.2 吊顶体系进行专业设计和计算

吊顶面板及支撑体系、吊顶转换架体系均要进行专门设计和计算,包括面板强度和刚度验算、龙骨强度与刚度验算、转换层龙骨强度和刚度验算,计算荷载除了自动、风荷载等作用外,还要考虑施工和检修荷载的作用,满足正常使用和维修两方面的要求。

7.3 安装注意事项

7.3.1 所有进场材料必须严格按照设计图纸及规范要求试验,并建立台账。

7.3.2 针对进场铝单板在使用前采取一定保护措施。

1. 材料卸货后直接放置在柔软的毛地毯上,"L形""U形"板竖立放置;平板码齐后水平放置,堆载高度不可超过1 m;防止棱角受损,板面形变。

2. 材料码放区域四周拉线隔离派专人看守,防止行人路过时故意破坏单板,如图22所示。

图 22　铝单板现场保护

7.3.3　铝单板收边龙骨、吊顶连接件与钢结构檩条、龙骨与龙骨、龙骨与主钢结构，角焊缝连接部位应密贴，根部间隙不宜超过 2 mm，间断角焊缝每焊段的最小长度不应小于 40 mm，焊段之间的间距不应超过 100 mm，双面对称角焊缝；对焊接部位不低于两面对称焊接，所有垂直角角焊缝的焊脚高度为 4 mm。所有焊缝经验收合格后涂刷防锈漆作防腐处理。

7.3.4　自攻螺钉均采用具有抗松脱功能螺纹的螺钉，间距均不大于 350 mm，伸出材料长度不大于 25 mm，固定件距离板边的距离不大于150 mm。且自攻螺钉、螺栓等固定件必须进行镀锌防护，镀锌层厚度不得小于 17 μm。

7.3.5　所有螺栓连接部位，螺杆与螺母拧紧后分批次验收，在验收合格区域对螺栓连接部位统一进行点胶，在螺杆与螺母交接处点一圈抗震胶，防止震动脱落确保工程安全。

7.3.6　安装龙骨时应严格按放线的水平标准线和规方线组装周边骨架。龙骨的尺寸应符合设计要求，纵横拱度均匀，互相适应。吊顶龙骨严禁有硬弯，如有必须调直再进行固定。

7.3.7　吊顶面层必须平整：施工前应弹线中间按平线起拱。长龙骨的接长应采用对接；相邻龙骨接头要错开，避免主龙骨向边倾斜。龙骨安装完毕，应经检查合格后再安装饰面板。

7.3.8　大于 3 kg 的重型灯具、电扇及其他重型设备严禁安装在吊顶工程的龙骨上。

7.3.9　球形网架结构体系施工时严禁对网架杆件进行打孔和切割。

7.4　铝板质量标准

7.4.1 主控项目

1. 吊顶的标高、尺寸、起拱和造型应符合设计要求。

2. 铝板的材质、品种、规格、图案和颜色应符合设计要求。

3. 龙骨和面板安装必须牢固。

4. 吊杆、龙骨的材质、规格、安装间距及连接方式应符合设计要求。

7.4.2 一般项目

1. 饰面板应洁净、色泽一致,不得有翘曲、缺损,压条应平直、宽窄一致。

2. 饰面板上的灯具、烟感等设备末端位置应合理、美观,与饰面板的交接应吻合、严密。

3. 安装允许偏差要求见表3。

表3 面板允许偏差要求

项次	项　目	允许偏差(mm)	检验方法
1	表面平整度	2	用2m靠尺和塞尺检查
2	接缝直线度	1.5	拉5 m线,不足5 m拉通线,用钢尺检查
3	接缝高低差	1	用钢尺和塞尺检查

7.4.3 面层材料要求

铝板不得在现场进行二次加工,加工精度要求,见表4。

表4 面板允许偏差要求

项　目	基本尺寸	允许偏差
边长(mm)	边长≤2 000	-1.5~0
	边长>2 000	-2.0~0
对角线(mm)	长度≤2 000	≤2.0
	长度>2 000	≤2.5
对边尺寸(mm)	长度≤2 000	≤1.5
	长度>2 000	≤2.5
平整度(mm/m)	/	≤2
折边角度(°)	/	±1
折边高度(mm)	/	≤1.0

8 安全措施

8.1 主要管理措施

8.1.1 编制专项安全施工方案,报监理审批完毕方可实施。施工前对施工相关人员进行详细的安全技术交底,并有针对性的对施工人员进行安全培训教育。

8.1.2 施工前对涉及施工安全的安全带、安全网、生命线必须验收合格后方可使用,同时做好施工期间的检查和维护工作。

8.1.3 现场派专业管理人员严格进行监督,确保施工作业人员施工中佩戴安全带、安全帽,并将安全带悬挂到位,一经发现违规操作,立即停止并给予适当处理,待各项安全措施到位后才能允许工人高空作业。

8.1.4 加强施工现场的消防管理,现场严禁吸烟,消防器材配备齐全,安放位置符合消防要求,定期检查、更换灭火器的药品,安全员要经常巡视灭火器的使用情况,保持消防器材完好的备用状态。经允许同意明火作业或金属切割、气焊、电焊时,旁边配备看火人、灭火器、水桶和接火斗。

8.1.5 所有用电都应保持一机、一电、一闸、一漏,杜绝发生短路、漏电等不安全用电现象。现场临时用电严格遵照《施工现场临时用电安全技术规范》(JGJ 46—2005)的有关规定及要求进行布置和架设,并定期对闸刀开关、插座及漏电保护器的灵敏度进行常规使用安全检查。

8.2 主要安全技术措施

8.2.1 在每一跨与单板施工平行一侧设置通长的10 mm镀锌钢丝绳作为第一道安全防线:生命线,便于人员在吊顶内安全行走和安全作业。安全绳挂钩必须挂在生命线上并且高挂低用。

8.2.2 在吊顶下方1.5m左右位置设置第二道安全防线:满挂安全平网。安全平网完成后要进行抗冲击试验,试验合格后才能正式投入使用,保证施工人员自身安全。

8.2.3 在吊顶施工区域下方设置警戒线,并派专人防护,防止小件物体坠落和焊接火花飘溅伤人。

9　环境保护及节能措施

9.1 有噪声的电动工具应在规定的作业时间内施工(每晚22时至次日早7时除外)严格控制强噪声作业,防止噪声污染、扰民。

9.2 施工现场必须工完场清,清扫时设专人洒水,不得扬尘污染空气。

9.3 加强对现场存放油品和化学品的管理,对存放油品和化学品的库房进行防渗漏处理,在存储和使用中,防止油料跑、冒、滴、漏污染水体。

9.4 施工现场设立专门的废弃物临时贮存场地,废弃物应分类存放,对有可能造成二次污染的废弃物必须单独贮存,设置安全防范措施且有醒目标识。

9.5 施工垃圾清运采用容器吊运或袋装,严禁随意凌空抛撒。

10 效益分析

10.1 经济效益

双开交替式施工结合流水施工的科学管理,与常规传统单向递推式方案相比,效率将大幅度得到提升。在贵阳北站的首次应用中,原计划60天的铝单板吊顶,42天便提前完工,节约18天工期。因提前完工,还促进了与其相关的水、电、设备等交叉专业的快速施工;光单板吊顶一项至少节约资金33万元。

本工法实施期间,现场共施工铝单板约40 000 m^2,理论上期间提高的合格率可直接减少的返工率为:93%-72%=21%,但实际上合格率提升至93%是一个循环渐进的过程,现只取数值的80%,减少的返工率为21%×80%=16.8%。

其他参数为:人工费250元/天,工作效率30 m^2/人·天,返修效率20 m^2/人·天,返修损耗率2%,铝单板安装综合单价为590元/m^2,可调速手电钻180元/把,地毯20元/m^2。数值均根据现场实际情况得来,经济效益分析见表5。

表5 经济效益分析表

项目	收支对比	经济效益
实施期间收入	减少单板损耗	40 000×16.8%×2%×590=79 296元
	减少返修人工费	(40 000×16.8%×98%)/20×250=82 320元
	返修加快进度节约人工	(40 000×16.8%)/20×250=84 000元
	工期节约人工费	[(18÷60)×40 000]/30×250=100 000元
实施期间支出	引入20把调速手电钻	20×180=3 600元
	购买250 m^2 地毯	20×250=5 000元
综合	收入—支出	79 296+82 320+84 000+100 000-3 600-7 500=332 016元

10.2 社会效益

本工法较于传统工艺至少可提高1/3的施工速度,且质量有保障,减少了人、材、机的用量及二次返工，加快进度，对整个社会资源起到良好的保护和节约作用。它在实际运用过程中所取得的成果，受到了甲方、监理和各级领导的一致好评，赢得良好声誉，提升了公司形象。

10.3 环保效益

铝单板吊顶材料直接由厂家加工运至现场，现场安装无污染，施工过程无脚手架搭拆及运输造成对环境的影响，且铝板可 100% 回收，大大有利于环保。

10.4 节能效益

现场由最初 72% 一次性合格率稳定提升至 95%，减少大约 6 500 m^2的二次返工，节约大量人、材、机的资源投入，节能效果显著。本工法符合国家关于节能工程的有关要求，有利于推进可再生能源与建筑结合配套技术研发、集成和规模化应用。

11 工程实例

本工法首次应用在贵阳北站，其吊顶工程以大、长、精、美为特色，覆盖地下室、站台层、高架层以及各卫生间，单板与条板相结合，造型新颖、独特，外形美观、时尚。现场铝单板吊顶约占 42 000 m^2左右，以密拼铝单板为主，最大贯通长度为 436 m，质量控制难度较大。目前工法应用站房为吉安西站，吉安西站弧形密拼铝单板数量多，控制难度大；平面密拼铝单板最大跨度 188 m。

本工法在工程展开应用后，不仅达到了较好的质量效果，还收获了良好的经济效益和社会效益，可谓“一箭双雕”。部分现场铝板吊顶实物效果如图 23～图 25 所示。

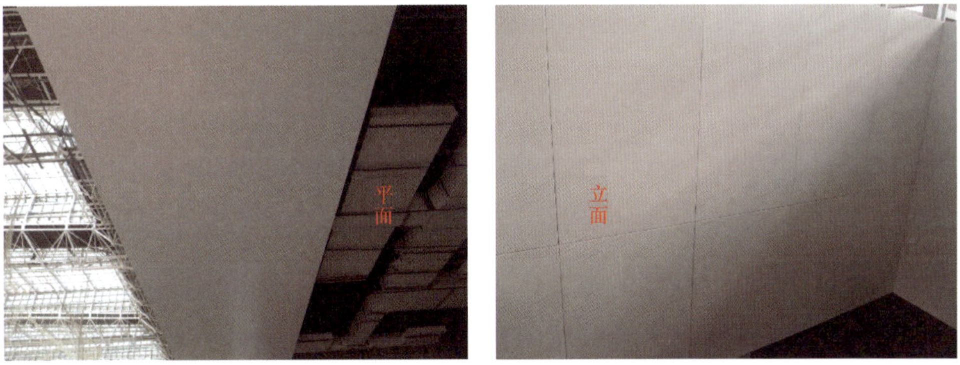

图 23

图 23　混凝土结构体系铝板吊顶实物效果图

图 24　吉安西站弧形密拼铝单板实物效果图

图 25　贵阳北站施工过程钢网架结构体系铝板吊顶实物效果图

参编单位：中铁建设集团有限公司

参编人员：康宽彬、李宏伟、王硕、彭晟、范涛、张立新、郭瑞霞、马福林

评审人员：杨煜、钱增志、王中军、贾磊、姜贵军、耿贤军

十一、站房檐口双曲面线性控制施工工法

1 前　　言

近年来，随着建筑业的发展突飞猛进，大型公共建筑大量采用双曲面铝板檐口造型。随着高铁快速发展，铁路站房越来越多的应用到双曲面造型来展现站房的建筑美感。本文从站房檐口双曲线铝板安装施工的角度，分析站房檐口双曲面铝板线性控制的应用。

2 工 法 特 点

2.1 前期采用 BIM 建模指导施工，以便及时发现问题、及时解决，如图 1、图 2 所示。

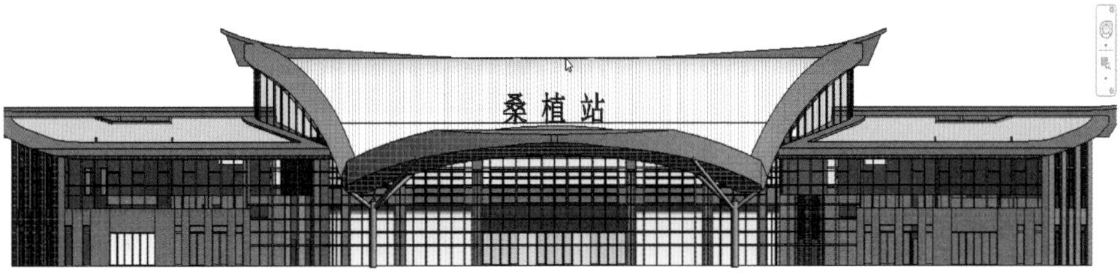

图 1　BIM 模型站房正立面

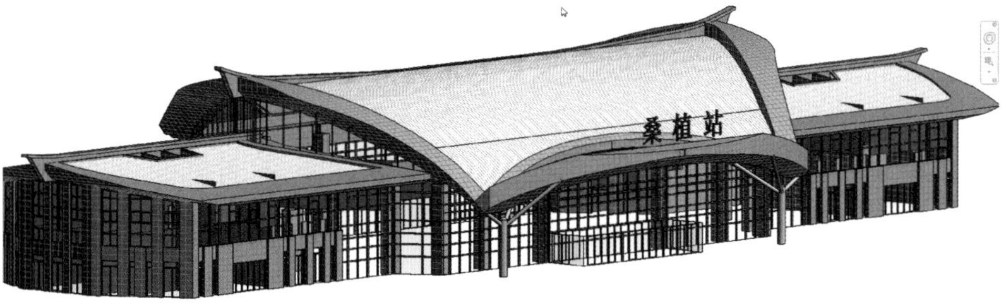

图 2　BIM 模型站房侧视图

2.2 钢结构施工时根据Tekla深化模型与现场测量校核,确保杆件长度角度无误,定位准确,如图3所示。

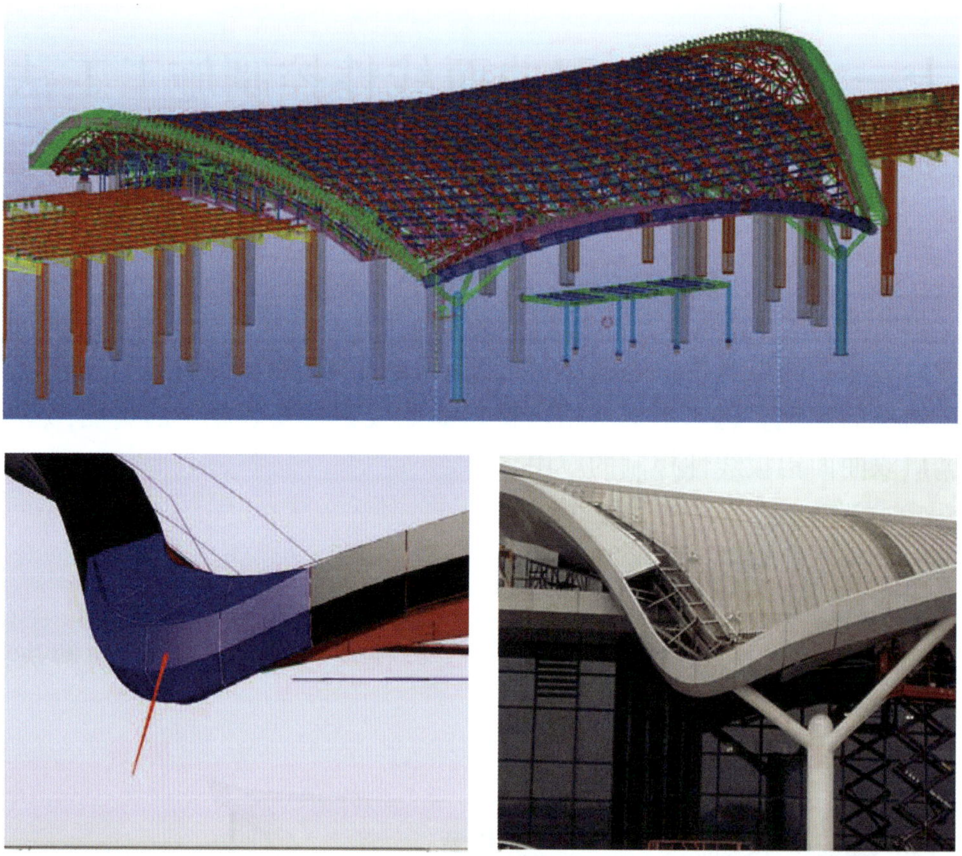

图3 模型与现场实际施工对比

2.3 檐口铝板加工前现场复核尺寸再采用CATIA建立模型为加工精度提供依据,避免加工成品后现场无法安装。

2.4 加工时以直代曲简化处理双曲面造型

在铝板加工中,单一的圆弧形状比较好处理,利用三辊机就能直接实现。而双曲面、球形是二维、三维成弧,由于三辊机只能一维成弧,所以就不能利用三辊机直接加工成形。要加工双曲面、球面形状铝板就只能开模,用模具成形,但模具成形成本较高,周期较长,若无特殊需要,本着降低成本,缩短工期的要求,在不影响装饰效果的基础上,就需要进行简化设计,运用简化方法可以达到这一目的。

2.5 双曲面造型龙骨不规则的简化处理

在有些铝单板幕墙工程中,由于工地现场所焊钢架龙骨不标准,导致现场所量实际尺寸也不规则,从而导致双曲面分格形状无法确定,以致以直代曲后单向圆弧板形状也无法确定。若按每一单元分格现场实际尺寸加工铝板,安装上墙后会出现胶缝不均匀,有的地方胶缝可能很大,有的地方胶缝可能很小,甚至出现扭曲状。在这种情况下,为了保证胶缝的均匀性,要求运用简化方法就能轻易处理。其中一种方法就是将双曲面总的弧长测量出来再除以分格数将其均分,这种方法在钢架还未焊接之前行之有效;但有些时候钢架已经做好了,并且由于某些原因没按标准分格焊接,这时候若均分分格就需重新调整钢架,重新调整钢架既费力又费材,很不经济,在无特定要求下,可以不用调整钢架,只需调整所量尺寸即可。

具体调整方法是将不规则单向圆弧板简化为等腰梯形单向圆弧板后将长度基本接近的铝板斜率调成一样,经过这样调整后,胶缝宽度就基本变成一样宽了。

3 适用范围

本工法适用弧形壳体及双曲面建筑幕墙,对其他复杂造型幕墙有参考施工价值。

4 工艺原理

利用模型快速划分施工流水段技术,按不同维度提取工程量,以资源均衡为目的调整资源分配,合理组织流水施工。能够在施工前发现问题并及时处理,减少了因为返工带来的经济和工期损失。实时跟踪各构件的生产、运输、安装情况,降低了各个环节之间的沟通、协作难度。

对于二维双曲面造型铝板,采用以直代曲的简化方法处理,可以将之细分成无数的一维弧形铝板,在一个方向上保持原来的弧形不变,在另一个方向上用无数的直线代替原来的弧形。

有些时候,装饰效果上可以允许大直线段的存在,即在整个双曲面造型上允许一个方向上有很明显的直线段。有些时候设计双曲面就是为了要达到双曲面二维方向上都是圆弧的效果,在这种情况下,若运用以直代曲的简化方法,就需要考虑用直线所代圆弧的弦高,弦高越小的情况下直线就越接近弧线,以直代曲加工出来的双曲面铝板就比较浑圆。当然,弦高小到什么程度才不影响整体装饰的浑圆效果,对于这一问题还没有一个确切的定值,因为不同的半径有着不同的分法。总的来说,根据所需装饰效果的实际情况,在一定的距离、视觉上不会感到很明显的直线组合就可以了。一般根据已完成工程的实际经验,可以考虑长弧形方向弦高 4 mm 为界,弦高 h 小于等于 4 mm 即可用直线代替弧线以简化双曲面造型的设计加工。

5　施工工艺流程及操作要点

5.1　工艺流程

施工工艺流程如图 4 所示。

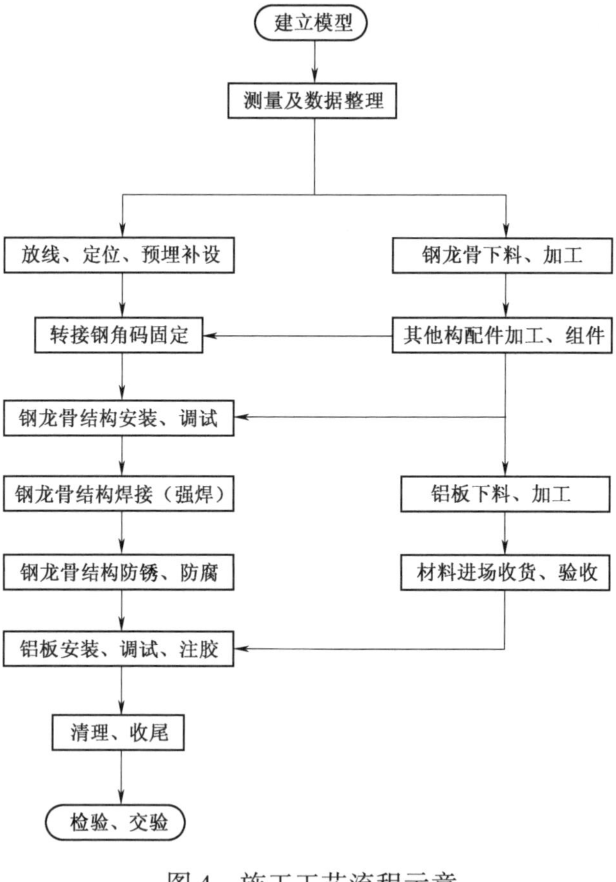

图 4　施工工艺流程示意

5.2　主要材料、技术参数

5.2.1　本工程选用热浸镀锌方钢用做檐口双曲面铝板幕墙的龙骨,材料规格为 200 mm×150 mm×6 mm、150 mm×100 mm×4 mm、120 mm×80 mm×4 mm、100 mm×50 mm×3 mm、80 mm×60 mm×3 mm、50 mm×50 mm×4 mm。

5.2.2 密封材料为泡沫棒、耐候胶等,用于铝板与铝板、龙骨之间的密封。

5.2.3 面板采用 3 mm 厚铝单板,风压变形性不小于 2 级,水密性不小于 3 级,气密性不小于 4 级,平面内变形性能不小于 3 级,隔声性能不小于 2 级,保温性能达到 5 级,耐撞击性能达到 2 级。

5.3 建立模型

5.3.1 建立网格及楼层线

建筑师绘制建筑设计图、施工图时,网格以及楼层为其重要的依据,放样、柱位判断等皆须依赖网格才能让现场施作人员找到基地上的正确位置。

5.3.2 导入 CAD 文档

将 CAD 文件导入软件可方便下一步骤建立柱梁板墙时,可直接点选图面或按图绘制。导入 CAD 时应注意单位以及网格线是否与 CAD 图相符。

5.3.3 建立组件

将构件依图面放置到模型上,依构件的不同类型选取相符的型式进行绘制工作。柱与梁应依其位置放置在网格线上,便于日后一并修正。

5.3.4 彩现

彩现图为可视化沟通的重要工具,建筑师与业主讨论其设计时,利用三维模型可与业主讨论建筑造型、空间意象以及建筑师的设计是否达到业主要求等功能。

5.3.5 可视化技术交底

利用 4D 虚拟动画技术向施工人员呈现技术方案,使施工重点、难点部位可视化,提前预见相关问题,确保工程质量。

5.4 测量放线

5.4.1 根据幕墙分格大样图和标高点,进出位线及轴线位置,采用重锤、钢丝线、测量器具及水准仪等测量工具在主体上定出幕墙平面、立柱、分格及转角等基准线及铝板转角点,并用全站仪进行调校、复测。

5.4.2 幕墙分格轴线、水平标高的测量放线应与主体结构测量放线相配合,避免误差积累,误差不得大于规定的允许偏差,如因结构误差导致幕墙完成面需调整时应在监理、设计同意后,适当调整幕墙的完成面,应符合幕墙的构造需要。

5.4.3 在测量放线的同时,应对预埋件的偏差进行检验,超差预埋件须进行适当的处理后方可进行安装施工。

5.5 修正预埋件

5.5.1 预埋件的允许偏差严格控制在标高小于等于10 mm,水平分格小于等于20 mm;无预埋件时加设后置埋件,固定后置埋件的化学锚栓采用M12×160,化学锚栓施工完成后需进行拉拔试验。

5.5.2 预埋件偏差过大,允许加接与预埋件同厚度、同材料的后置埋板,一端与预埋件焊接,焊接质量符合现行国家标准,另一端采用2支M12×160的化学锚栓或其他可靠的方式固定;如有遗漏预埋需增补埋件的,应增补与预埋件等厚度、同材料的后置埋板,采用4支M12×160的化学锚栓或其他可靠的方式固定。化学锚栓施工后需会同监理做抽样力学测试,测试结果应符合设计要求。

5.5.3 预埋件表面沿水平方向倾斜误差较大时,应采用厚度合适的钢板垫平后焊牢,严禁用钢筋头等不规则金属件做垫焊或搭接焊。

5.5.4 需后置化学锚栓的部位,钻孔深度为110 mm,锚栓植入前应将孔清理干净。

5.5.5 预埋件开凿后正面涂防锈漆,防锈漆涂刷应符合规范要求。

5.5.6 因结构偏移引起支座长度不够,无法正常安装时,可采用加长支座的方法解决,也可以采用在预埋件上焊接钢板或槽钢加垫的方法解决。

5.6 安装连接件

连接件先进行点焊进行临时固定,与立柱位置尺寸调整好后再与预埋件进行满焊。

5.7 立柱的安装

5.7.1 依据确定的控制线,按施工图节点要求安装立柱,并初步校正位置,立柱与连接件之间要垫胶垫,柔性接触。

5.7.2 根据水平线将每根立柱的水平标高位置调整好,用螺栓初步固定,临时固定时应注意将螺帽稍微拧紧,加防松弹簧垫片以防脱落。

5.7.3 调整立柱位置,确保立柱上下端与每层标高线的尺寸。左右与轴线的尺寸符合设计要求,经校核合格后,用扭力扳手将螺母拧紧至设计值。

5.7.4 立柱安装标高偏差不得大于3 mm,轴向前后偏差不得大于2 mm,左右偏差不得大于3 mm。相邻两根立柱安装标高偏差不得大于3 mm,同层立柱的最大标高偏差不得大于5 mm,相邻两根立柱的距离偏差不得大于2 mm。

5.7.5 立柱安装完毕后,必须严格检查垂直度,整体确认无误后,将垫片、螺帽与铁件焊接,以防止立柱变形。

5.8 横梁的安装

5.8.1 安装时要水平拉渔丝线,保证横梁的直线度符合要求。

5.8.2 横梁与立柱焊接牢固。同层标高偏差:当一幅幕墙宽度小于或等于35 m时,不应大于5 mm;当一幅幕墙宽度大于35 m时,不应大于7 mm。

5.8.3 焊接加固。立柱、横梁安装完,依据位置控制线进行安装精度调整,检查合格后,按施工图要求进行焊接加固。焊接质量应符合施工图要求及规范有关规定。同时注意焊接顺序和方法,使构架的变形量减至最小。构架焊接加固后,还应全面复检安装位置尺寸,对不合格的尺寸进行调整和修正。监理人员复检合格的安装项目,应及时对安装连接处进行防锈防腐处理。

5.9 层间防火及保温施工

5.9.1 保温材料的安装应严格按设计要求施工,保温材料采用50 mm厚保温岩棉板。

5.9.2 保温岩棉安装接缝紧密,与主体结构之间的缝隙,均应采用保温岩棉填塞,填装保温材料时一定要填实填平,不留有空隙。

5.9.3 会同监理做隐蔽验收。

5.10 铝板安装及调整

5.10.1 安装前应将钢架、立柱、避雷、保温、防锈等部位检查一遍,合格后进行铝板安装。

5.10.2 按排版要求的位置号、顺序号将铝板运到位,放铝板表面及标高控制线。

5.10.3 安装铝板,应自上而下进行安装,检查铝板水平度、垂直度、平整度、相临铝板的间隙及对角线,检验合格后固定好上面的固定件。

5.10.4 安装过程中,如缝宽有误差,应均分在每一条板缝中,防止误差累计在某一条板缝或板材上。

5.10.5 金属面板的保护膜安装过程中要保护好,打完胶后方可撕去保护膜。

5.11 打胶

打胶时要连续均匀。操作顺序为:先打横向后打竖向,竖向胶缝应自下而上进行,胶注满后,应检查里面是否气泡空心断缝、杂质等,若存在这些问题应及时处理。

隔日打胶,胶缝连接处应清理打好的胶头,切除已打胶的胶尾,以保证两次打胶的连接紧密。

5.12 清理

5.12.1 铝板幕墙安装、注胶完成,复查合格后,应用中性清洗剂清洗,再用清水清洗。清洗剂应符合要求,不得产生腐蚀和污染现象。

5.12.2 对幕墙的构件、铝板等应采取保护措施,避免发生变形、变色、污染等现象。

5.13 验收

5.13.1 幕墙安装完毕,质量检验人员应进行验收,指出不合格的部位并督促及时整改。

5.13.2 对幕墙进行验收的同时应及时记录检验结果,所有检验记录、评定表等资料都应归档保存。

5.13.3 验收合格后方可提交监理验收。

6 材料与设备

6.1 材料

施工所需主要材料有 3 mm 厚铝单板,热浸镀锌方钢,固定脚码,保温岩棉板,泡沫棒,耐候胶等。

6.2 设备

对幕墙工程所使用的机械和检测设备的性能应及时进行检验,保证施工过程中各种设备工作状态良好,使用功能齐全,并配备专业器械维保人员施工期间值班。在正常施工情况下,机械设备见表 1。

表 1 施工机械、设备

序号	名　称	规格型号	数　量	用　途
1	水准仪	DSZ2	台	2
2	全站仪	南方 S352R	台	1
3	电焊机	BX6-300	台	5
4	电　钻		台	6
5	钢　尺		把	2
6	升降机		台	2
7	旋臂机		台	2

7 质量控制

7.1 铝板幕墙主体结构上的预埋件、后置埋件的数量、位置及后置埋件的拉拔力必须符合设计要求,见表 2~表 4。

表 2　立柱安装的允许偏差(mm)

项目	尺寸范围	允许偏差	检查方法	项目	尺寸范围	允许偏差	检查方法
立柱垂直度	高度≤30 m 时	10	用经纬仪	立柱外表面平面度	相邻三立柱	<2	用经纬仪
立柱直线度	—	3	3 m 靠尺、塞尺		高度>90 m 时	<10	

表 3　横梁安装允许偏差(mm)

项　　目	尺寸范围	允许偏差	检查方法
相邻两横梁间距尺寸	间距≤2 m 时	±1.5	用钢卷尺
	间距>2 m 时	±2	
分格对角线差	高度≤3 m 时	±1.5	用钢卷尺
	高度>3 m 时	±2	
相邻两横梁的水平高差	—	±2	水准仪
横梁的水平度	横梁长≤2 m 时	±1.5	水准仪
	横梁长>2 m 时	±2	

表 4　铝板幕墙安装的允许偏差和检验方法

项次	项　　目		允许偏差(mm)	检验方法
1	幕墙垂直度	幕墙高度≤30 m	10	用经纬仪检查
		30 m<幕墙高度≤60 m	15	—
		60 m<幕墙高度≤90 m	20	—
		幕墙高度>90 m	25	—
2	幕墙水平度	层高≤3 m	3	用水平仪检查
		层高>3 m	5	—
3	幕墙表面平整度		2	用 2 m 靠尺和塞尺检查
4	板材立面垂直度		3	用垂直检测尺检查
5	板材上沿水平度		2	用 1 m 水平尺和钢直尺检查
6	相邻板材角错位		1	用钢直尺检查
7	阳角方正		2	用直角检测尺检查
8	接缝直线度		3	拉 5 m 线,不足 5 m 拉通线,用钢直尺检查
9	接缝高低差		1	用钢直尺和塞尺检查
10	接缝宽度		1	用钢直尺检查

7.2 铝板幕墙的金属框架立柱与主体结构预埋件的连接、立柱与横梁的连接、金属面板的安装必须符合设计要求,安装必须牢固,现场使用手扳检查。

7.3 铝板幕墙的板缝注胶应饱满、密实、连接、均匀、无气泡,宽度和厚度应符合设计要求和技术标准的规定。

7.4 铝板幕墙应无渗漏,在易渗漏部位进行淋水检查。

7.5 铝板表面应平整、洁净、色泽一致。

7.6 铝板幕墙的压条应平直、洁净、接口严密、安装牢固。

7.7 铝板幕墙的密封胶缝应横平竖直、深浅一致、宽窄均匀、光滑顺直。

7.8 铝板幕墙上的滴水线、流水坡向应正确、顺直。

7.9 每平方米铝板的表面质量和检验方法应符合表5的规定。

表5 铝板表面质量和检验方法

序次	项　目	质量要求	检验方法
1	明显划伤和长度>100 mm的轻微划伤	不允许	观　察
2	长度≤100 mm的轻微划伤	≤8条	用钢尺检查
3	擦伤总面积	—	用钢尺检查

8 安全措施

为加强精神文明建设和物质文明建设,维护市容整洁和城市安全,根据张家界建设工程现场文明施工管理办法,结合本工程的地理环境和施工单位的资源,特对本项目文明施工进行策划,使文明施工规范化、标准化,实现文明施工工地的目标。为做好现场安全、文明施工特制定如下管理措施。

8.1 建立管理机构:成立以项目经理为组长的文明施工管理小组,制定奖罚制度,切实落实执行文明施工标准及奖罚制度。

8.2 制定文明施工责任制:实行分片管理责任到人,由各区责任人负责本区文明管理制度。

8.3 加强对员工的文明施工教育,每周最少召开一次“质安例会”,对现场文明施工进行总结,实行奖惩制度。

8.4 工地、仓库、办公室等不得随意丢弃烟头,吸烟应到指定地点。

8.5 对所有进场作业者,必须进行作业前文明施工教育,项目部经常做文明施工方面宣传,积极培养员工文明施工意识。

8.6 生产区、生活区、办公室齐抓共管,创建良好的文明施工环境。

8.7 施工现场必须做到“工完场清”,保证现场干净、整洁,对乱丢、乱弃者,给以相应的处罚,施工垃圾存放于主承包规定的地方。

8.8 无论是有意或无意破坏设备材料、成品、半成品等,都应进行整改。

8.9 现场施工人员统一挂牌、按标准戴好安全帽。

8.10 选用的材料、设备,应满足环保、节能要求,具有完备的使用说明,降低建筑物维护管理、运行等费用。

8.11 对易燃、易爆、油品和化学品的采购、运输、储存、发放和使用制定专项措施,并设置专人管理。

8.12 对施工机械进行全面的检查和维护保养,保证设备处于良好的运行状态。避免噪声、泄露及废油、废弃物造成的污染。

8.13 切实加强火源管理,现场禁止吸烟,电、气及焊接作业时应预先清理周围的易燃物,消防工具要齐全,动火区域都要放灭火器并定期检查。

9 环境保护及节能

9.1 建立环保目标责任制,以项目经理为第一责任人,督促各项环保措施制度落实。

9.2 严格控制人为噪声及施工机械噪声。禁止在施工现场高声喧哗,由于施工场地位于客流密集区域,尽量减少夜间作业,夜间作业需先申报建设行政主管部门及环境行政主管部门批准后方可进行。

9.3 施工现场及楼层内的建筑垃圾、废料应及时清理到指定地点堆放,并及时清运出场,保证施工场地的清洁和施工道路的畅通。

9.4 做好已安装好的构件和待安构件的外观及形体保护,减少污染。现场安装材料按有关规定保管,在规定的区域内整齐堆放,并做好标识,由专人管理。

10 效 益 分 析

中铁城建集团有限公司承建的新建黔张常铁路桑植站,站房檐口采用双曲面线性控制施工工法完成檐口铝板的定位安装,具有施工组织合理、综合经济效益显著的特点。

10.1 铝板檐口线性控制采用 BIM、Tekla、CATIA 等软件建模,对比模型放线定位,精准定位铝板线性,外观线性显著降低误差。

10.2 以直代曲简化双曲面造型,大大简化了施工工艺,同时也能节约工期,降低成本。

10.3 通过与原方案对比,现施工方法较原计划施工方法在经济上节约了成本约25万元。

11 工程实例

由中铁城建集团有限公司承建的新建黔张常铁路桑植站站房,通过应用站房檐口双曲面线性控制施工工法,实现了按业主工期目标完成站房装修施工任务,并为公司节约成本近25万元,得到业主和监理的一致好评,并为同类工程提供了成功的范例和参考经验。

参编单位:中铁城建集团有限公司

参编人员:王立异、黄淼、孙鑫、邹亚欣、潘杰、白红洋、廖强、陈奇会、周彦华、郭瑞霞

评审人员:杨煜、钱增志、王中军、贾磊、姜贵军、耿贤军

十二、整体现浇水泥人造石拼花楼面施工工法

1 前　言

水泥人造石为抗折强度平均值不小于 10 MPa 和吸水率不超过 4% 的新型装饰地面材料，在传统水磨石施工技术基础上加以创新，由白水泥、粉料、外加剂（减水、微膨胀）、级配骨料、矿物颜料、水等拌和后经过硬化、打磨、抛光、防护等工艺形成，平面形状、颜色、拼花可以根据设计师的需要灵活组合，尺寸分格大，整体性强、装饰效果好。

2 工法特点

2.1 水泥人造石整体面层现浇施工，结合大尺寸分格，解决不规则曲线平面及密集柱网排版难题。

2.2 通过优化施工配合比、现场实体样板、增设微膨胀钢纤维混凝土基层、加铺钢丝网等多重加强措施，解决了大尺寸分格面层易开裂的质量通病。

2.3 通过精准放样、激光雕刻、一体化模具，提高复杂拼花分格条的加工及拼装精度，准确还原设计意图，确保了观感效果。

2.4 采用干磨工艺配合工业级吸尘器收集面层打磨粉末，降低粉尘污染，避免废水排放；采用涂釉结晶，应用憎水性油性防护，提升面层抗渗、抗污性能。

3 适用范围

本工法适用于大开间空间平面布局不规则、柱网分布不均、地面整体性要求较高、环保控制严格及艺术造型复杂等大、中型公共建筑饰面层施工。

4 工艺原理

施工前对人造石整体面层拌和料根据施工温度，结合不同稠度，调整外

加剂掺量,制作多组对比试块,静置观察收缩,确定最佳配比。

针对不同的基层、垫层材料及厚度、面层厚度、分格尺寸、养护条件及时间、伸缩缝设置、拼花尺寸等现场制作多组对比实体样板。观察各组实体样板在 28 d、56 d 后的收缩开裂、空鼓、耐污染、耐擦洗、颜色、光泽度等性能变化,确定最优施工工艺。

施工时对结构底板进行清理,施作混凝土垫层并切割分格条;养护后浇筑钢纤维混凝土基层(加铺钢丝网增强)并安装挤塑板伸缩缝条;基层养护清理后按设计图纸安装分格条(含拼花分格条)及伸缩缝条,再进行面层摊铺;摊铺完成后进行养护、粗磨、细磨(补浆)、精磨(补浆)、再精磨、抛光等工序,干燥、清理完毕后进行釉面封闭及面层防护。水泥人造石工艺原理及结构如图 1 所示。

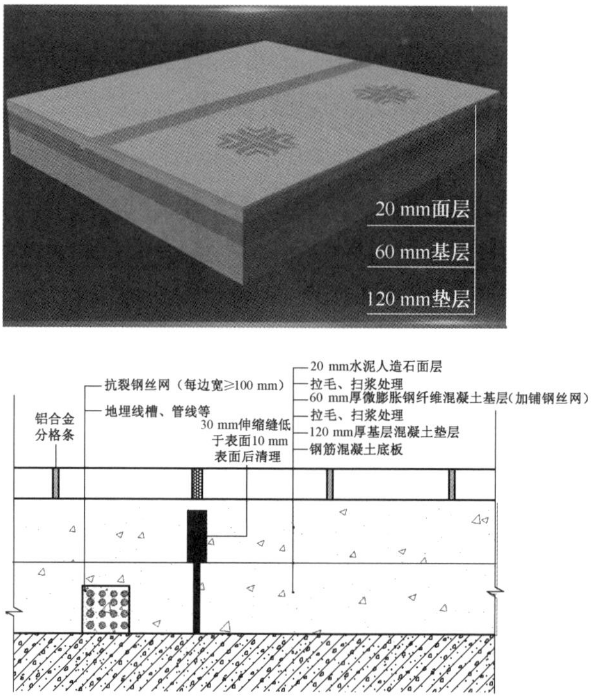

图 1　水泥人造石工艺原理及结构示意

5　施工工艺流程及操作要点

5.1　工艺流程

5.1.1　无拼花水泥人造石

配合比设计及试配→工艺试验→深化排版→垫层弹线切割伸缩缝→预留预埋→垫层处理→安装伸缩缝条→基层钢纤维混凝土浇筑(钢丝网加强)→收

面养护→基层拉毛处理→弹线→安装分格条→面层材料拌和→摊铺→养护→粗磨→细磨→补浆→精磨→补浆→精磨→抛光→清理→干燥→釉面封闭→面层防护。

5.1.2 拼花水泥人造石

拼花图案细化→辅助放样→激光雕刻拼花分格条→激光反向雕刻模具→一体化拼花模具拼装→基层处理及清理→测量放线→就位安装→面层摊铺(先摊铺外轮廓白色面层,拼花内按颜色由深至浅摊铺)→养护→粗磨→细磨→补浆→精磨→补浆→精磨→抛光→清理→干燥→釉面封闭→面层防护。

5.2 无拼花水泥人造石操作要点

5.2.1 配合比设计及试配

根据施工期间现场的实际温度,在试验室配制混合料,主要从混合料的稠度(掺水量)、外加剂的掺量(缓凝剂、膨胀剂、减水剂等)方面进行调整,并进行组合制作试块,在常温条件下试模内进行养护,观察试块制作过程中和易性以及硬化后的密实度及收缩、开裂情况,最终确定拌和料稠度为 60 mm±10 mm,施工配合比为白水泥∶骨料∶粉料∶水=1∶2∶1∶0.52(质量比)。

5.2.2 工艺试验

大面积施工前应制作多组现场实体样板,从原材料性能、配合比、外加剂掺量、搅拌方式及时间、环境温度、养护时间、垫层处理、基层做法、面层厚度、面层摊铺方式、养护方式、分格尺寸及分格方案等方面总结出适合本工程的标准工艺。

5.2.3 深化排版

根据平面形式、柱网情况,充分考虑平面轮廓、门洞口、楼扶梯接口、栏杆立柱、检票闸机、地面疏散指示、各种色带等因素,以“居中对缝”原则进行排版;明确分格条在不同区域材质,依照“短向让长向”的断开原则,伸缩缝处专用分格条以轴线进行划分。

5.2.4 垫层弹线切割伸缩缝

根据平面排版伸缩缝的布置位置,在已有的混凝土垫层上弹出通长伸缩缝位置线,使用水锯切出深度不小于 50 mm 的伸缩缝,如图 2 所示,对于无垫层的混凝土楼板区域不用切割。

5.2.5 管线预留预埋

根据地面设备安装位置,将地面疏散指示灯、闸机、插座、栏杆立柱插芯等管线、线槽进行开槽预埋在已有垫层内,安装完毕后,上部采用高一标号的微膨胀灌浆料进行填实,上部设置抗裂钢丝网加强,钢丝超出每侧边缘不小于 100 mm,如图 3 所示。

图 2　水泥人造石垫层伸缩缝弹线切割

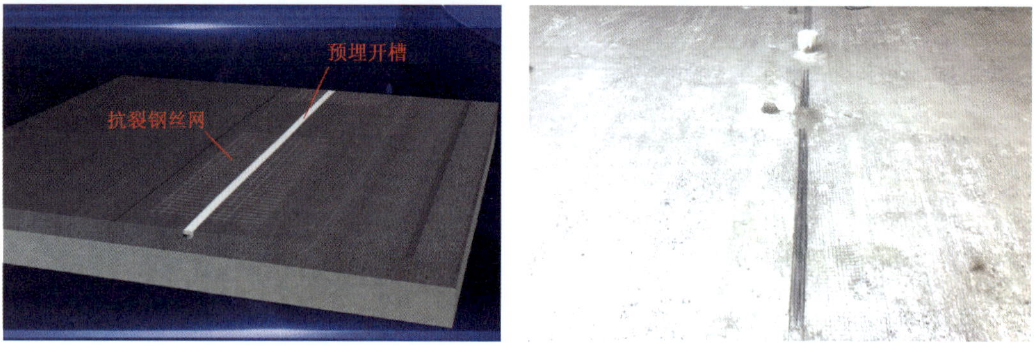

图 3　水泥人造石管线预留预埋及加强

5.2.6　垫层表面拉毛处理

采用拉毛机械对既有垫层的表面进行拉毛,拉毛比例不低于 85%;拉毛完毕后采用高压水枪清理松散混凝土并进行基层充分湿润,检查拉毛质量后,清理表层积水,制作灰饼(150 mm×150 mm@ 2 000 mm),满涂界面处理剂,如图 4 所示。

图 4　水泥人造石垫层处理

5.2.7　安装基层伸缩缝条

在既有垫层伸缩缝位置安装厚度 30 mm 挤塑板伸缩缝条,伸缩缝条低于基层混凝土标高 10 mm,并用水泥砂浆抹八字进行临时固定,浇注基层混凝土时同时铲除砂浆八字，以保证伸缩缝处混凝土浇筑质量；此外，地面与墙柱根部交接位置设置隔离条，如图 5 所示。

图 5　水泥人造石基层伸缩缝条及隔离条设置

5.2.8　基层浇筑及收面养护

采用 C30 微膨胀钢纤维混凝土浇注基层，分两次浇注，第一次浇注 40 mm，铺设钢丝网后浇注剩余 20mm 面层混凝土，并用平板振捣器进行振捣密实；混凝土表面泛白后，洒水并覆膜养护，养护时间不少于 14 d，如图 6 所示。

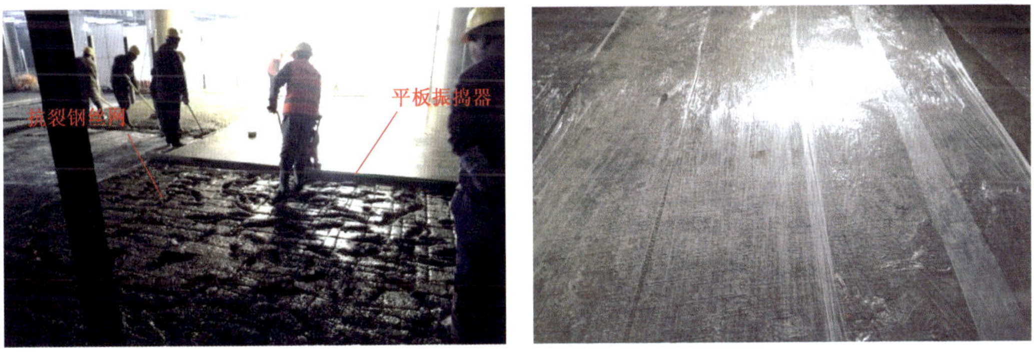

图 6　水泥人造石基层混凝土浇注及养护

5.2.9　基层处理

混凝土基层浇注并养护完毕后，采用拉毛机在基层表面进行拉毛处理，拉毛比例不低于 85%；清理并充分湿润后，清除积水。

5.2.10　弹线安装分格条

在基层上根据排版图的分格条、伸缩缝条位置弹出安装位置，安装分格条，普通区域分格条采用 3 mm 厚、20 mm 宽的 T 形铝合金分格条（选择 3 系铝合金材料），伸缩缝位置采用 10 mm 厚、20 mm 宽内夹橡胶条的铜制分格条。

分格条安装首先在弹线位置使用面层相同配合比的无骨料浆料进行找

平,分格条及地埋设施两侧通长抹 10 mm×10 mm 原浆料八字进行固定后,对基层及八字区域杂物清理并进行湿润养护,如图 7、图 8 所示。

图 7　水泥人造石面层分格条安装及固定

图 8　水泥人造石面层分格条

5.2.11　面层材料拌和

面层材料拌和采用敞口式搅拌机,并安装自动计时、自动加水计量装置,以便于观察并控制混合料拌和的质量及均匀度。

将级配碎石、外加剂及粉料、水泥根据配合比依次加入(原材料全部采用袋装进场),干拌均匀后,加入水进行拌和,拌和时间采用计时装置进行控制,每盘拌和时间为 2 min;随机抽查出机后拌和物的稠度,控制在 60 mm±10 mm 范围内,如图 9 所示。

5.2.12　摊铺

摊铺时要首先摊铺每个分格内分格条侧约 100 mm 范围内,保证摊铺料在分格条两侧密实,无空洞;然后再摊铺中间部分;摊铺厚度以超过分格条以上 3~5 mm 为宜;摊铺过程中要进行拍平压实、提浆(尤其分格条两侧区域及十字缝区域),完毕后进行找平、收面。

图 9　水泥人造石面层混合料拌和

尤其注意，面层浆面要至少经两次用毛刷粘拉开面浆（开面），检查石子的均匀性，若过于稀疏要进行及时补料，并用铁抹子抹平、压实至泛浆为止，并将分格条顶部石子清除掉，如图 10 所示。

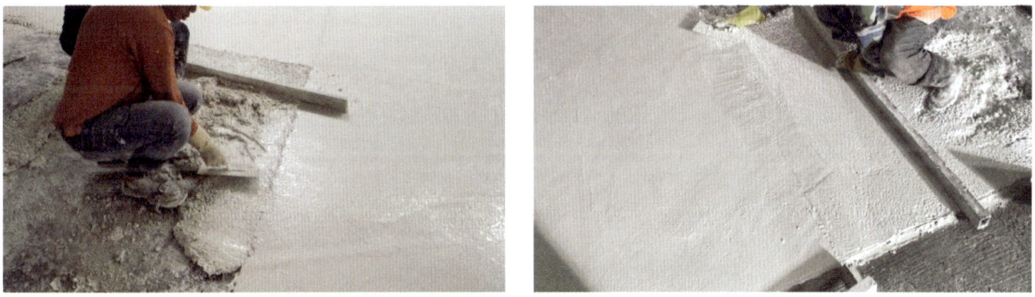

图 10　水泥人造石面层摊铺及刮平收面

5.2.13　养护

面层摊铺完毕后，待表层干燥硬化后，覆盖无纺布并洒水进行养护，根据气温条件确定养护时间，一般情况下气温 15 ℃～25 ℃时养护时间宜为 3～4 d，过早打磨石子易松动，过迟打磨易造成磨光困难，如图 11 所示。

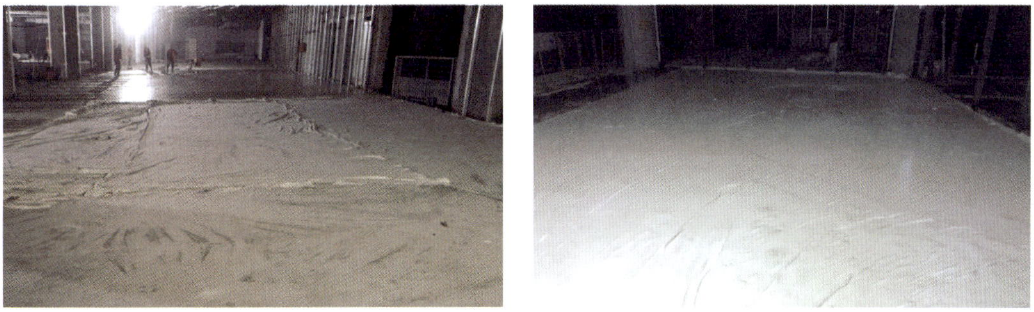

图 11　水泥人造石面层保湿养护

5.2.14 打磨抛光

打磨采用干磨工艺(边磨边用工业级吸尘器清理打磨表面粉尘),首先依次采用16目、30目、60目、120目金刚石磨片进行粗磨磨平,并磨除表面突出骨料,磨出分格条,如图12所示。再依次采用50目、150目树脂磨片细磨后进行补浆,补浆完成后依次采用150目、300目的树脂磨片进行精磨;精磨完成后进行第二次补浆,补浆完成后依次采用500目、800目、1 000目、1 500目树脂磨片继续进行精磨,每次打磨后清理表面检查表面平整度、光泽度及面层质量,如图13、图14所示。两次补浆养护24 h,将脱落的石子、凹坑等补平后,方能进行后续打磨施工,直至达到光泽度后进行面层孔隙封闭。

(a) 粗磨　　(b) 粗磨后效果

图12　水泥人造石面层粗磨

(a) 精磨　　(b) 精磨后效果

图13　水泥人造石面层精磨

(a) 二次补浆　　(b) 补浆后精磨

图14　水泥人造石面层补浆及精磨

5.2.15 釉面封闭及面层防护

打磨完毕后，使用高速抛光机进行表面抛光，抛光同时在表面辊涂釉面剂进行一次封闭，并保证抛光度；待所有装修工序退出并降尘后，采用静电拖把清理表面浮尘，均匀涂刷油性憎水防护，如图 15 所示。

面层防护涂刷前，为确保防护材料的抗渗及耐擦洗性能，对防护材料开展 12 h、24 h、48 h、72 h 的抗渗性能及耐擦洗性能试验，确定满足性能要求后方进行大面施工，如图 16 所示。

图 15　水泥人造石面层封闭抛光

图 16　水泥人造石面层清理及防护涂刷

5.3 拼花水泥人造石操作要点

5.3.1 拼花图案细化

根据设计拼花的图样利用 CAD 对图案的细部尺寸进行细化，对拼花各个细节的可实施性进行优化，尤其针对圆弧曲线及拼花“尖端”无法填实的部位，如图 17 所示。

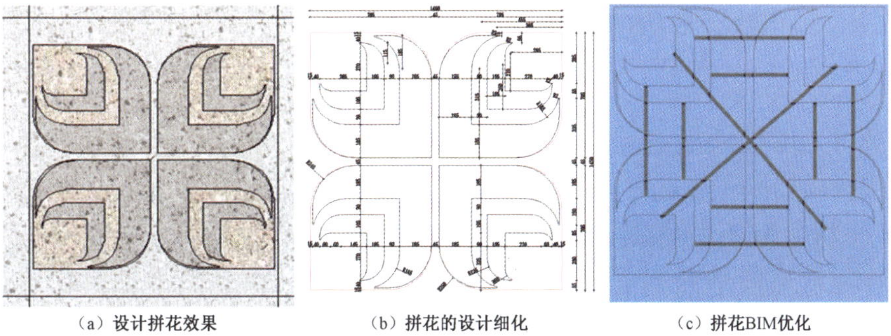

(a) 设计拼花效果　(b) 拼花的设计细化　(c) 拼花BIM优化

图 17　水泥人造石地面拼花设计细化、优化

5.3.2　激光雕刻拼花分格条

将优化后的拼花 CAD 图导入雕刻设备,利用激光雕刻机在 8 mm 厚铝合金板上进行分格条雕刻,先雕刻分格条样板,并制作拼花实体样板,检查圆弧区、尖窄区等混合料的填充密实情况,满足设计及外观要求后方进行正式加工,如图 18 所示。

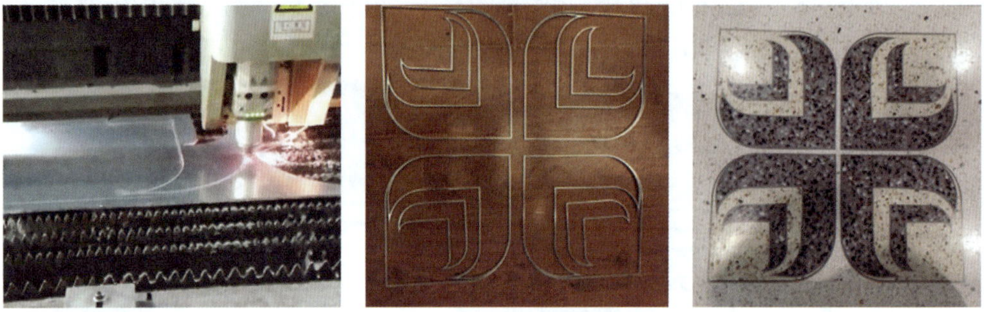

(a) 激光雕刻　(b) 雕刻完成拼花　(c) 拼花样板

图 18　水泥人造石地面拼花雕刻及样板制作

5.3.3　激光反向雕刻模具及拼花分格条拼装

考虑每组拼花由 8 个单元组成,拼花整体性及单元安装精度很难保证;需要根据拼花分格条尺寸在 4 mm 钢板上反向雕刻出分格条缝隙,分格条安装进模具并调整平整度后,采用铝焊机进行固定,使其形成整体并在现场定位后安装固定,如图 19、图 20 所示。

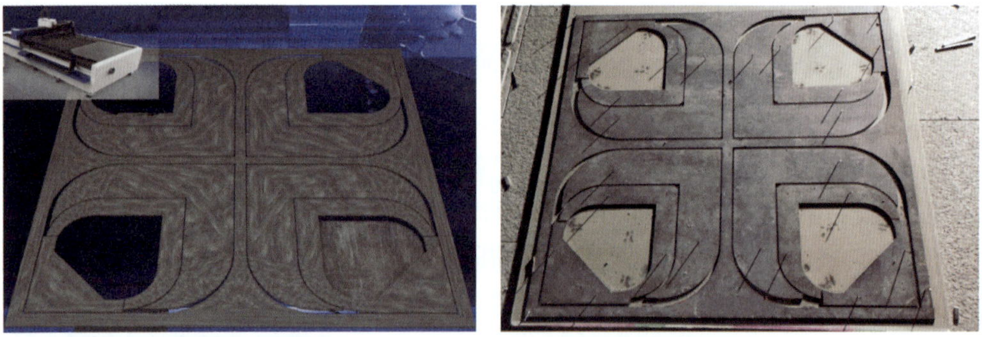

(a) 激光反向雕刻模具　(b) 模具固定

图 19　水泥人造石地面拼花模具制作及固定

5.3.4　摊铺面层

考虑每处拼花由三种颜色混合料组成,若同时进行摊铺,将会导致不同颜色混合料之间互相渗透,影响外观,所以每种颜色的面层摊铺需要分开进行,每两种材料摊铺前需要间隔至少 12 h;按拼花分格条与摊铺料接触面积由大到小顺序,先摊铺轮廓外基本色,对分格条进行整体定位固定,拼花每块颜色按照由深至浅进行;摊铺完毕后进行保湿养护,如图 21 所示。

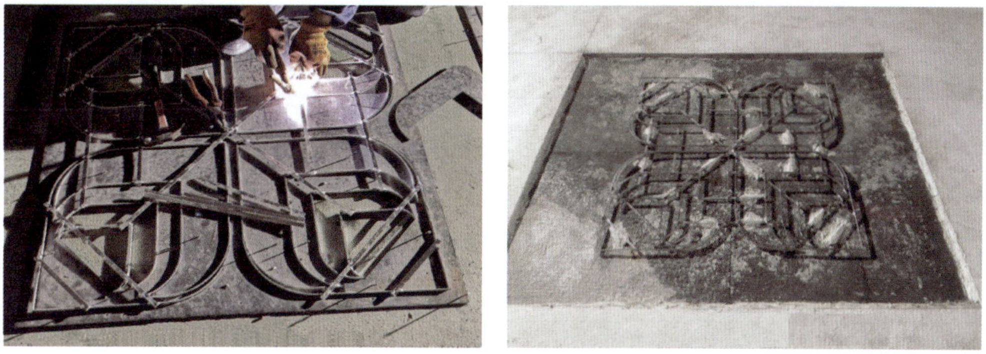

(a)拼花分格条拼装　　(b)拼花分格条定位固定

图 20　水泥人造石地面拼花分格条拼装及定位固定

(a)白色混合料摊铺　　(b)灰色混合料摊铺　　(c)黄色混合料摊铺

图 21　水泥人造石地面拼花混合料摊铺顺序

5.3.5　其他工序

后续其他工序操作要点与 **5.2** 中一致。

6　材料与设备

6.1　人员配置

施工所需主要人员配置见表 1。

表 1　人员配置表

序号	工　种	人数(人)	工 作 内 容	备注
1	混凝土工	20	基层处理及混凝土浇筑、面层混合料拌和	
2	打磨技工	20	面层打磨、抛光	
3	焊　工	4	分格条切割、安装、焊接	
4	其他辅工	20	材料倒运	
合　计		64		

6.2 材料

施工所需主要材料见表2。

表2 主要材料

序号	材料名称	规格	数量(kg)	备注
1	级配骨料	汉白玉、黑曜石、黄水晶石、中国红等原石破碎、按3~5 mm、5~8 mm、8~12 mm等进行级配	200	
2	白水泥	PW-1 42.5	100	
3	粉料及外加剂	325目、800目	100	
4	微膨胀剂	微膨胀型	0.42	
5	水	饮用水	52	

6.3 设备

施工所需主要机具设备见表3。

表3 机具设备

序号	机械设备名称	规格型号	单位	数量	备注
1	研磨机	HTC950RX	台	6	地面研磨
2	研磨机	SY-X600	台	6	地面研磨
3	高速抛光机	SY-X700	台	2	地面抛光
4	无尘磨边机	YM320D	台	2	边角打磨抛光
5	工业吸尘器	GX-4	台	3	粉尘清理
6	吸水吸尘机	YB765	台	6	基层积水清理
7	擦地机	JH-175	台	2	灰尘清理
8	无尘角磨机	HK-10	台	10	边角打磨
9	搅拌机	JW750	台	2	混合料拌和
10	红外线水平仪	DHFGSPY5E	台	2	标高控制
11	平板振捣器	ZW-7	台	2	基层浇筑振捣
12	光泽度仪	MULTI GLOSS 268	台	2	面层光泽度测试
13	靠尺	2m	把	6	面层打磨平整度检查

7 质量控制

7.1 本工法在施工中严格执行《建筑装饰用水磨石》(JC/T 507—2012)

及《建筑地面工程施工质量验收规范》(GB 50209—2010)。

7.2 施工前,全面分析及评估基层的强度、刚度及整体性,确保基层无不均匀沉降、分层开裂等情况;基层面层进行全面清理、拉毛并涂刷界面剂处理,保证各个结合层结合牢固,不发生空鼓。

7.3 地面预留预埋应提前埋置在基层内,并进行加强处理,防止预埋位置出现薄弱点,导致面层的开裂。

7.4 基层及面层考虑均为水硬性胶凝材料,在养护方式、养护持续时间等方面要严格控制,确保在下一道工序开始前水泥水化反应基本完成,不产生较大的收缩应力。

7.5 基层混凝土浇筑时设置的抗裂钢丝网要避免在混凝土浇筑前铺设,应设置在基层面层下 10~20 mm,以有效的控制面层开裂。

7.6 面层材料的拌和考虑实际情况在现场进行,拌和时间及配合比要严格按照样板试验进行,并控制拌和及摊铺期间的温度。

7.7 分格条安装要牢固,且分格条与基层间要进行密贴,防止浆料互窜,导致分格条上浮,并使分格条真正实现分格板块的功能,对于铝合金分格条要提前进行氧化处理,避免拌和料与铝合金发生化学反应在分格条两侧形成气孔。

7.8 摊铺面层材料在分格条两侧要注意先摊铺,并用抹子进行压实,保证混合料在分格条两侧密实度;对于拼花处浆料要重点压实。

7.9 打磨前,要注意进行试磨,防止因强度不足导致面层受损,分格条移位;并在打磨过程中随时清理观察面层骨料打磨后外露的均匀性,并使用靠尺检查面层的平整度。

7.10 打磨完成区域要及时进行成品保护,防止其他工序对面层成品造成破坏及污染物渗入,成品保护要采取柔软材料做基层,上部覆盖硬质材料。

7.11 打磨抛光及面层防护施工前,要满足所有工序的全部退出,基本实现无尘,防止灰尘进入防护层与面层之间,影响外观质量。

7.12 面层防护施工前,要对基层孔隙进行封闭处理,防护面层材料要采用耐擦洗、抗渗透且无毒无污染材料。

7.13 面层打磨抛光要随时检查抛光度,保证整体抛光度的基本一致。

7.14 地面拼花分格条安装要固定牢固,防止移位及上浮;拼花内各个单元分格条间的间距误差要控制在允许偏差以内,且不同颜色的材料摊铺要分开,分开时间不少于 12 h。

8 安全措施

8.1 施工前进行全员安全技术交底,使作业人员全面了解施工过程中的安全控制措施及安全注意事项。

8.2 混凝土浇筑、面层材料拌和过程中,作业人员要穿绝缘雨靴,戴绝缘手套,避免触电事故,且在正式施工前要全面检查用电设备接线点、电线电缆、漏电保护装置等规范性,发现隐患及时处理。

8.3 打磨过程中要将电线置于打磨机械行进的相反方向,防止机械破坏电线绝缘层,引起触电事故。

8.4 对于易燃材料要严格控制,严禁接触明火,并设置隔离措施;拆除的包装纸、袋等及时清理出现场。

8.5 施工期间机械设备要张贴机械设备操作规程,防止机械伤人。

9 环境保护及节能措施

9.1 地面打磨过程中作业人员要戴防尘口罩,打磨产生的粉末及时使用工业吸尘器进行清理,并装袋处理。

9.2 施工过程中产生的余料、废料进行统一堆放、统一处理。

9.3 对于打磨过程中必须产生废水要进行沉淀,并进行检测,达到排放标准后方可进行排放。

9.4 面层材料(粉料、级配碎石、水泥等)要采取袋装化或罐装处理,拌和区域进行封闭,防止遗洒、风吹、倾倒等对施工环境及大气造成污染。

9.5 养护用水以满足施工养护需要为宜,提高水资源的利用率。

10 效益分析

10.1 经济效益

采用干磨及粉尘回收的施工工艺,大幅度地降低了施工用水量,经统计,施工期间共节约水费约 10 万元,并规避了由于打磨造成的废水处理费用约 30 万元。

采用新型的表面封闭及防护处理材料和工艺,提升了面层抗渗、抗污染性能,大大延长了维护周期,降低了后期运营维护处理费用。

10.2 社会效益

采用整体现浇水泥人造石拼花楼面施工工法,减少了地面拼缝,规避开裂通病,提升了整体效果;“凤栖梧桐”拼花施工高度实现设计意图,获得了相关单位、部门以及社会各界的一致好评,实现“绿色温馨、经济艺术”。

11 工程实例

新建北京至雄安新区城际铁路工程大兴机场站为北京大兴国际机场换乘高铁车站,站厅层位于地下一层,公共区域地面共计 12 000m^2 全部采用水泥人造石面层;其中旅客候车座椅区域采用米黄色面层,分格尺寸 1 500 mm×(3 000~4 000) mm;中间旅客通道采用白色面层,分格尺寸 1 500 mm×1 800 mm,中间旅客通行主通道分格内设置参数级变化的艺术拼花,达到了预期效果,如图 22 所示。

图 22 车站站厅水泥人造石完成效果——旅客进站主通道

参编单位:中铁北京工程局集团有限公司

参编人员:霍建利、余茂东、袁伟、刘明、贾磊、齐旭燕、孟祥顺、刘立新、梁生武

评审人员:杨煜、钱增志、王中军、姜贵军、耿贤军

十三、曲线花束造型结构铝板无缝饰面施工工法

1 前　　言

鄢陵站为展现地方文化元素，建筑形体设计紧扣“花开鄢陵”理念，将花朵盛开的外形元素融入建筑造型中，建筑中央出挑的大屋顶两侧柱子做成曲线花束形式，由下到上逐渐打开，寓意花朵盛开之意。造型设计独特，结构新颖，形态优美，高度达 18.76 m，最大直径 12.4 m，由 12 种不同截面组成，构件截面变化多样，充分展示了鄢陵的艺术文化特色。其造型特点：

1.1　结构有规律地分叉，由一点或多点逐级分支，形状恰似花树，造型复杂，施工难度大。

1.2　构件采用方钢管，具有良好的空间受力性能；采用焊接节点，施工工艺要求高。

1.3　饰面曲面多变，弧度呈扭型，为充分展示建筑艺术，施工精度要求高、质量标准严。

如何实现造型柱的曲面线形并保证施工质量，项目部成立科技攻关小组，根据工程特点和现场实际情况，通过 3D 建模、施工流程模拟、3D3S 专业软件计算悬挑桁架受力情况、比选饰面材料等，最终决定采用在地面上从结构最上层焊接拼装，逐步提升，树状倒序生长，采用 3 系 O 态铝板作为造型柱饰面，重点解决了钢结构异型构件安装、曲面拼接及细部连接等技术问题，完美诠释了设计理念，经总结形成了本工法，为类似工程提供借鉴。

2 工 法 特 点

传统的钢结构施工方法对树枝状钢结构施工而言，无论是加工精度还是施工质量控制均有较高的难度。本工法较传统工艺具有以下优点：

2.1　本工法采用原位地面焊接，倒序拼装逐步提升，易于定位每个构件的位置尺寸，钢结构安装过程稳定性高，同时保障了施工质量和施工安全。

2.2　造型柱钢构件及饰面铝板采用 3D 模型辅助现场试样，更好地控制

构件尺寸及不同分叉间空间位置，更利于指导施工。

2.3 造型柱曲面多变，饰面铝板采用从下到上逐步拼接安装、延伸扩展的工艺，过程中可直观地展现结构形状外观，便于整体造型体貌控制。

2.4 造型柱饰面铝板采用 3 系 O 态铝板，具有良好的成形性、耐腐蚀性、拉伸及焊接性能，便于多种曲型、扭型铝板加工，成形不易反弹，加工精度高；且铝板易打磨，可以实现无缝对接，成形效果显著。

3 适用范围

该工法适用于安装高度高、造型新颖、复杂、多变的竖向结构体系钢结构安装及饰面装修工程。

4 工艺原理

4.1 采用 3D 建模，优化立面的线形，更直观地展现结构形状外观，指导施工。

4.2 采用 3D3S 专业软件计算悬挑桁架的受力情况，确定树状造型钢结构倒序施工，对钢结构构件在地面上从结构最上层焊接拼装，逐步提升，直至最下层，减少高空作业风险。

4.3 对构件编号，按编号选择进行预拼装，易于控制构件尺寸、安装角度及连接细部做法，更加精细地控制钢结构构件的加工及安装精度。

4.4 采用 3 系 O 态铝饰面铝板焊接性能好，成形易打磨，无缝对接效果好；蒙皮拉伸机加工制作，保证曲面弧度的加工精度及线型优美，饰面铝板加工成 V 形及 X 形，结合树状自然分支简化了拼装工艺。

5 施工工艺流程及操作要点

5.1 工艺流程

5.1.1 造型柱钢结构施工工艺如图 1 所示。

图 1 造型柱钢结构施工工艺示意

5.1.2 造型柱饰面铝板施工工艺如图 2 所示。

图 2　造型柱饰面铝板施工工艺示意

5.2　操作要点

5.2.1　钢结构三维建模

依据图纸对造型柱钢结构建立三维模型并进行深化设计,经设计核实确认后进行钢构件的下料及加工。造型柱钢骨架根据焊缝位置共划分为 10 个施工段,如图 3 所示。钢骨架按照拟定好的安装顺序,全部在地面上进行拼装焊接作业。本工程 1 棵造型柱的总重约为 16 t,采用四台电动葫芦(10 t)4 点起吊,每个点起吊重量约为 4 t。起吊过程中在 6 轴及 8 轴、9 轴及 11 轴悬挑最外端处各搭设一个临时支撑架,用来在起吊时支撑悬挑桁架,起稳定作用双重保障。电动葫芦布置在桁架的上弦杆上,其中点位一在东侧次桁架中间位置(即上弦杆与腹杆相交的位置);点位二在南侧 7 轴及 10 轴主桁架上弦杆的位置;点位三在西侧次桁架中间位置(即上弦杆与腹杆相交的位置),并与点位一对称布置;点位四在北侧次桁架上弦杆与腹杆相交的位置,并与点位二相对称布置,如图 4 所示。

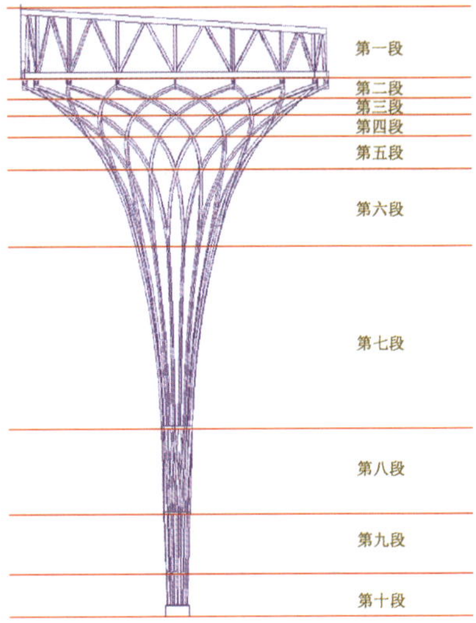

图 3　造型柱分段示意

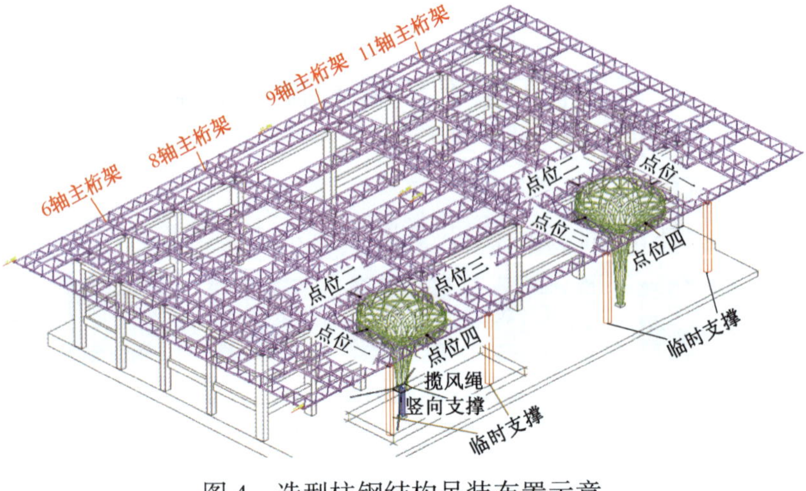

图 4　造型柱钢结构吊装布置示意

造型柱吊装计算考虑1.4倍的设计系数,结构重要性系数1.0见表1。

表1 荷载工况汇总

工况号	荷载类型	荷载说明
0	恒	电动葫芦200 kg(2 kN)
1	活	吊装花篮重量(每个点位4 t重即40 kN)

经过3D3S专业软件计算分析,桁架内力及位移均满足相关规范要求,杆件最大受力应力比为0.9,悬挑桁架满足造型柱起吊受力要求,如图5所示。

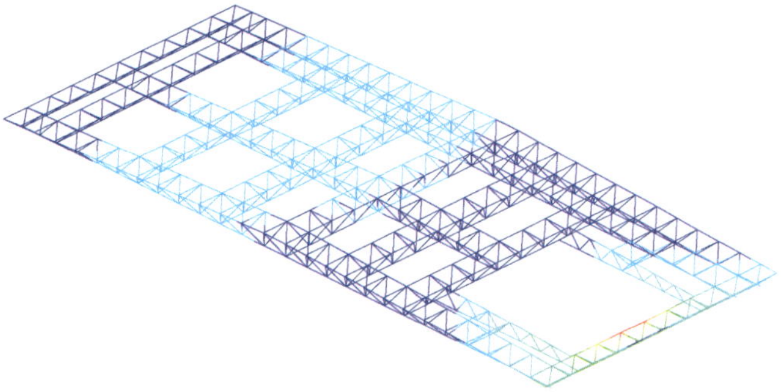

图5 3D3S软件分析桁架受力图

5.2.2 钢结构分段拼装吊装

造型柱倒序拼装吊装,在地面拼装时以中心点为圆心,根据每段的半径进行原位地面范围及关键点位定位标注。造型柱在升高的过程中测量员对提升的高度及与原位定位偏差情况进行测量,测量点位分为4处,分别为钢丝绳吊点或每段下端的位置。当发现其中一个点位提升过快或过慢时立即停止其他点位的提升,并立即对失位的点进行校正,确保4点提升的高度误差控制在50 mm之内。同时对电动葫芦吊点处进行变形监测:采用全站仪对4个吊点进行标高监测;造型柱起吊前监测一次,每一段起吊后各进行一次监测,并形成记录。

根据已完成的圆形定位线开始焊接拼装第一段(图6),拼装完成后将电动葫芦环链固定在第一段下环梁的四点位置。将第一段吊起696 mm高(第二段的高度),然后开始拼装第二段(图7)。拼装完成后将两段吊起540 mm,开始拼装第三段(图8)。拼装完成后将已完成段吊起693 mm,开始拼装第四段(图9)。拼装完成后将已完成段吊起1 079 mm,开始拼装第五段(图10)。拼装完成后将已完成段吊起2 506 mm,开始拼装第六段(图11),直至第十段。

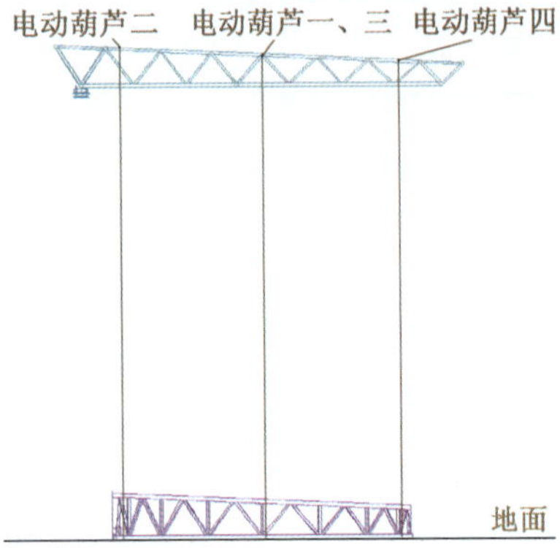

图 6　第一段拼装

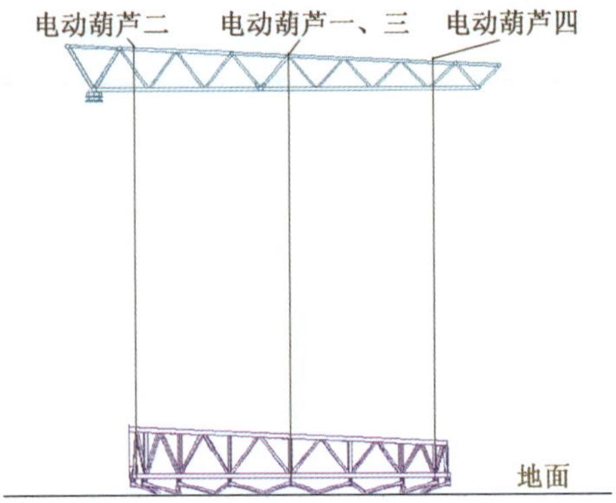

图 7　第二段拼装

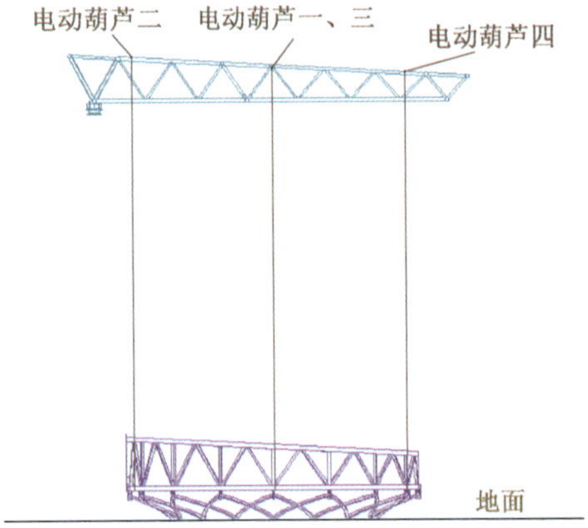

图 8　第三段拼装

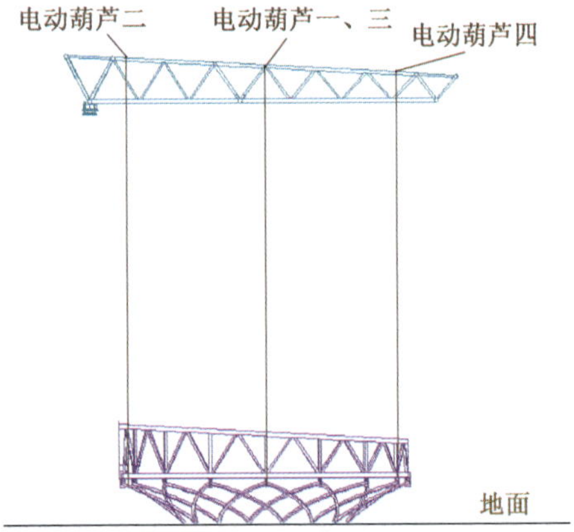

图 9　第四段拼装

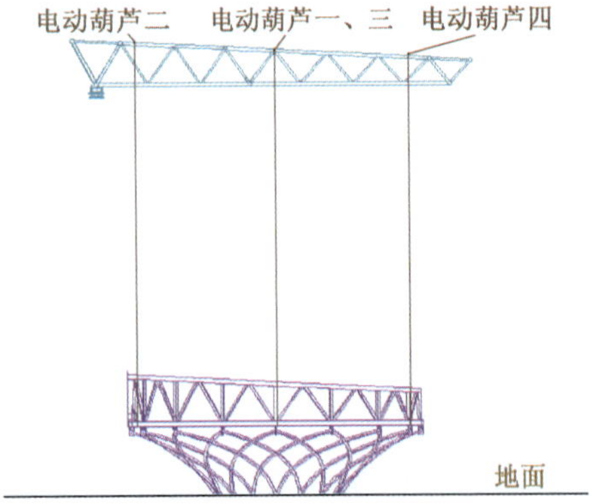

图 10　第五段拼装

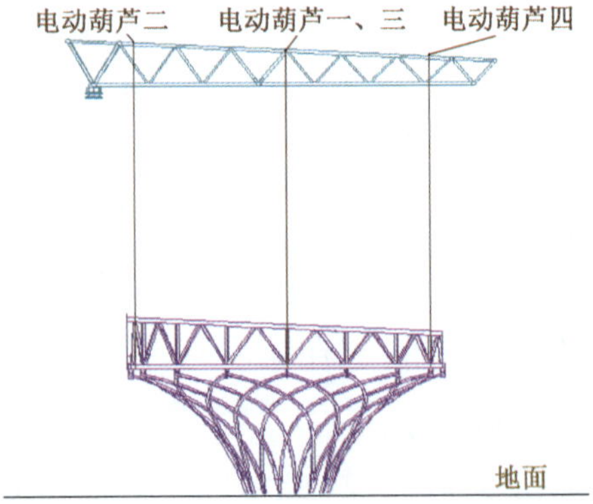

图 11　第六段拼装

开始拼装第十段时，根据预埋件的圆形定位线和已经完成的第九段的位置定位其每根杆件的位置。同时进行造型柱中线点位复核、调整，使造型柱中心点位与基础上中心点位及轴线重合。复核无误后先进行根部造型柱与预埋件的焊接，最后进行顶部桁架连接弦杆与造型柱第一段上下环梁的焊接固定，连接弦杆定位准确，焊接质量均满足相关规定要求。钢结构造型柱施工完如图 12 所示。

图 12　钢结构造型柱实况

造型柱钢结构上下焊接完成后进行提升设备和支撑架体拆除，架体拆除时采用吊车从上往下进行，直至全部拆除，拆除完成后对造型柱钢结构周边进行防护，严禁无关人等进入作业场地。

5.2.3　饰面铝板 3D 建模

依据造型柱钢结构现场实际及钢构主架图纸，对造型柱进行 3D 建模，初步确定饰面造型的空间延展及曲面变化情况，如图 13 所示。

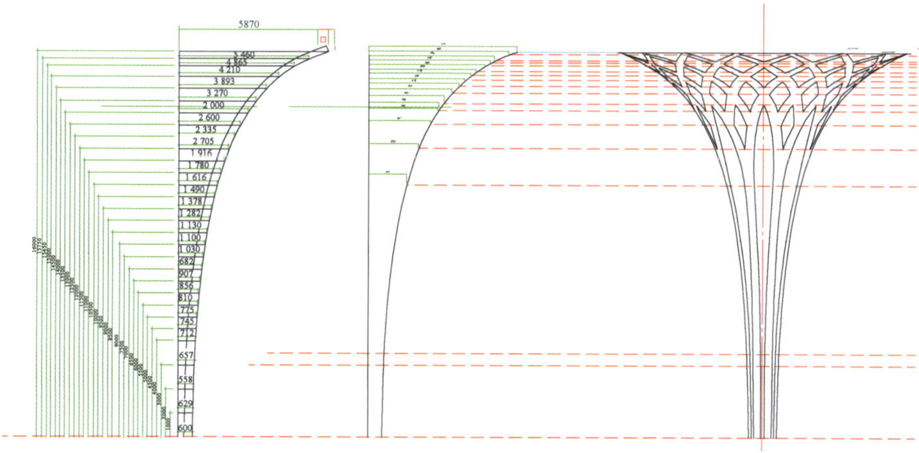

图 13　建立模型示意（单位：mm）

5.2.4　现场试样

依据建模情况，进行现场试样比对。对造型柱上下找圆心吊垂线，焊接环形辅助龙骨作为饰面板生根支架，为保证曲面造型的舒展，树杈内外次龙骨制作成圆形,龙骨上下间距依建模确定,龙骨焊接完成后均须进行除锈处理。

花树钢构部分树杈会有局部位置偏差,为减小这些位置偏差,则需调整内外龙骨间距及饰面铝板的宽度、厚度,以达到多个分叉间的空间布局均匀及整体形态优美。采用密度板等比例试样,通过不断调整饰面板的宽度、厚度以保证整个分叉间的空间匀称及造型体态,如图 14、图 15 所示。

图 14　龙骨调整

图 15　现场试样

5.2.5　模型调整

通过现场实际的放样尺寸比对,结合钢构实际偏差和整体协调性对模型进行可行性的调整,最终确定模型,如图 16 所示。

5.2.6　铝板加工

依据调整后的建模图纸加工造型柱饰面铝板,铝板采用 3 系 O 态铝,具有良好的成形性和可焊接性;饰面铝板在专业铝板厂采用双曲铝蒙皮拉伸机加工制作,通过工作台上的拉伸木模和铝板接触,产生不均匀的平面拉应变而使板料与拉伸模贴合的成形方法,满足双曲多变截面的成形效果,如图 17、图 18 所示。

5.2.7　拼装焊接

铝板多加工成 V 形及 X 形,结合树状分支原理,更容易的进行上下分叉间的拼装,铝板拼装从下往上进行定位安装,铝板与龙骨采用自攻钉固定,铝板间缝隙采用同母材的氩弧焊满焊处理,如图 19 所示。铝板紧贴内外环状龙骨,保证饰面的弧形延展性,多余的龙骨需切除。

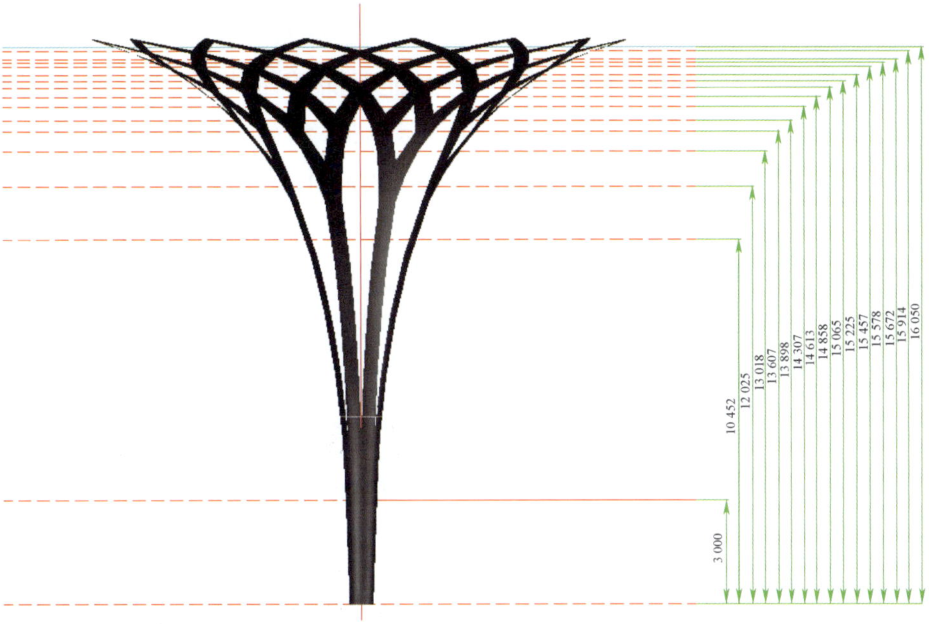

图 16　模型确定

图 17　加工铝板

图 18　成形铝板

图 19　铝板拼装

5.2.8 打磨清洗

造型柱铝板满焊完成后需对焊缝进行打磨处理,由于铝板易打磨,经处理可以达到上下层铝板的无缝对接。为保证喷涂质量,保证产品抗腐蚀性和耐候性,保证在强紫外线的照射下长期不褪色,不粉化,需对整个饰面铝板进行清洗,如图20、图21所示。第一:用清水冲洗消除铝板基材上面的全部灰尘。第二:用碱水溶解铝板基材上面的各种污渍、污迹,再用清水清洗掉残留的碱性物质。第三:用酸性溶液清理基材表面上能与酸性溶液发生化学反应的残留物,再用清水对基材进行二次清洁。第四:对基材进行铬化处理。第五:用清水对铬化后的基材进行最后的清洁。

图20 抛光打磨

图21 基材清洗

5.2.9 饰面喷涂

饰面采用氟碳漆喷涂,先喷底漆5~10 μm,增强对基材的保护,稳定金属表面层,加强面漆与金属表面的附着力,以保证面漆涂层的颜色均匀性。然后喷涂面漆,涂层厚度为23~30 μm,保护基材表面不受外界环境的侵蚀,防止紫外线穿透,以增强抗老化能力。最后进行罩光漆喷涂,涂层厚度5~10 μm,更有效地增强漆层抗外界侵蚀能力,保护面漆涂层,增加面漆色彩的金属光泽,使外观更加颜色鲜明,光彩夺目,如图22所示。

图22 喷涂效果

6 材料与设备

6.1 材料

施工所需主要材料有：Q345B 热浸镀锌矩形钢管(100 mm×100 mm×12 mm、60 mm×60 mm×5 mm、70 mm×50 mm×5 mm、200 mm×100 mm×8 mm、50 mm×50 mm×4 mm、20 mm×20 mm×3 mm)、5 mm 厚 3 系 O 态铝板、氟碳漆。

6.2 设备

施工所需主要机具设备见表 2。

表 2 机具设备表

序号	设备名称	型　号	数　量	备　注
1	焊　机	NB-500T	8 台	焊接钢柱及龙骨
2	环链电动葫芦	DHP 型 10 t	4 台	吊装钢柱
3	氩弧焊机	TIG200T	4 台	铝板拼接
4	全站仪	徕卡 TS02	1 台	定　位
5	空压机	DET1500	2 台	清洗、喷涂

7 质量控制

7.1 执行标准

本工程施工及质量检查验收依据：《钢结构工程施工质量验收标准》(GB 50205—2001)、《钢结构工程施工规范》(GB 50755—2012)、《钢结构焊接规范》(GB 50661—2011)、《建筑装饰装修工程质量验收标准》(GB 50210—2018)、《金属与石材幕墙工程技术规范》(JGJ 133—2001)、《工程测量规范》(GB 50026—2007)、《施工现场临时用电安全技术规范》(JGJ 46—2005)、《建筑施工高处作业安全技术规范》(JGJ 80—2016)等。

7.2 质量控制措施

7.2.1 编制造型柱吊装及装修专项施工方案，对工程的重点难点进行分析；编制现场设备故障应急预案、意外事故应急预案、防雨、防风应急预案等工程应急预案。

7.2.2 严格实行技术交底制度，施工前对项目管理人员、技术人员、施工班组、操作工人等层层交底，落实各级管理人员的质量责任制。

7.2.3 严格把控材料质量，所有进场材料必须经过验收，具有出厂质量证明文件,需要复试的材料均经复试合格且有证明文件。

7.2.4 严格按专项施工方案、设计及规范要求组织施工和质量检查,确保安装质量。

7.2.5 施工现场配备齐全施工检查人员及检查测试设备,施工操作人员持证上岗。

7.2.6 开始作业之前,对设备进行全面检查。

7.3 质量控制标准

7.3.1 主控项目

1. 工程所使用的各种材料和配件,应符合设计要求及国家现行产品标准和工程技术规范的规定。

2. 金属面板的品种、规格、颜色、光泽及安装方向应符合设计要求。

3. 氩弧焊焊前检查坡口应平整、光滑、不得有裂纹、分层、夹杂、毛刺及氧化。坡口表面应呈银白色金属光泽。

4. 点焊焊缝处不应有裂纹、气孔、夹渣等缺陷,否则应清除重焊。

5. 焊丝不得从所焊母材上裁条充当焊丝,焊丝应保持清洁、干燥,施焊前应切除端部已被氧化的部分。焊丝表面如有氧化应进行化学清洗。

6. 焊接材料应进行复检,材料应匹配,检查焊工证书,严格控制焊接质量,组合焊缝尺寸应满足相关规范要求,见表3。

表3 对接焊缝及完全熔透组合焊缝尺寸允许偏差(mm)

序号	项目	图例	允许偏差	
1	对接焊缝余高 C	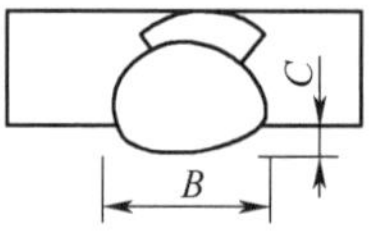	一、二级	三级
			$B<20$:0~3.0 $B\geqslant 20$:0~4.0	$B<20$:0~4.0 $B\geqslant 20$:0~5.0
2	对接焊缝错边 D	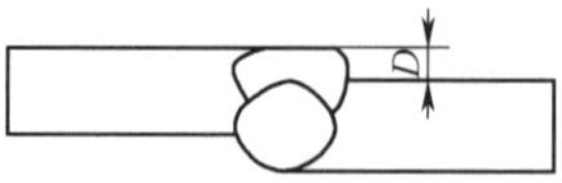	$D<0.15t$, 且≤2.0	$D<0.15t$, 且≤3.0
注:表内 t 为连接处较薄的管壁厚				

7.3.2 一般项目

1. 金属表面应平整、洁净、色泽一致。

2. 焊缝表面不得有咬边、弧坑、气孔、裂纹等缺陷,焊缝出现不合格严重氧化时应磨掉重焊。重焊时应彻底清理重焊区坡口及周边并采取相同的焊接工艺。同时,焊缝外观质量应满足相关规范要求。

3. 喷涂厚度应满足设计要求。钢构件在表面喷丸除锈后,除锈质量要达到 Sa2.5 级规定,涂防锈漆两道。防腐底漆为水性无机富锌类漆 2 遍,干漆膜厚度 100 μm。

二级、三级焊缝外观质量标准见表 4。

表 4　二级、三级焊缝外观质量标准(mm)

项　　目	允许偏差	
缺陷类型	二级	三级
未焊满(指不足设计要求)	≤0.2+0.02t,且≤1.0	≤0.2+0.04t,且≤2.0
	每 100.0 焊缝内缺陷总长≤25.0	
根部收缩	≤0.2+0.02t,且≤1.0	≤0.2+0.04t,且≤2.0
	长度不限	
咬　　边	≤0.05t,且≤0.5;连续长度≤100.0,且焊缝两侧咬边总长≤10%焊缝全长	≤0.1t 且≤1.0,长度不限
弧坑裂纹	—	允许存在个别长度≤5.0 的弧坑裂纹
电弧擦伤	—	允许存在个别电弧擦伤
接头不良	缺口深度 0.05t,且≤0.5	缺口深度 0.1t,且≤1.0
	每 1 000.0 焊缝不应超过 1 处	
表面夹渣	—	深≤0.2t,长≤0.5t,且≤20.0
表面气孔	—	每 50.0 焊缝长度内允许直径≤0.4t,且≤3.0 的气孔 2 个,孔距≥6 倍孔径
注:表内 t 为连接处较薄的板厚。		

8　安 全 措 施

8.1　安全管理措施

8.1.1　贯彻"安全第一,预防为主"的方针,定期进行安全联合检查,坚持安全例会制度,不断加强全员安全施工思想意识。

8.1.2　现场配齐消防栓、消防设备,并建立义务消防队伍,保证道路畅通。

8.1.3 现场施工用电专人管理,施工机械用电必须采用一机一闸一保护,严禁乱拉乱接,一闸多用。各电器设备配齐漏电保护设备。

8.1.4 作业转移时,电动机的电源线应保持有足够的长度和松度。

8.1.5 机电设备的电闸箱采取防雨、防潮等措施,并安装好接地保护装置。

8.2 安全技术措施

8.2.1 在施工中制定详细的安全操作规程,同时建立安全管理措施责任制。施工前应进行安全技术教育与交底,落实所有安全技术措施和人身防护用品,未经落实不得进行施工。

8.2.2 在施工中所有施工人员进入施工现场必须戴安全帽,登高临空作业人员还需配备安全带、工具袋。

8.2.3 在施工中安装用施工电动机具在使用前,应由专职安全员检查其绝缘性能;用电设备应检查有无良好接地,杜绝漏电、触电伤亡事故。

8.2.4 在施工中高空作业人员须经专业技术培训和体格检查,合格者方可上岗施工。

8.2.5 在施工中电工和电焊工必须持证上岗,焊接时下方必须设有接火斗,旁边有水桶、灭火器等安全防火措施,并由专职安全员旁站监护。

8.2.6 在施工中如遇六级和六级以上大风,或大雨、浓雾等恶劣气候,专职安全员应通知施工人员停止施工。

8.2.7 在施工中现场用电,必须严格执行用电规定,接线、接地、拉线必须经项目部安全员同意;收工时,保证电源切断。

8.2.8 在施工中凡是需要脚手架安装的,上架之前需认真检查各部位连接是否牢固。脚踏跳板不能少于两排,跳板与架子应用8号铁丝拧紧,防"单头跳"伤人。

8.2.9 施工人员必须服从项目部关于安全管理的各种规章制度,严禁违章作业,做到三不伤害。

9 环境保护及节能措施

认真贯彻执行《中华人民共和国环境保护法》等国家和行业有关环境保护、文明施工工作的法规、政策。建立环境保护体系,确立环保责任制,并对现场施工人员进行环境保护教育。具体措施如下:

9.1 加强宣传与教育,提高施工人员的环保意识,使大家认识到环保的重要性。

9.2 加强环保管理力度，落实环保措施。

9.3 施工现场提倡文明施工，杜绝施工人员大声喧哗，降低人为噪声的污染。

9.4 作业场地及运输车辆应及时清扫、冲洗，保证场地及车辆的清洁。合理分布动力机械的工作场所，尽量避免同一地点运行较多的动力机械设备。

9.5 生产和生活垃圾要分类堆放，施工中产生的废弃物运出现场并进行合理处置。对于施工中废弃物及时收集清理，搞好环境卫生保护自然环境。

9.6 合理安排工作进度，工作尽量在白天完成，减少及避免夜间施工。

10 效益分析

10.1 经济效益

10.1.1 钢结构部分：造型柱钢结构总重 32 t，用传统方法加工及安装综合单价为每吨 22 000 元；采用 3D 建模进行深化后，加工及安装综合单价为每吨 15 000 元，节省 7 000×32＝22.4 万元。

10.1.2 装饰装修部分：单棵造型柱饰面 1 300 m^2，采用5 mm厚、密度 2.7 g/$cm^3$3 系 O 态铝板，单价 19 400 元/t；采用 4 mm 厚、密度 7.93 g/cm^3、304 不锈钢，单价 16 500 元/t。

采用不锈钢时：$1\ 300\times10\ 000\times0.4\times7.93\times10^{-6}\times16\ 500\times2=136.1$ 万元；采用 3 系 O 态铝时：$1\ 300\times10\ 000\times0.5\times2.7\times10^{-6}\times19\ 400\times2=68.1$ 万元；节省 $136.1-68.1=68$ 万元；

综合比较，造型柱钢结构进行深化并比对不锈钢及铝板饰面效果及成本，本工法共节约成本 90.4 万元，经济效益显著。

10.2 社会效益

鄢陵站站房造型柱，结构新颖，造型优美，采用 3D 建模、现场密度板试样，构件截面变化多样，充分展示了艺术与建筑相结合技术理念。整体线形平顺，体形生动，与站房外装修协调一致，较为完美地实现设计理念，造型柱饰面装修得到国铁集团、建设单位、集团公司、地方政府、社会等多方良好评价，社会效益显著。

11 工程实例

11.1 项目工程概况

本工程位于河南省许昌市鄢陵县,车站类型为线侧下式站房,车站中心里程为DK63+250,站场规模为2台4线(含2条正线)。

站房主体地上两层,局部地下一层,建筑总高度19.55 m。站房主体轴线总长133.8 m,总宽36.0 m。站房建筑面积7 997.95 m^2,站台雨棚建筑面积8 275.98 m^2。

正立面造型柱高18.76 m,最大直径12.4 m,单柱钢构总重约为16 t,单柱饰面铝板总重约为10.6 t。建筑形体紧扣设计理念“花开鄢陵”。

11.2 推广应用效果

本工法采用专业软件进行3D建模,精确确定每个构件的尺寸及每个截面的尺寸,优化立面的线形;钢结构构件在地面上从结构最上层开始焊接拼装,逐步提升,直至最下层,一直在地面焊接拼装作业,减少高空焊接风险;现场密度板试样,更直观地展现结构形状外观,指导施工;外包饰面采用3系O态铝,具有良好的成形性、焊接性及拉伸性能,易于不同尺寸及弧面曲型、曲面扭型加工,加工拉伸后不易反弹。本工程造型柱2019年5月1日开始钢构主体施工,6月20日完成两棵树的钢构主体拼装及焊接作业;7月1日开始装修作业,于11月19日最终完成。本项目造型柱装修的深化设计及施工,为类似曲面多变、造型复杂的钢结构及装修工程的施工积累经验,施工效果如图23所示。

图23 曲线花束造型钢结构装修实况

参编单位:中铁十一局集团有限公司
参编人员:吕涛、李佛、梁翼、龚鹏、金浩炜、谭月仁、马福林、蒋东宇
评审人员:杨煜、钱增志、王中军、贾磊、姜贵军、耿贤军

第三篇　外幕墙工程

十四、双曲线复杂造型幕墙施工工法

1 前　　言

随着铁路建设的高速发展,高铁站房作为城市地标性建筑,其造型需要充分展示地方文化特色,外观设计更加复杂多样。铝板具有较高的可塑性,被广泛应用于站房外幕墙工程中,为满足复杂造型要求,对铝板幕墙的加工及安装精度要求越来越高。

济青高铁章丘北站外幕墙通过一片片流线造型铝板幕墙单元,展示当地“百脉喷涌”的泉水文化。单片铝板幕墙高 18 m,设置多个变弧点,对龙骨骨架精度要求高。工厂加工运输困难且易造成变形,现场高空焊接难以满足精度要求。中铁十局集团有限公司利用自主研发的“可拆分单元件幕墙龙骨加工台”、“可移动式幕墙龙骨角切机”专利技术,现场精准制作幕墙龙骨,提高了加工效率,确保铝板的安装质量及工期节点。该工艺经工程实践后总结形成本工法。

2 工 法 特 点

2.1　利用“可移动式幕墙龙骨角切机”技术,通过刻度盘精准控制切割角度,满足了裁剪精度及龙骨弧形变化要求,提高了 V 形坡口焊接质量。

2.2　利用“可拆分单元件幕墙龙骨加工台”技术,在现场设置占地面积小、移动方便、便于组装的简易加工平台,整片制作龙骨骨架,然后整体吊装至站房结构上,保证龙骨骨架尺寸精准,提高铝板幕墙安装精准度。

2.3　采用“数控化技术”进行铝板裁剪加工,实现铝板幕墙造型精准,整体美观的效果。

3 适 用 范 围

本施工工艺适用于造型复杂的幕墙施工,特别适用于造型复杂、安装要求高的站房铝板幕墙工程。

4 工艺原理

4.1 “可移动式幕墙龙骨角切机”技术原理

角切机由带刻度底盘、切割机、旋转手柄组成。切割机与带刻度底盘固定在一起,需要切割的材料固定在旋转手柄上,调整旋转手柄至需要切割的角度,操作切割机切断材料。该技术能将切角误差控制在±0.05°内,极大提高了型材现场切割精度,通过简易设备达到工厂化加工标准,特别适用高铁站房装修施工。

4.2 “可拆分单元件幕墙龙骨加工台”技术原理

加工平台由地面支撑骨架、加工平台、造型固定立柱组成。支撑骨架通过预埋件和混凝土垫层连接,对现场作业场地要求不高,适用于各种施工现场;龙骨加工台由造型部分和平直部分组合而成,可调整平直部分长度适用不同高度幕墙单元龙骨加工;通过加固螺栓将需要加工的龙骨与平台固定,保证龙骨骨架平直、顺滑。该技术解决了复杂造型龙骨骨架工厂加工运输困难、现场焊接精准度低的难题,对现场场地要求低,可推广性强。

5 施工工艺流程及操作要点

5.1 施工工艺流程

施工工艺流程如图1所示。

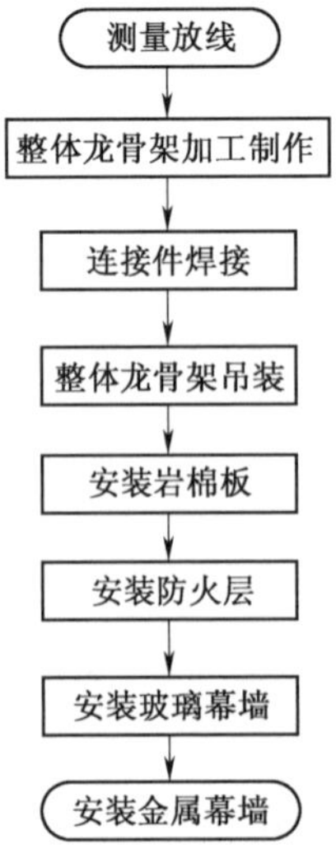

图1 施工工艺流程示意

5.2 测量放线

根据总平面图在场区布测一条闭合或附合导线，然后采用极坐标法定出幕墙施工内外控制网基准点，作为幕墙施工首级平面控制网。

5.3 整体龙骨架加工、制作

5.3.1 金属幕墙龙骨加工平台

幕墙龙骨直接上墙后焊接和工厂加工远程运输容易变形严重，为防止龙骨焊接、运输过程中的变形，设置现场加工平台对龙骨进行控制，如图 2 所示。

加工平台根据现场造型龙骨进行布置，横向平台用水准仪进行抄平，确保误差小于 1 mm，竖向平台用水平垂直尺和直角尺进行控制，确保误差小于 2 mm，整体平台做到横平竖直，为龙骨加工创造条件。

平台造型放样区域按照幕墙造型尺寸 1∶1 制作，后期制作龙骨时可在平台上放样，放样后进行裁切加工。

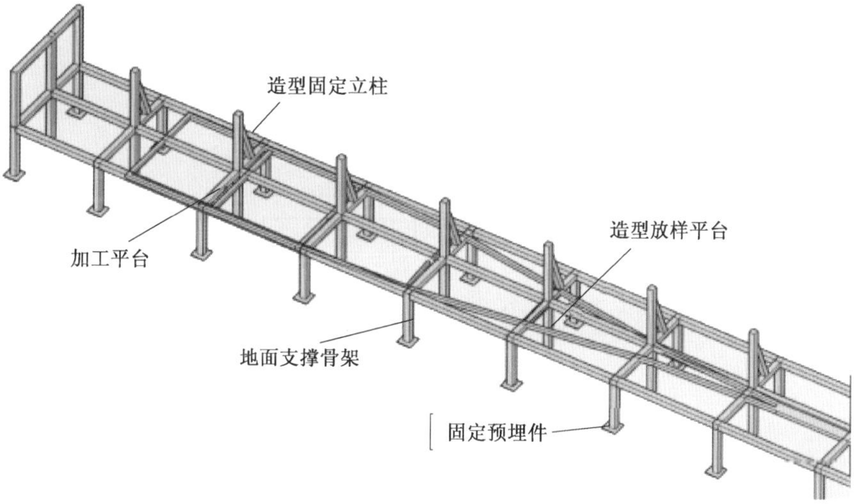

图 2　幕墙龙骨加工平台示意

5.3.2 外幕墙龙骨加工制作

幕墙龙骨分为前后弦杆、外立面弧形龙骨、内装弧形龙骨、幕墙与玻璃幕墙连接部位龙骨，不同部位的龙骨材料裁切角度不同，利用"可移动式幕墙龙骨角切机"，如图 3 所示。进行材料裁切，通过调节角度控制杆可以裁切 90°、60°、45°、30°等所需角度。

5.3.3 整体龙骨焊接

通过加固螺栓对每根龙骨与加工平台进行固定，尤其在主龙骨对接焊、弧形渐变位置，要增加固定螺栓的数量，确保龙骨与加工平台的紧密度，如图 4 所示。

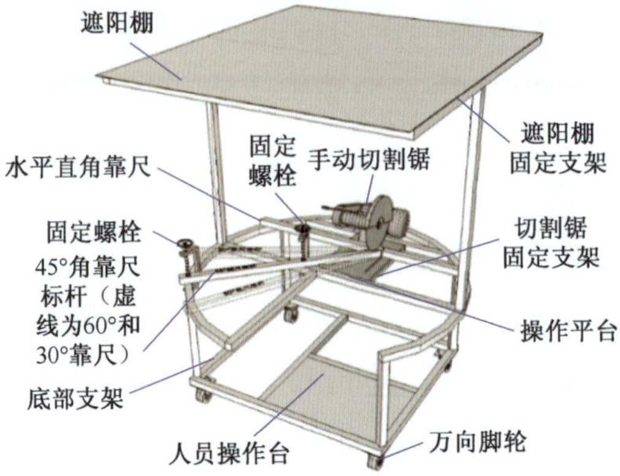

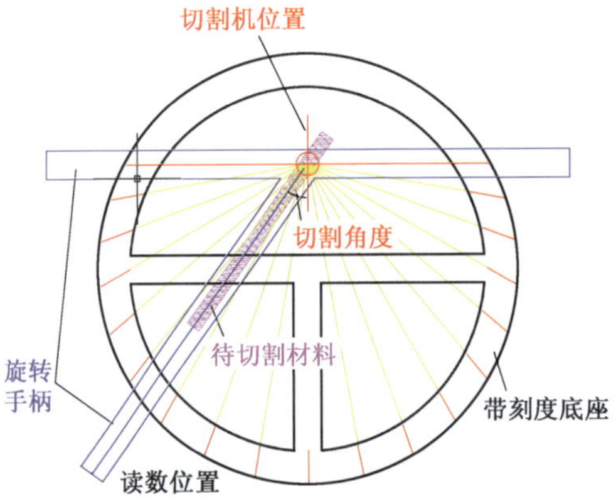

图 3　可移动式幕墙龙骨角切机示意

图 4　龙骨焊接、固定螺栓固定

整体幕墙龙骨造型复杂、异型多、龙骨长、焊点多，由于焊接时高温加热的龙骨极易变形，如图 5~图 8 所示。对今后异形板的安装造成误差积累，不利于饰面铝板的安装，故龙骨焊接按照不同单元件先后顺序进行点焊，待整体龙骨成型后再进行满焊，满焊完毕后待所有焊口冷却静置 2 h 后拆下固定螺栓。

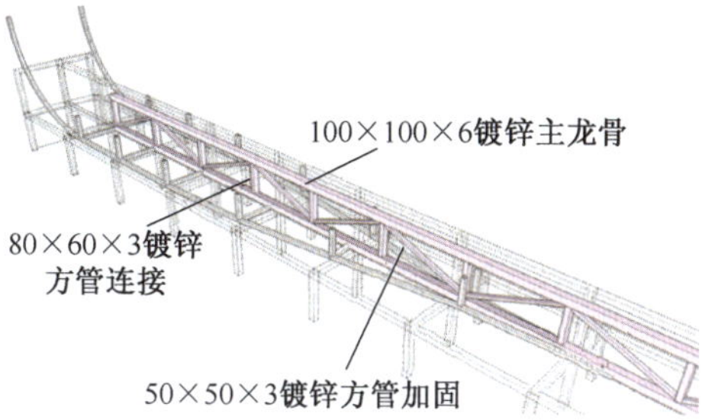

图 5　前后弦杆龙骨(单位:mm)

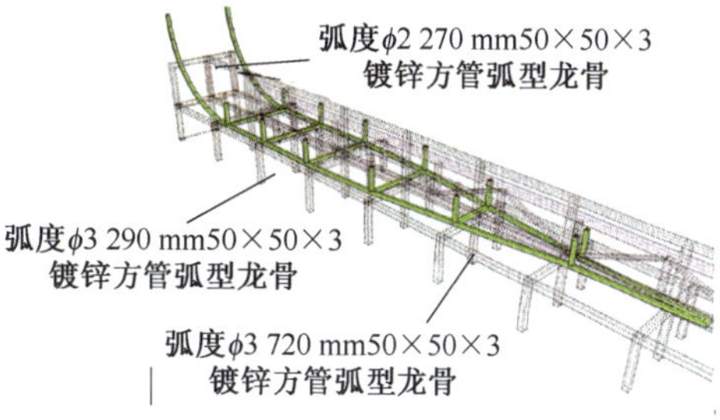

图 6　幕墙外立面弧形龙骨(单位:mm)

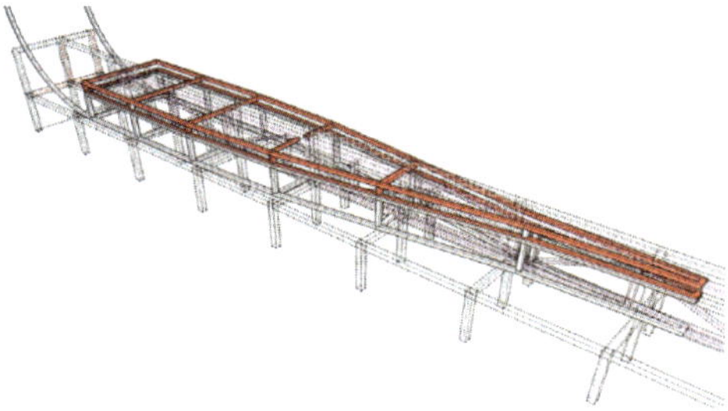

图 7　幕墙内装弧形龙骨

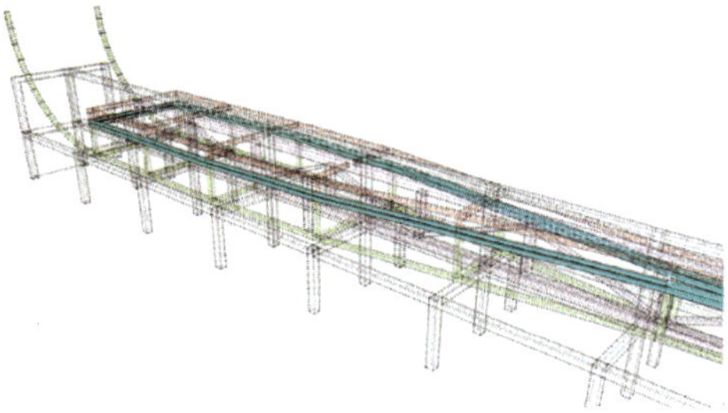

图 8　铝板与玻璃幕墙共用龙骨

5.4　连接件焊接

每层楼的连接耳板根据现场土建预埋板焊接，相邻连接耳板水平误差应符合设计标准，连接耳板的焊接应防止焊接时的受热变形，其顺序为上、下、左、右，并需清除焊渣和检查焊缝及校核，如图 9 所示。

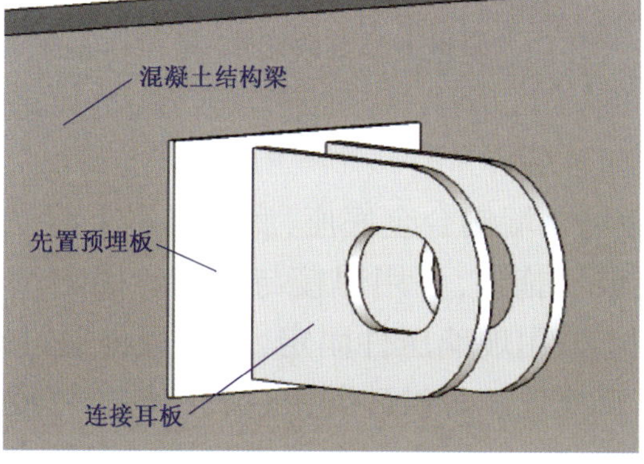

图 9　连接耳示意

5.5　整体龙骨架吊装

根据现场起吊最高点 31.7 m(其中标高 18.75 m,龙骨架 12.95 m)及单元龙骨 0.75 t 计算,选用 25 t T5 系列汽车吊进行吊装,现场设置 9 处支设点进行作业。

龙骨架在内排脚手架与主结构之间的空档部位从上而下吊装,吊装到位后龙骨架与结构连接件通过 ϕ50 mm 和 ϕ30 mm 的高强螺栓连接。

5.6　岩棉板、防火层安装

非透明幕墙保温主要采用 3 mm 厚铝单板后设 80 mm 保温岩棉板及轻质隔墙的构造,防火层主要用 1.5 mm 厚镀锌钢板经车间加工制作而成。

5.7　玻璃安装

5.7.1　明框玻璃幕墙

首先安装通长玻璃幕墙铝合金底座,底座与钢方管之间采用 M5×20 mm 螺丝连接,再次安装玻璃,玻璃通过铝合金压板固定,采用 M5×40 mm 螺丝连接,最后安装铝合金装饰盖板,盖板与铝合金压板卡扣连接,如图 10 所示。螺栓连接时先将螺栓拧到 5 分紧,调整好位置后再次紧固。

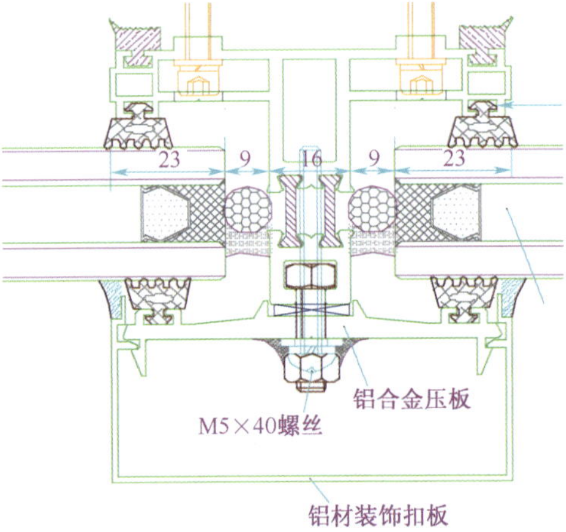

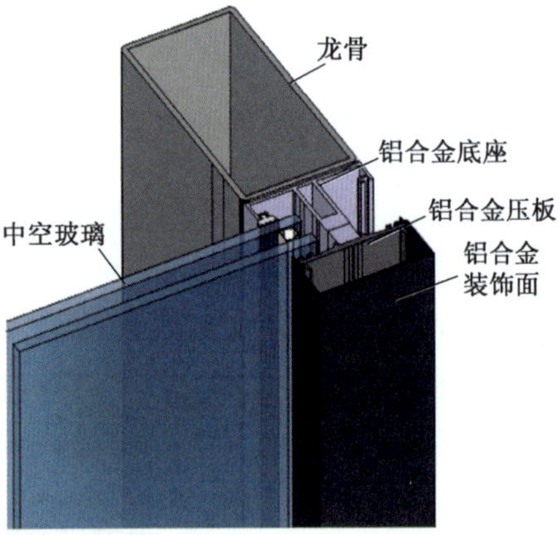

图 10　明框玻璃幕墙示意(单位:mm)

5.7.2　隐框玻璃幕墙

首先安装通长玻璃幕墙铝合金底座,底座与钢方管之间采用 M5×20 mm 螺丝连接,再次安装玻璃拖件,采用焊接与主龙骨固定,然后安装玻璃,玻璃放置于玻璃拖件之上,采用玻璃压件固定,玻璃压件通过 M6×25 mm 螺丝连接,最后玻璃间隙打胶处理。耐候硅酮密封胶的施工厚度应大于 3.5 mm,施工宽度不应小于施工厚度的 2 倍;较深的密封槽口底部应采用聚乙烯发泡材料填塞，耐候硅酮密封胶在接缝内应形成相对两面黏结，并不得三面黏结，如图 11 所示。

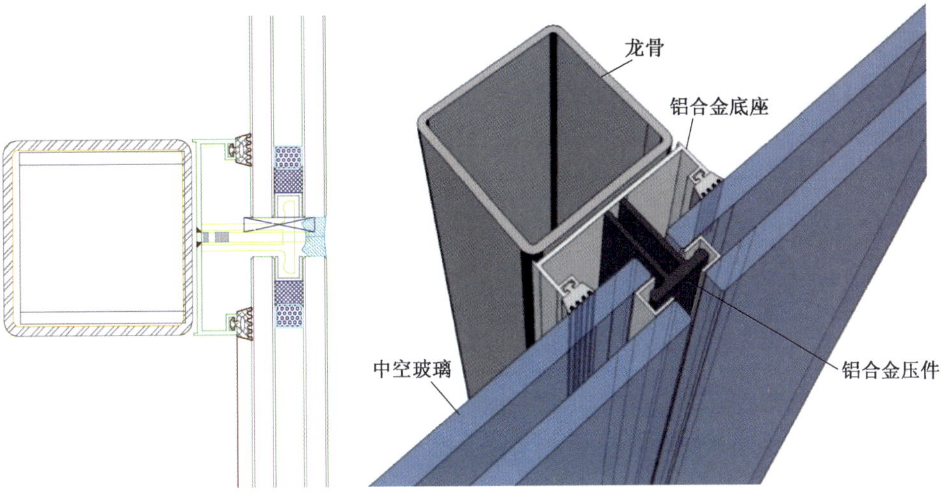

图 11　隐框玻璃幕墙示意

5.8　幕墙铝板安装

铝单板对应相应板块的龙骨通过 M4.8×19 mm 不锈钢自攻螺丝固定，左右、上下的偏差不大于 2 mm，板块安装完毕后，板材之间的间隙用耐候胶嵌缝，予以密封，防止气体渗透和雨水渗漏。注胶之前要充分清洁板材间缝隙，祛除水、油渍、涂料、灰尘等，充分清洁黏结面，并保证干燥，如图 12 所示。

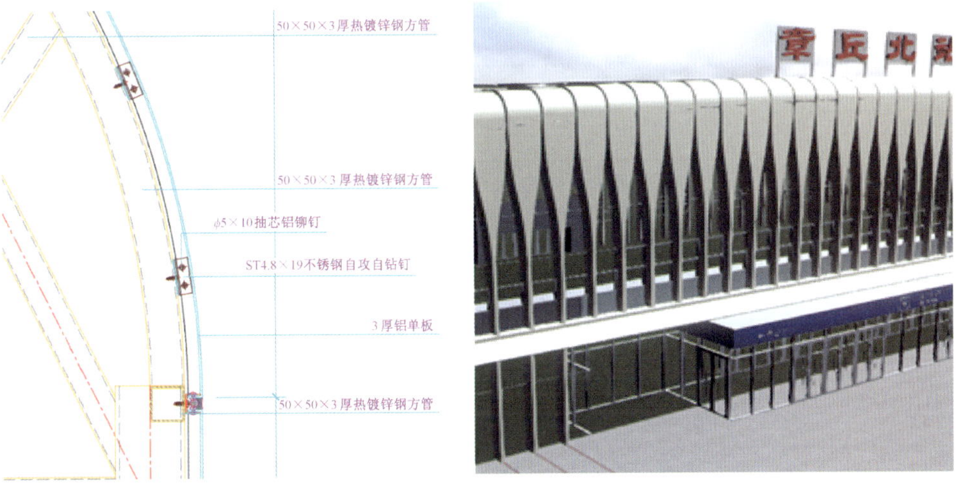

图 12　安装示意及效果(单位:mm)

6 材料与设备

6.1 人员配置

施工所需主要人员配置见表1。

表1 人员配置

序号	工　种	人数(人)	备　注
1	测 量 工	2	安装测量
2	龙骨加工人员	8	龙骨加工
3	电 焊 工	8	龙骨架焊接
4	安 装 工	20	龙骨、铝板、玻璃等安装
5	材料接收员	1	清点进场材料
6	电　工	1	负责现场用电设施
总 人 数		40	

6.2 设备

施工所需主要机具设备见表2。

表2 机具设备

序号	名　称	单位	数量	型　号
1	吊　车	台	2	25 t
2	幕墙龙骨角切机	台	2	自主研发
3	幕墙龙骨加工平台	台	2	自主研发
4	激光经纬仪	台	1	J2-1
5	全 站 仪	台	1	TOPCON
6	水 准 仪	台	2	南方测绘
7	X光探伤机	台	5	GTY200 kN
8	电　钻	台	50	FD10VA
9	角 磨 机	台	50	TGC-100SA
10	压　刨	台	24	AP-10N
11	切 割 机	台	15	DH-335
12	运 输 车	台	4	东风10 t
13	八吸盘玻璃吊盘	台	4	MUNBELP
14	扭矩扳手	把	18	

续上表

序号	名　　称	单位	数量	型　　号
15	氩弧焊电焊机	台	5	
16	交流焊机	台	10	BX1-500
17	直流氩弧焊机	台	4	T1G-180S
18	真空吸盘	只	30	12PGMBM
19	电　　锤	台	15	喜利德牌
20	8 t 机吊单排货车	台	1	130
21	板块吊装设备	部	5	
22	板块移动小车	部	5	

7　质 量 控 制

施工验收执行《建筑装饰装修工程质量验收标准》(GB 50210—2018)、《建筑幕墙》(GB/T 21086—2007),此外,还应注重如下要求。

7.1　幕墙板材:加强进场金属板的质量验收工作,确保连接件的固定准确,固定时应放通线定位,避免板面不平整、有划伤,接缝不平齐有错台等情况。

7.2　密封质量:在打胶前应将板缝内的灰尘、污物清理干净,对于特殊部位,应刷底漆,打胶时的温度宜控制在 5 ℃~35 ℃之间,打胶工序应作为关键工序进行控制,要选用技术好的工人进行操作。

8　安 全 措 施

8.1　建立现场安全生产管理体系、制度,建立各级安全教育培训以及持证上岗制度,落实安全检查制度。

8.2　高空作业人员必须系好安全带,安全带使用时确保高挂低用。

8.3　电工必须持证上岗;使用电气设备前,必须按规定穿戴和配备好相应的劳动防护用品,并应检查电气装置和保护设施。

9　环境保护及节能措施

9.1　严格遵守国家和地方政府下发的有关环境保护的法律、法规和规章。

9.2 材料加工需选用有资质的合格厂家,所选厂家环保必须措施齐全。

9.3 施工现场的建筑垃圾、废物应及时清理到指定地点堆放,并及时清运出场,保证施工场地的清洁和施工道路的畅通,严禁高空乱抛物料。

9.4 能源节约

9.4.1 合理安排施工顺序及施工区域,减少作业区机具数量。

9.4.2 制定施工能耗指标,明确节能措施。

9.4.3 合理布置临时用电线路,选用节能器具,采用声控、光控和节能灯具,照度宜按最低照度设计。

10 效益分析

10.1 经济效益

平台化、标准化双曲线复杂造型幕墙施工工法,施工速度快、劳动强度低、加工精度高,与传统结构体上直接焊接的方式相比,大大提高了施工效率,缩短工期40天,节约人工费32万元,节约机械台班费8万元,总计节省成本40万元。

10.2 社会效益

此次双曲线复杂造型幕墙施工工法的创新,使章丘北站"百脉喷涌"的寓意得到完美的体现,成为章丘区的又一地标性建筑。同时得到了业主单位、监理单位、设计单位以及兄弟单位的一致认可和好评,也填补了公司的技术空白,为本地区类似工程提供借鉴经验。

11 工程实例

济青高铁章丘北站利用创新的"双曲线复杂造型幕墙"施工工法,不仅按时完成了施工任务,还保证了双曲线幕墙的泉水造型的效果,如图13所示,获得业主和参建单位高度评价。该施工工艺总结形成的QC成果获得中国建筑业协会优秀成果奖。

图 13　站房幕墙安装完成效果

参编单位：中铁十局集团有限公司
参编人员：骆明足、耿贤军、陈恺、王宇、李和超、陈奇会、周彦华、姜锐
评审人员：杨煜、钱增志、王中军、贾磊、姜贵军

十五、双曲面插挂式双层铝板幕墙施工工法

1 前 言

传统的铝角码式单层铝板幕墙，铝板拼缝处往往需要打胶密封，胶缝将破坏建筑的整体流线性，且角码式铝板幕墙在温度影响下应力无法得到释放，容易出现鼓包现象，进而严重影响其平整度，对外观的影响非常大。新型的开放式插挂幕墙体系，可以避免打胶影响美观，还可以实现外观造型复杂多变的设计需求。

中铁十二局集团有限公司在重庆西站东立面幕墙施工过程中，为解决双曲面幕墙空间造型复杂、高空定位控制精度要求高等难题，通过积极探索、认真研究，系统总结了双曲面插挂式双层铝板幕墙施工工艺，确保了施工质量，实现了重庆西站“两江汇聚潮头涌”的设计寓意，在施工实践中效果良好，经总结形成本工法。

2 工 法 特 点

2.1 适用于不同环境，耐久性好。相比于传统封闭式幕墙，双层铝板幕墙面板之间为离缝设置，板材内外处于开放式的等压状态，具有极强的抗风压性能，面板之间无需打胶，具有更好的耐久性。

2.2 铝板更换方便，易维修。相比于传统幕墙，开放式幕墙板块之间采用插挂式连接，受力相对独立，可按顺序抽出更换，便于维修。

2.3 防水性能好。相比于传统幕墙，开放式幕墙内防水层选用凸出的带螺栓槽的铝型材基座，无需开孔打钉，保证了防水面的完整性，内层防水设置隐蔽排水沟，使立面的水有组织疏排，保证整个立面干净简洁。

2.4 装饰层无需打胶，节能环保。相比于传统幕墙，插挂式幕墙采用防水层与装饰层分开的做法，装饰面层铝板留缝小且不折边，无需打胶，既节能环保，又能很好地保证立面的外装饰效果。

3 适用范围

本工法适用于大型铁路站房、机场、体育场馆、会展中心等公共建筑的施工,尤其适用于湿度大、昼夜温差较大的地区及建筑立面面积较大且造型比较复杂的建筑物。

4 工艺原理

插挂式双层铝板幕墙,即将铝板幕墙装饰层和功能层分离,功能层为防水铝单板+保温层,装饰层采用开放型铝板,铝板留缝小且铝板不折边,避免了折边形成的 R 角影响建筑的流线形态。曲面板加工时采用数字化多点对压成形与多点拉形技术,通过计算机控制形成所需的成型曲面,铝合金挂件具有上下、左右、进出、旋转等六维调节,可有效解决立面效果多样的安装精度问题。内防水层选用凸出的带螺栓槽的铝型材基座,无需打钉、开孔,保证了防水面的完整性;在内层防水设置隐蔽排水沟,有组织集水排水设计,使立面的水有组织疏排,保证整个装饰面干净简洁。插挂式双层铝板幕墙典型做法效果如图 1 所示。

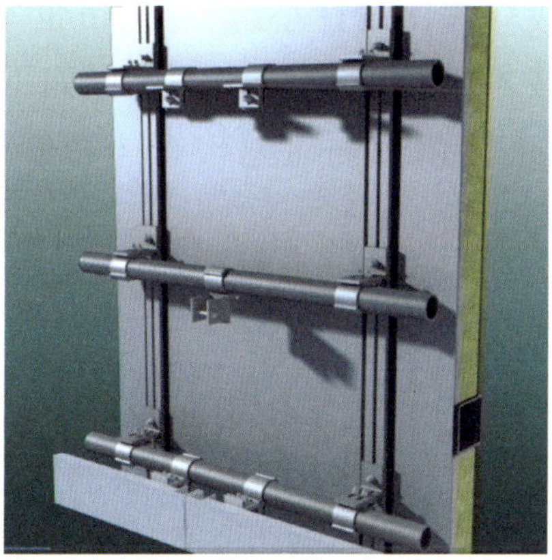

图 1　插挂式双层铝板幕墙典型做法效果

5 施工工艺流程及操作要点

5.1 施工工艺流程

施工工艺流程如图 2 所示。

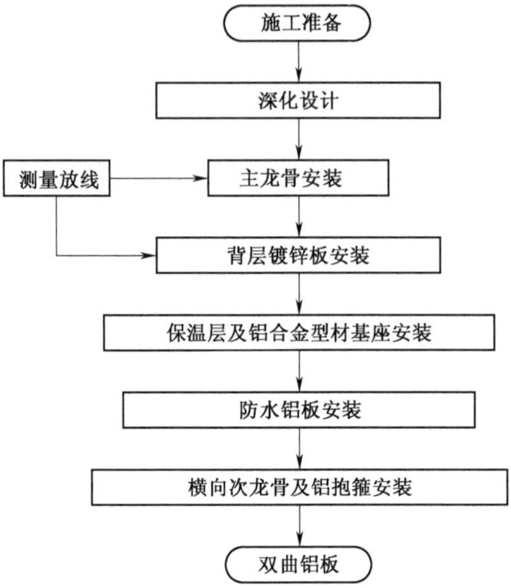

图 2　施工工艺流程示意

5.2　深化设计

5.2.1　面板分析

1. 施工前期,项目成立深化设计小组,专门负责本工程深化设计,及时与设计院沟通,运用 BIM 技术辅助深化设计。流程如下:根据施工图纸 1∶1 创建理论模型→现场测量主体结构→碰撞检查→精修模型→分格、扣缝、反推结构层。

2. 主体结构完成后对主体结构全面复测,将结构误差进行合理分摊,或微调幕墙布置,发现问题提前解决。

3. 由于建筑形态较复杂,通过采用 Rhinoceros 软件建立实体三维模型,随时检查设计效果,故对其面板进行了分析:绿色为标准平板,占 51%;黄色为非标准平板,占 38%;蓝色为单曲板,占 3%;红色为双曲板,占 8%,如图 3 所示。

5.2.2　幕墙系统分析

1. 铝板幕墙采用插挂式系统,取东立面眼角部位对铝板幕墙的平板部分、碎板部分、双曲板部分进行分析,如图 4 所示。

2. 对所取部位的层次进行分解:主体钢结构层→钢结构转换层→幕墙主龙骨→功能层→4 mm 厚铝板装饰面层,如图 5 所示。

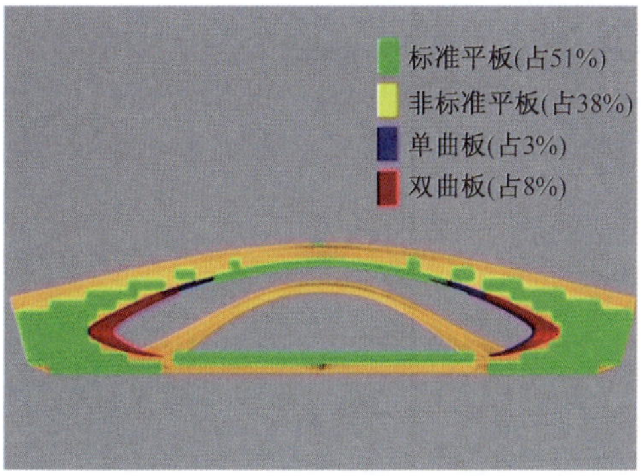

图 3　铝板板块分析图

图 4　东立面眼角部位

（a）主体钢结构层

（b）钢结构转换层

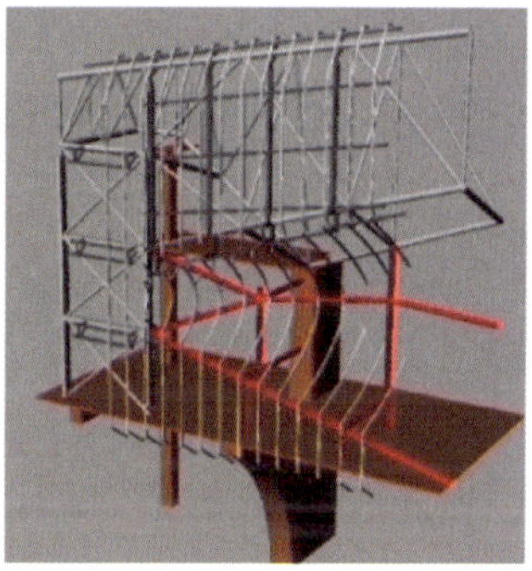

（c）幕墙主龙骨

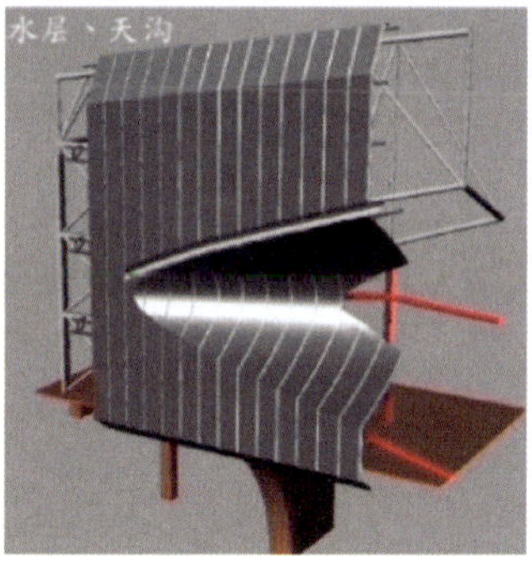

（d）功能层

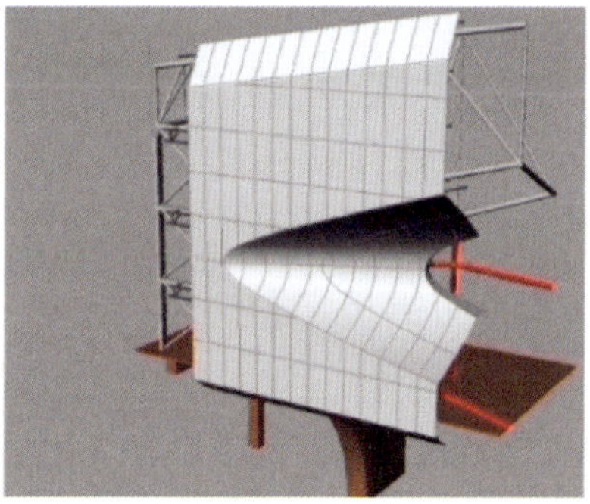

（e）4 mm厚铝板装饰面层

图 5　铝板幕墙层次图

5.2.3　幕墙内排水构造设计及分析

为保证外立面整体效果，在设计时立面采用双层幕墙系统，立面排水采用有组织排水形式，排水沟位于双层幕墙的夹层内，隐蔽式排水沟构造设计如图 6 所示。

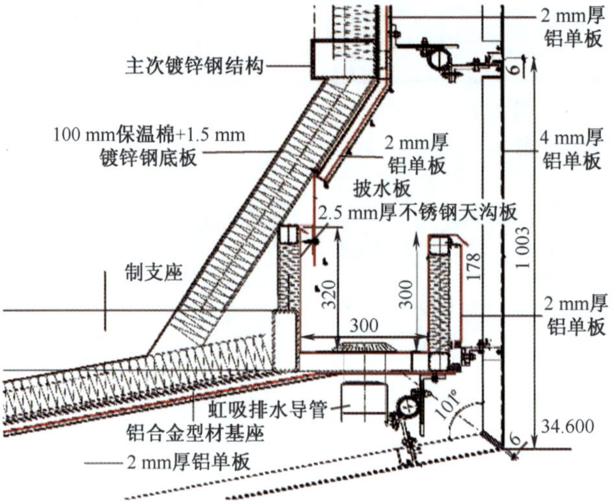

图 6　隐蔽式排水沟构造节点示意(单位:mm)

5.3　定位放线

5.3.1　定位原则

1. 施工准备阶段,测量人员对现场主体结构的控制点进行复测,控制点选择建筑物的角点、转折点、轴线位置加密点、弧形的起始点、象限点,为实现圆滑过渡的样条曲线,需要在 4~6 m 位置处加密复测主体结构。

2. 测量工程师测出的数据反馈给 BIM 工程师,由 BIM 工程师把现场测量的数据点位导入模型,检查现场主体结构施工情况与理论的偏差。

3. BIM 工程师判断幕墙预留的调节量能否满足主体结构的偏差,如果不能满足实际情形,需重新修正模型。

5.3.2　曲面铝板定位方法

1. 幕墙以平代曲,通过平、立面三维建模定位,对弧线进行优化,确定弧线的控制点、坐标、弧线半径,完成正立面幕墙的理论控制定位,得出理论位置与实际情况偏差值数据。

2. 采用 BIM 技术搭建三维模型(图 7),由三维模型与每层平面的相交线得出一个二维外轮廓曲线,在此二维外轮廓曲线基础上进行立面分格,得出每个铝板或玻璃单元的位置和二维坐标数值,确保组合幕墙不规则曲线、线条交汇闭合和空间定位的施工质量。

3. 正立面幕墙定位,分两个步骤:首先确定屋面顶点、檐口等控制点标高;然后以客站中心里程、站房±0. 000 标高为坐标原点,建立平面坐标系统,通过对弧线优化,确定弧线的控制点,得出控制点坐标,便于定位。通过建立坐标系，得到各段弧线的定位方式，标出各段弧线半径，完成正立面幕墙控制定位。

图 7　东立面幕墙模型

5.4　铝板加工

5.4.1　BIM 技术辅助下料

相较于普通幕墙材料的加工生产，重庆西站幕墙单元的异形面板较多，龙骨和连接件形式变化多样，不利于构件加工管理，运用 BIM 的信息化可配合进行施工加工，主要有以下流程：

1. 在进行参数化建模时，对幕墙单元的面板、龙骨、连接件等构件的数据进行了规划分类和储存。

2. 对每个构件都进行唯一编码。

3. 通过 Catia 软件实现加工图数据输出生成料单，利用 Catia 软件结合 Excel 表输出加工数据和材料编号，如图 8、图 9 所示。

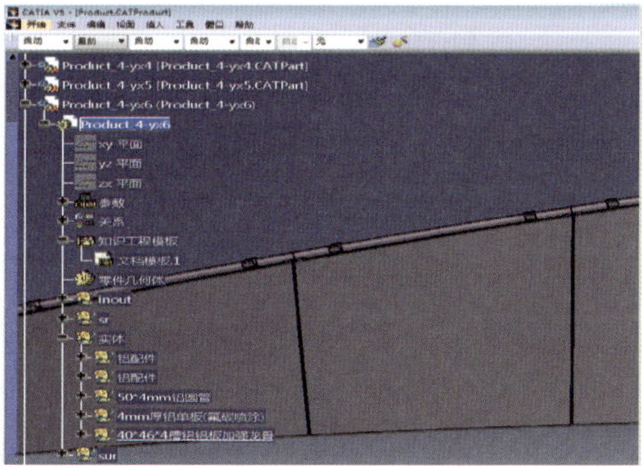

图 8　Catia 软件输出加工图数据

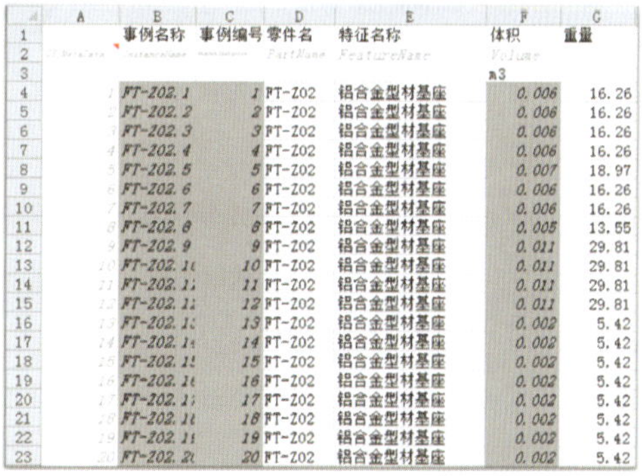

	A	B	C	D	E	F	G
1		事例名称	事例编号	零件名	特征名称	体积	重量
2		InstanceName		PartName	FeatureName	Volume	
3						m3	
4	1	FT-Z02.1	1	FT-Z02	铝合金型材基座	0.006	16.26
5	2	FT-Z02.2	2	FT-Z02	铝合金型材基座	0.006	16.26
6	3	FT-Z02.3	3	FT-Z02	铝合金型材基座	0.006	16.26
7	4	FT-Z02.4	4	FT-Z02	铝合金型材基座	0.006	16.26
8	5	FT-Z02.5	5	FT-Z02	铝合金型材基座	0.007	18.97
9	6	FT-Z02.6	6	FT-Z02	铝合金型材基座	0.006	16.26
10	7	FT-Z02.7	7	FT-Z02	铝合金型材基座	0.006	16.26
11	8	FT-Z02.8	8	FT-Z02	铝合金型材基座	0.005	13.55
12	9	FT-Z02.9	9	FT-Z02	铝合金型材基座	0.011	29.81
13	10	FT-Z02.1	10	FT-Z02	铝合金型材基座	0.011	29.81
14	11	FT-Z02.1	11	FT-Z02	铝合金型材基座	0.011	29.81
15	12	FT-Z02.1	12	FT-Z02	铝合金型材基座	0.011	29.81
16	13	FT-Z02.1	13	FT-Z02	铝合金型材基座	0.002	5.42
17	14	FT-Z02.1	14	FT-Z02	铝合金型材基座	0.002	5.42
18	15	FT-Z02.1	15	FT-Z02	铝合金型材基座	0.002	5.42
19	16	FT-Z02.1	16	FT-Z02	铝合金型材基座	0.002	5.42
20	17	FT-Z02.1	17	FT-Z02	铝合金型材基座	0.002	5.42
21	18	FT-Z02.1	18	FT-Z02	铝合金型材基座	0.002	5.42
22	19	FT-Z02.1	19	FT-Z02	铝合金型材基座	0.002	5.42
23	20	FT-Z02.2	20	FT-Z02	铝合金型材基座	0.002	5.42

图 9　输出 Excel 加工数据及材料编号

5.4.2　异形铝板加工

由于异形铝板较多且加工质量要求高，本工程采用数字化多点对压成形与多点拉形技术进行铝板加工,即由规则排列、高度可调的基本体点阵代替冲压或拉形模具,通过计算机控制形成所需的成形曲面,实现板材无模、快速、数字化成形。加工设备如图10所示。

图10 异形铝板数控加工设备

5.5 龙骨安装

5.5.1 主龙骨与主体钢结构焊接固定,次龙骨与主龙骨通过角钢转接件栓接固定,如图11所示。

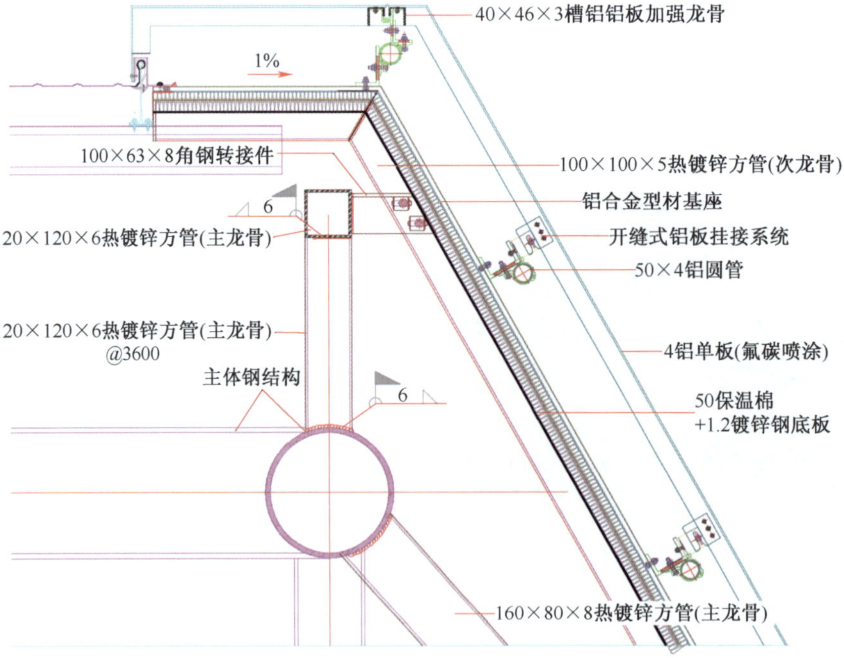

图11 主、次龙骨连接节点示意(单位:mm)

5.5.2 在安装龙骨之前，首先对钢龙骨进行直线度检查，检查的方法采用拉通线法，若不符合要求，经校正后方可安装。

5.5.3 整个墙面竖龙骨的安装尺寸误差要在外控制线尺寸范围内消化，误差数不得向外伸延。各龙骨安装依据靠近轴线处控制钢丝线为基准，进行分格安装，如图 12、图 13 所示。

图 12　主横龙骨安装

图 13　眼角次龙骨安装

5.5.4 龙骨焊接施工完毕后，对焊缝尺寸和外观质量进行检查验收，验收合格后涂刷二道防锈漆进行防锈处理。

5.6　背层镀锌板安装

5.6.1 龙骨安装验收完毕后，即可进行保温层背板安装。幕墙背板采用 1.2 mm 镀锌板折边形成“Z”型，四边采用 M6×10 mm 自攻钉与龙骨固定，自攻钉间距 300 mm。

5.6.2 镀锌板与龙骨交接处采用密封胶密封处理。

5.6.3 镀锌板的进出面要一致，保证保温棉的空间位置。室内的镀锌板是上面一块底部搭接压着下面一块，搭接位置采用自攻钉紧固。

5.6.4 镀锌板安装过程中，依据设计要求的自攻钉数量进行安装，不得有少装、漏装现象。安装过程中，不但要考虑平整度，而且要考虑分格缝的大小及各项指标，严格控制在误差范围内，如图 14 所示。

5.7　保温棉安装

5.7.1 镀锌板安装完毕后，进行保温棉安装。幕墙保温材料采用 50 mm 厚保温棉，防火等级为 A 级，容重为 80 kg/m^3。

5.7.2 保温棉的铺设一定要严密，中间不得有缝隙。

5.7.3 每块保温棉距离上下边部 40 mm 位置，采用宽度 80 mm 的镀锌钢板压着固定保温棉，如图 15 所示。

图 14　保温层镀锌板安装

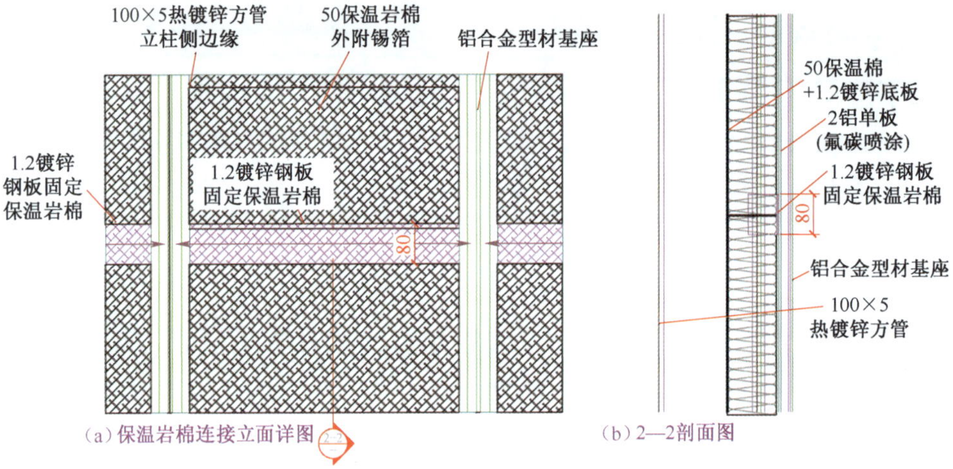

图 15　保温棉固定节点示意(单位:mm)

5.8　铝合金型材基座安装

5.8.1　保温棉安装验收合格过后,即可进行铝合金型材基座安装,如图 16所示。

5.8.2　铝合金型材基座安装过程中,依据设计要求的自攻钉数量进行安装,间距不得大于 300 mm,不得有少装、漏装现象。

5.8.3　铝合金型材基座和热镀锌方管连接固定时中间设置橡胶垫,防止不同材质引起的电化学反应。

5.9　防水层铝板安装

5.9.1　铝合金型材基座安装验收合格过后,即可进行防水层铝板安装。防水铝板为 3003 H24 的 2mm 厚铝板,表面涂层氟碳含量大于 75%。板块与板块及板块与立柱之间的接缝采用螺栓与基座型材连接,接缝和螺栓孔用耐候胶密封,保证防水层的气密和水密性能。由于外层铝板的板长较大,无法实现一边安装保温一边安装铝板,所以就必须采取单独固定保温

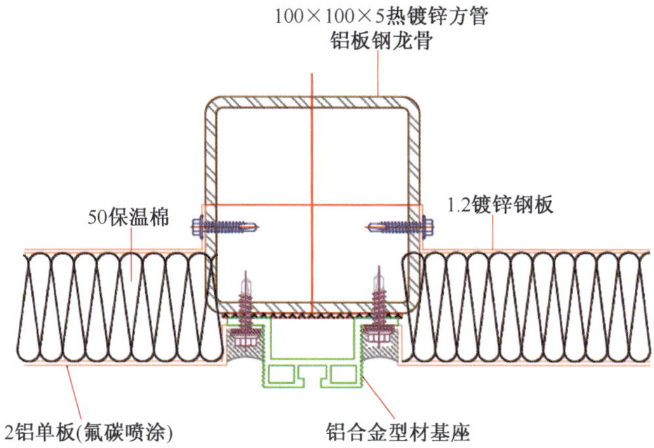

图 16　铝合金型材基座安装节点示意(单位:mm)

棉。铝板的正反上下安装法,是为了消除横向搭接铝板漏水现象,如图 17 所示。

图 17　防水铝板安装

5.9.2　防水背板与立柱横梁采用自攻钉连接,保证背板安装与立柱、横梁可靠连接。

5.9.3　安装完成后,铝板四周缝隙采用密封胶密封处理。防水背板安装完毕后所有的接缝均用耐候密封胶嵌缝以保证背板层的气密性和水密性。

5.9.4　耐候胶施工前应对注胶区域进行清洁,应保证缝内无水、油渍、灰尘等杂物。

5.9.5　防水背板与立柱、横梁之间的缝隙用聚乙烯发泡材料(泡沫棒)填塞,缝内注胶应密实,胶缝应饱满、平直、光滑,不得有气泡等缺陷。

5.9.6　施工完毕后进行淋水试验(严格按幕墙现场淋水检验方法进行),并做详细的施工记录,对存在漏水的部位进行修补,再根据需要局部进行淋水试验,保证防水背板的水密性。

5.10 曲面铝单板安装

铝板在加工厂加工完成后,运输到现场直接与角码卡槽或者与连接件螺栓连接即可。本工程设计节点采用螺栓连接体系,易于维修和拆卸更换。每块铝板采用独立的连接,相邻板块之间互相独立。整个系统采用连接角码与铝横梁龙骨连接,固定角码与面层铝板连接、板块与龙骨的连接都采用可伸缩可调节方式,如图18所示。

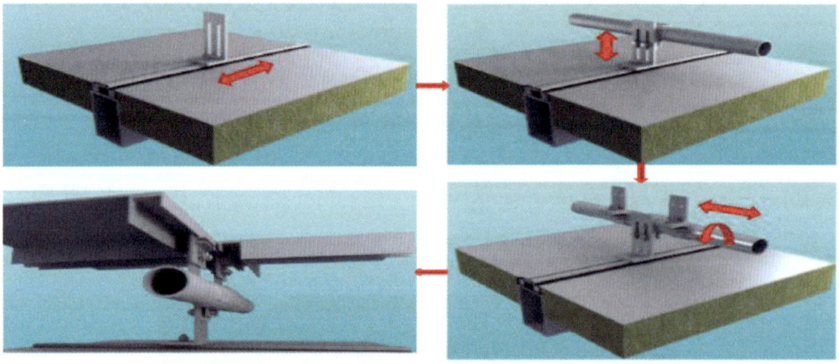

图18 铝合金连接件多角度调节示意

5.10.1 连接件及铝管龙骨安装

1. 在铝合金卡槽中放入连接螺栓,安装固定铝合金连接角码。

2. 通过抱箍组件与铝合金连接角码相连,再安装铝板横向 ϕ50 mm×4 mm 的铝圆管龙骨,并保证相邻两根横向铝圆管龙骨之间留有20 mm的伸缩空隙。

3. 按照铝板分格位置,相应在铝圆管上安装角码和铝合金槽铝,安装铝板卡扣角码。

4. 调节好卡扣角码位置、需要的角度方向,拧紧螺母,如图19所示。

5. 进行铝板安装,铝板下端插入下口连接角码内,铝板中间部位两边的铝板挂钩卡入连接角码槽口内,上部连接角码相连,四方固定铝板,如图20~图22所示。

图19 铝角码安装

图 20　幕墙铝板中部插挂连接

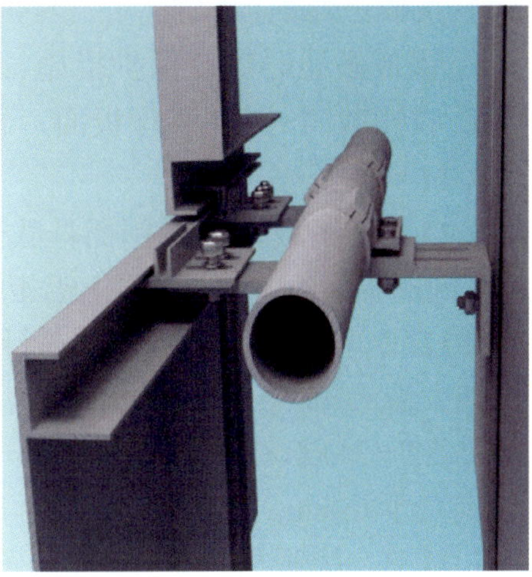

图 21　幕墙铝板端部插挂连接效果图

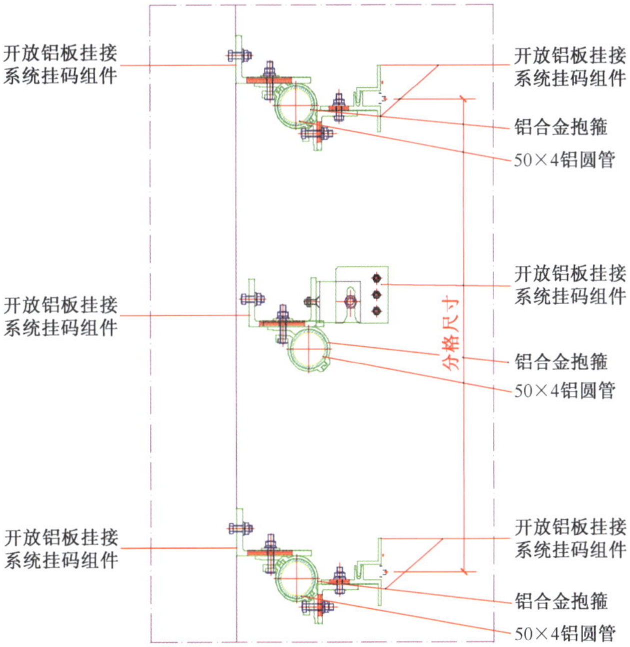

图 22　幕墙铝板插挂连接节点示意(单位:mm)

5.10.2　铝板安装

1. 面板安装总体按照先下层后上层,从中间往两边的顺序实施。
2. 安装过程中拉线检查相邻板块的平整度和板缝的水平、垂直度。
3. 安装时,应先就位临时固定,然后再进行微调。
4. 安装过程中,如缝宽有误差,应均分在每条缝中,防止误差积累在某一条缝中或某一列铝板位置。

5. 铝板搬运时应有保护措施,以免损坏铝板。

6. 收边收口处理,清理板面。

5.11 注意事项

5.11.1 铝板幕墙采用插挂式连接方式:上端采用螺栓固定,承受铝板的自重,下部采用插挂连接,防止铝板左右移动,安全可靠。

5.11.2 铝板分缝大小需进行相应验算。铝板线膨胀系数 2.35×10^{-5},考虑最大温差取 50 ℃,铝板分格为 1 200 mm×3 000 mm,铝板伸缩量为:$\Delta L=\Delta D\times\alpha\times\Delta T=3\ 000\times2.35\times10^{-5}\times50=3.5$ mm, 加工允许偏差≤2.5 mm,因此铝板缝应大于 6 mm。

5.11.3 铝板面板大小、加强筋的设置、铝挂件、螺栓的强度及刚度均需进行设计验算。重庆西站眼角部位最大铝板规格为 1.2 m×3 m,面板加强筋材质铝-6063-T5 ,加强筋规格 46 mm×40 mm×3 mm 槽铝。

5.11.4 铝板安装完毕,在易受污染部位用胶纸贴盖或用塑料薄膜覆盖保护;易被划碰的部位,应设安全护栏保护。清洁中所使用的清洁剂应对铝板及铝合金材料无任何腐蚀。

6 材料与设备

6.1 人员配置

施工所需主要人员配置见表 1。

表 1 人员配置

序号	工 种	人数(人)	主要工作
1	测量员	2	放线、测量控制
2	龙骨安装工	10	龙骨钢架安装
3	焊 工	10	龙骨钢架焊接
4	架子工	12	脚手架搭设
5	安装工	50	钢架龙骨、防水板、铝板等安装
6	普 工	10	材料搬运、卫生清理

6.2 材料

装饰面层:4 mm 厚铝单板,防水层:2 mm 厚铝单板(阳极氧化),凸出的带螺栓槽的铝型材基座,50 mm 厚保温棉、1.2 mm 镀锌钢底板、ϕ50×4 mm 铝圆管、铝插件、铝挂件、100 mm×100 mm×5 mm 镀锌钢通立柱。

铝板选用牌号及状态为 3003 H24 的单层条板,表面涂层氟碳含量大于

75%,涂层厚度大于40 μm,三涂二烤。

6.3 设备

施工所需主要机具设备见表2。

表2 机具设备

序号	设备名称	型号规格	数量	备注
1	双组份打胶机	S97	3	
2	水准仪	DS23-1	2	
3	全站仪	SET2BII	1	
4	经纬仪	TDJ6E	1	
5	激光铅锤仪	PD3	1	
6	钢卷尺	5 m	5	
7	攻丝机	SB4416	2	
8	对讲机	GP88	8	
9	型材切割开槽机	3830A	3	
10	无齿锯	J3G-400	2	
11	弯曲机	ALIA-600RP	2	
12	台钻	IE24	3	
13	数控三轴 CNC 加工中心	INDEX M	1	
14	数控六轴 CNC 加工中心	QUADRA	1	
15	数控切割机	DG-102/204	2	
16	砂轮机	M3325	2	
17	切割机	400RE	4	
18	施工吊篮	ZLP630 型	6	

7 质量控制

7.1 质量控制标准

插挂式铝板幕墙施工严格按照《金属与石材幕墙工程技术规范》(JGJ 133—2001)、《建筑玻璃应用技术规程》(JGJ 113—2009)、《建筑幕墙》(GB/T 21086—2007)、《建筑外门窗气密、水密、抗风压性能分级及其检测方法》(GB 7106—2008)、《建筑幕墙层间变形性能分级及检测方法》(GB/T 18250—

2015)等相关标准和规范进行施工过程管理和质量验收。

7.2 质量保证措施

7.2.1 测量放线必须仪器工具齐全,且经过检测合格后方可使用。所有测量数据必须经过复核,若超过允许误差,应查找原因及时纠正。

7.2.2 坚持样板引路制度,指定专人负责首样施工,并对加工人员进行技术交底。

7.2.3 严格按设计图纸和国家有关施工规范进行施工;进场材料进行自检和送检,并提供相应的证明材料。不合格的材料、构配件和设备不能在工程上使用;坚持按施工工序施工,质量不合格或未经验收的工程,不能进行下一道工序施工。

7.2.4 严格执行图纸会审制度,深入了解设计意图并贯彻执行,根据图纸会审及设计交底,对项目人员及分包商进行交底,使设计意图贯彻到施工中的每一个工序。

7.2.5 幕墙所用材料、标准件、零部件应符合国家现行标准和公司内控标准及设计文件的规定,并有出厂合格证。凡运到施工现场的主要材料,如玻璃、铝材、钢材等,均具备产品出厂合格证及技术说明书。

7.2.6 建筑幕墙材料应选用耐气候性的材料,金属材料和零部件除不锈钢外,钢材应进行表面热浸镀锌处理,铝合金表面应进行氟碳喷涂处理。三涂两烤,涂层厚度不小于40 μm。

7.2.7 建筑幕墙材料应选用不燃烧性材料或难燃烧性材料。

7.2.8 加工幕墙构件所采用的设备机具应能达到建筑幕墙构件加工精度的要求,其量具应定期进行计量检定。

7.2.9 四性试验、幕墙隔声性能测试、钢材力学试验、兼容性试验、胶常规试验、现场焊缝探伤检测、后补埋件现场拉拔试验等试验过程中严格执行相应标准,并邀请甲方和监理代表到现场见证试验过程。

8 安全措施

8.1 安全标准

严格执行《建筑机械使用安全技术规程》(JGJ 33—2012)、《建筑施工高处作业安全技术规范》(JGJ 80—2016)、《施工现场临时用电安全技术规范》(JGJ 46—2005)、《建设工程施工现场供用电安全规范》(GB 50194—2014)、《建设工程施工现场消防安全技术规范》(GB 50720—2011)等安全技术规范。

8.2 安全控制要点

8.2.1 起重工、指挥、电工、焊工等特种作业人员必须持证上岗，并在进入施工作业前进行专项安全教育。

8.2.2 全面检查作业人员健康情况，高处作业人员应有体检健康证明，严禁患有心脏病、高血压等高处作业禁忌症者登高作业。

8.2.3 电缆线路应采用“三相五线制”接线方式，电缆和用电设备必须确保绝缘、接地良好，并有醒目标志。配电箱、开关箱安装要端正、牢固，移动式的箱体应装设在坚固的支架上。固定式配电箱、开关箱的下皮与地面的垂直距离应大于 1.3 m、小于 1.5 m。移动式分配电箱、开关箱的下皮与地面的垂直距离为 0.6~1.5 m。配电箱、开关箱采用铁板或优质绝缘材料制作，铁板的厚度应大于 1.5 mm。

8.2.4 施工现场使用的氧气瓶、乙炔瓶等设备必须符合国家标准，必须离气割、电焊等明火作业区十米以上，并设有禁火标志。

8.2.5 现场从事电焊气焊工作的人员应受过消防知识教育，在操作前办理用火手续，并配备适当的看火人员和灭火器具，在焊割过程中不准离开岗位。

8.2.6 建立安全检测制度。从临时用电工程开工开始，定期对临时用电工程进行检测，主要内容是：接地电阻值，电气设备绝缘电阻值，漏电保护器动作参数等，以监视临时用电工程是否安全可靠，并做好检测记录。

8.2.7 成立专职检查组，负责幕墙施工安全检查，重点是电动工具、机械、安全带、安全帽等的检查，防止安全事故发生。

8.2.8 严禁在脚手架上使用金属切割机，确保钢构件涂层和玻璃表面无灼伤。

9 环境保护及节能措施

9.1 执行标准

执行《质量管理体系　要求》(GB/T 19001)、《环境管理体系　要求及使用指南》(GB/T 24001)和《职业健康安全管理体系要求及使用指南》(GB/T 45001)三标一体化标准。采用和实施一系列环境保护管理手段，以期得到最优化的结果。成立文明施工管理小组，共创文明工地，在施工过程中严格遵守国家和地方政府下发的有关环境保护的法律、法规和规章。

9.2 环境保护控制要点

9.2.1 幕墙所选用的铝材、钢材、玻璃等施工材料均要符合国家标准。

9.2.2 施工前对现场进行封闭;加工区域设置在封闭的地方,降低对周围环境的影响;施工机具采用降噪措施或使用防护措施,若要进行夜间施工,需办理夜间施工许可证。

9.2.3 配备降尘设备和防尘设备、劳保用品,存放易扬尘的粉面状建材应及时覆盖。

9.2.4 危险废弃物合法处理,根据需要增设固体废弃物的放置场地与设施,加强管理、实现固体废弃物的分类管理,在清运垃圾前与运输方签定协议,分类存放的固体废弃物及时处理。

9.2.5 对超过一定时间不用的机械设备及时断电,避免空转。

9.2.6 焊接产生有害烟尘和电弧辐射,焊接作业人员需穿戴防护工作服、戴口罩,配备防护面罩。

9.2.7 对作业人员进行必要的职业安全卫生知识教育,提高职业卫生意识,降低职业发病率;同时,还应对焊接作业场所的尘毒危害进行定期监测,对作业人员定期进行体检,以便及时发现问题,预防和控制职业病。

9.2.8 施工现场应设置密闭垃圾站,施工垃圾、生活垃圾应分类存放,并及时清运出场。

10 效益分析

10.1 经济效益

重庆西站通过采用开放式铝板幕墙系统,铝板板块在接缝处采用不打胶工艺,通过开缝让铝板背后的空气层能够顺畅流通,可以起到良好的隔热及吸声效果。相比于传统的封闭幕墙系统,幕墙受力体系更为合理,建筑的保温隔热性能更佳,由于不需要在接缝处打胶,日常维修保养清洗费用大大减少,且施工过程现场加工制作工序少,节约费用 215.5 万元,其中节约人工费用 250×45×160=180 万元,减少材料费用 50×3 000=15 万元,每年节约幕墙清洗维护费40 953×5=20.5 万元,减少施工工期 45 天,具有较好的经济效益。

10.2 社会效益

项目建成后是多种交通方式为一体的客运综合交通枢纽,是西南地区重要的综合枢纽中心,它的落成大大提升了重庆市轨道交通的发展,不仅可以完善重庆铁路枢纽布局,增强重庆交通枢纽能力,加快重庆市的进一步发展,还将对城市格局产生深远的影响,具有重要的战略意义。

11 工 程 实 例

11.1 工程概况

重庆西站是渝黔铁路重庆枢纽的新建车站，在既有重庆东站的站址上建设，建筑面积 119 944 m^2，工程等级一级，幕墙设计使用年限不低于 25 年，结构安全等级一级，耐火等级一级，本工程外立面表达的是两江汇聚的形象，站房外形由多圆心多半径组合而成流动曲线造型，玻璃幕墙、铝板幕墙随之曲线流动，相应一体。铝板幕墙均采用插挂式系统，系统设有防水层、保温层和装饰层，装饰层与功能层分离。东立面铝板面积40 953 m^2，异型板块4 453块。

11.2 施工情况

本工程在施工前针对开放式铝板幕墙施工，分别成立了深化设计小组和 QC 攻关小组，通过分析幕墙的建筑结构特征，建立参数化模型，从数字模型中提取建造和生产数据，并利用 BIM 模型进行各专业的碰撞检查，实现对幕墙设计的优化，保证幕墙单元的加工精度符合要求；针对施工特点和难点，施工过程 QC 小组对开放式铝板幕墙的关键环节进行有效控制，空间定位、幕墙钢骨架的安装、异型铝板的加工得到了很好的控制，实现了预期的目标，幕墙于 2016 年 8 月开始，2017 年 5 月份施工完成，各项功能检测满足要求，一次性验收合格。

11.3 实施效果

重庆西站铝板幕墙采用开放式插挂铝板系统，保证了工程的安全、质量和工期，并节约了施工成本，取得了良好的经济效益和社会效益，具有广泛的推广应用前景，如图 23 所示。

重庆西站施工建设坚持科技创新、绿色建造、过程精品的原则，工程质量优良，先后获得了中国钢结构金奖、中国建设工程鲁班奖、国家优质工程金奖、中国土木工程詹天佑奖等奖项。重庆西站的建成，显著提升了重庆作为国家中心城市的辐射能力，并且有力推进了“一带一路”倡议在西南地区的发展。

图 23　重庆西站双曲面插挂幕墙完成照片

参编单位:中铁十二局集团有限公司

参编人员:蔡英康、王中军、范伟、郑河舟、贾玮、许京鹏、杜莎莎、陈奇会、周彦华、郭瑞霞

评审人员:杨煜、钱增志、贾磊、姜贵军、耿贤军

十六、多腔铝材转接法开缝式蜂窝铝板幕墙施工工法

1 前　　言

开缝式铝(蜂窝)板幕墙是一种较为常见的幕墙装饰形式,其最大的特点是可见立面无注胶作业,避免了胶缝的粘灰、流渍等二次污染现象,因而可使建筑外表获得持续的洁净。

北京星火铁科调度楼外立面大面采用了开放式铝蜂窝板幕墙,其独特之处是建筑师在开缝幕墙上加设了小拼缝横向装饰线条,这在提升幕墙观感效果的同时也给本幕墙的设计和施工提出了更加严格的要求。本着观感好、有细部、便于实施、耐久可靠的设计施工原则,施工单位对幕墙工艺和工法进行了专门系统的研究,通过和建筑师充分的沟通讨论、最终采用了"多腔铝材转接法"施工工艺,既提高了幕墙面板的安装精度,又巧妙解决了安装钉孔导致的渗漏问题,幕墙施工完成后,外观好、防水性能可靠,如图 1 所示。

图 1　蜂窝板幕墙正立面效果图

2 工法特点

2.1 易于安装

2.1.1 立柱为 200 mm×100 mm×6 mm 镀锌方管,横梁为 L100×63 mm 镀锌角钢,现场安装时龙骨的平直度容易控制。

2.1.2 转接铝型材和压板间预留配合定位卡槽,压板无需特殊调控即能自行就位。

2.2 防水性能可靠

2.2.1 转接铝型材为紧固螺钉预留专门的密闭腔体,工艺孔封胶后系统无任何外露钉孔。

2.2.2 防水板折弯成型后,对角部拼缝进行预先封胶处理,消除渗漏隐患;开缝式蜂窝板系统均由防水底板(1.2 mm 热镀锌铁板)和装饰面板(25 mm铝蜂窝板)组成,两层板之间留有 23 mm 空隙,该空隙具有平衡内外压差作用,能有效抑制负压渗漏。

2.3 平整度高

2.3.1 设计采用的转接铝型材可以补偿钢龙骨在焊接时产生的龙骨弯曲变形,使得龙骨平整度可以控制在±1 mm 之内。

2.3.2 25 mm 蜂窝板面板的刚度和平整度优于普通的 3 mm 铝板,大板面使用即使不是四边固定,幕墙依然有很好的平直度。

3 适用范围

本施工工法适用于立面观感要求高、板面大的开缝式蜂窝铝板幕墙施工。

4 工艺原理

4.1 开缝式蜂窝板幕墙系统

包括横向对边固定(FWS-1);四边固定(FWS-2);竖向对边固定(FWS-3)。

蜂窝板幕墙系统分布如图 2 所示。

4.1.1 FWS-1 系统组成

1. 钢龙骨立柱横梁体系。

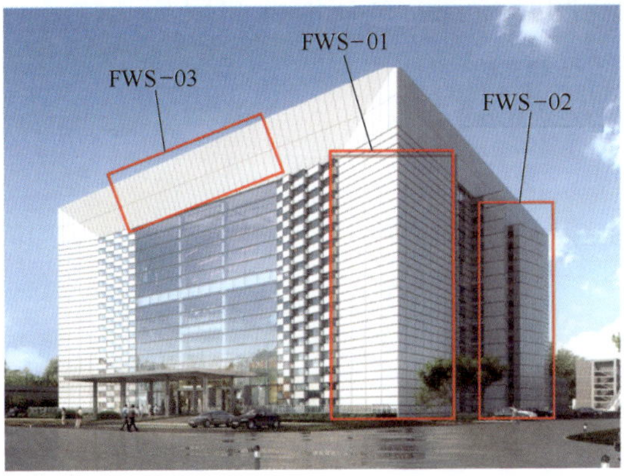

图 2　蜂窝板幕墙系统分布示意

2. 横向多腔铝合金转接型材。
3. 1. 2 mm 镀锌防水板。
4. 25 mm 铝蜂窝板装饰面板。
5. 装饰型压板。

FWS-1 系统节点构造如图 3、图 4 所示。

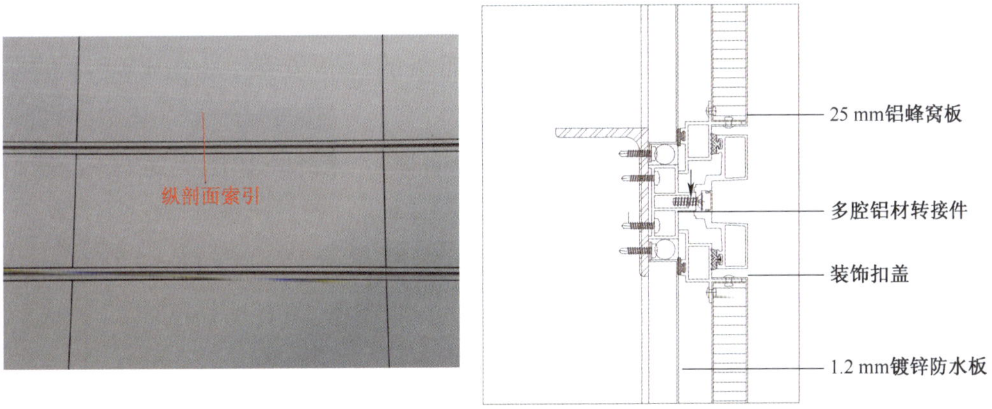

图 3　系统构造纵剖节点示意

4. 1. 2　钢结构龙骨用于承载和传递幕墙的各类载荷，在满足受力的同时需考虑其耐候性和易于安装，本工程立柱选用 200 mm×100 mm×6 mm 镀锌钢矩管，横梁选用 L100 mm×63 mm×6 mm 镀锌角钢、支座和立柱之间采用立柱角码连接，立柱横梁之间采用角码连接或焊接。

4. 1. 3　横向多腔铝合金转接型材是本工法的关键工艺，转接型材同时为防水板，面板角码、横向压条螺钉提供安装条件并确保其防水性能不出现任何隐患。型材的螺钉腔体旨在保证所有的螺钉孔都是可密封的，转接型材和横向压条间设有高精度配合的导向槽,旨在保证面板和龙骨之间的精准可靠连接。

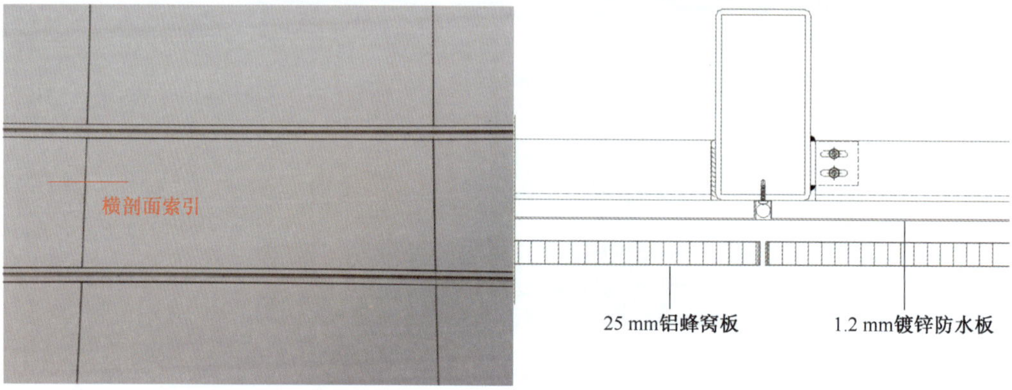

图4　系统构造横剖节点示意

4.1.4　防水板由1.2 mm厚镀锌钢板加工制作,面板四个角部的折边拼缝是渗漏隐患点,在安装防水板前,每个防水板块的角度都从内侧做封胶处理。

4.1.5　蜂窝板面板标准尺寸为:高×宽=1 000 mm×2 400 mm,横边用铝合金压条固定,竖边为自由边,这种设计充分利用了蜂窝板面板材料的刚度。

4.2　FWS-2开缝式蜂窝板幕墙系统

4.2.1　FWS-2系统适合于有横向装饰条的竖板安装,是在FWS-1的基础上增加了竖边固定的一种多腔铝材转接件。

4.2.2　竖向多腔铝合金转接型材也设有紧固螺钉腔和压码螺母槽,螺钉工艺孔封胶后整个体系无任何渗漏点。

4.2.3　FWS-2竖板安装的蜂窝板面板标准尺寸为:高×宽=2 000 mm×1 200 mm,横边用压条固定,竖边为压码固定,如图5、图6所示。

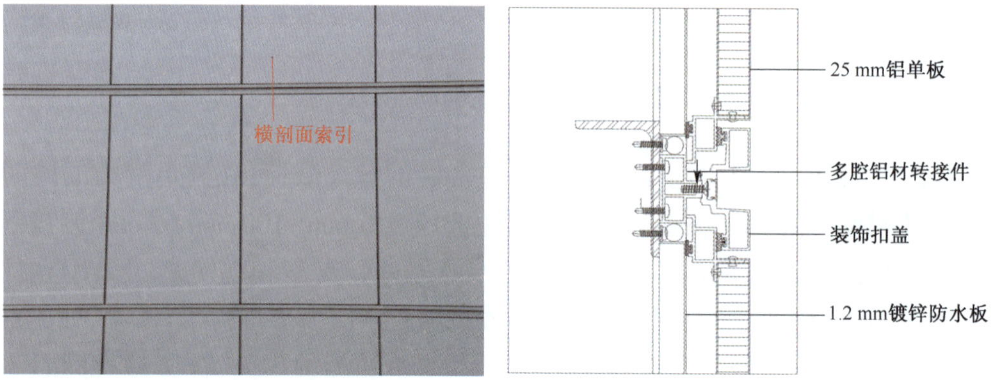

图5　系统构造纵剖节点示意

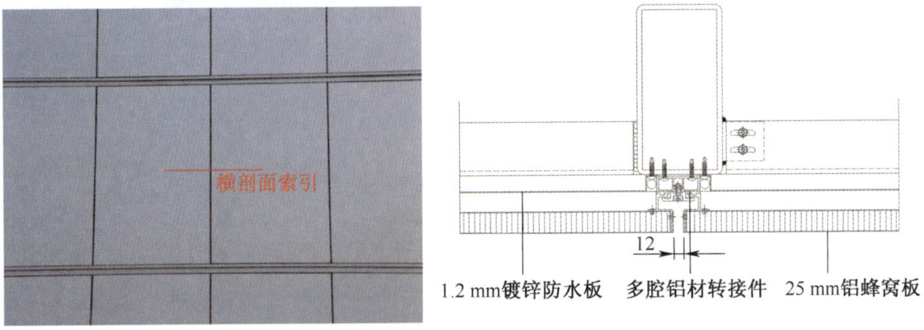

图 6　系统构造横剖节点示意

4.3　FWS-3 开缝式蜂窝板幕墙系统

4.3.1　FWS-3 系统适合于超长竖板安装，是只有竖边固定的一种型式，如图 7、图 8 所示。

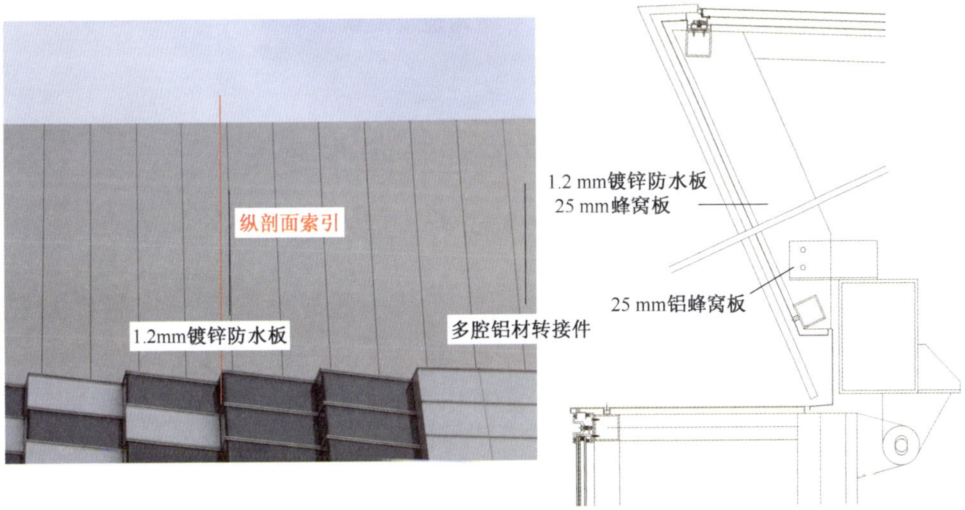

图 7　系统构造纵剖节点示意

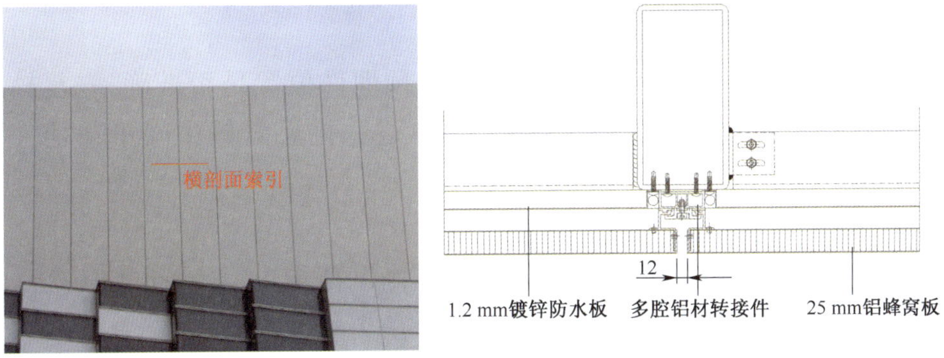

图 8　系统构造横剖节点示意

4.3.2 本工程檐口标准板高度为7 577 mm,宽度为1 200 mm,仅竖边采用多腔铝合金型材转接安装,如图9所示。

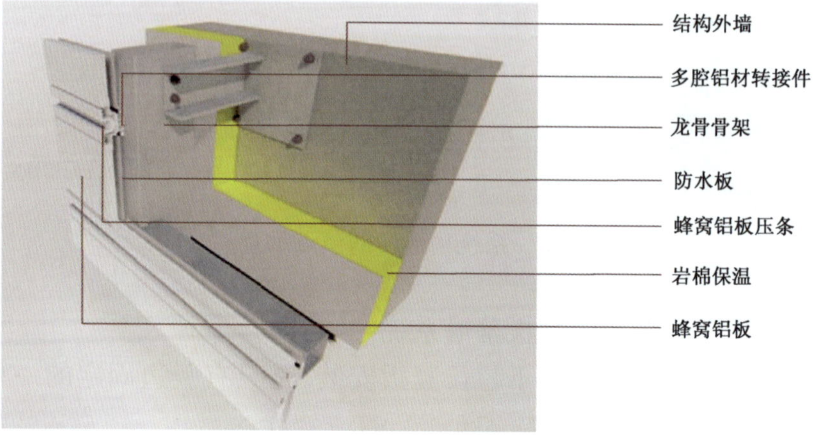

图9 开缝铝板幕墙构造节点模型示意

5 施工工艺流程及操作要点

5.1 施工工艺流程

测量放线→埋件校核→龙骨转接件安装→竖龙骨安装→保温板安装→横龙骨安装→多腔铝材转接件安装→防水板安装→密封胶密封处理→蜂窝铝板安装→铝型材压条固定安装→装饰扣盖。

5.2 测量放线

根据楼层控制轴线,施放完成面控制线,复核套方正,根据楼层水平标高线施放水平控制线,交圈复核,大阳角铅垂线复核。横向分格线由两侧的钢柱同时进行引测。

5.3 埋件定位及复核

根据幕墙主龙骨分格控制线定位、复核预埋件位置是否准确,先复核总尺寸,每一面墙进出位、层高复核准确后,再逐一排尺复核中间每个埋件的位置。

5.4 龙骨安装

5.4.1 每个立面的竖龙骨安装时,在其高度范围内,至少上下各拉一道通线用来控制龙骨的平整度。安装精度控制在2 mm以内。

5.4.2 横龙骨为减小其焊接变形量,焊接顺序为:相邻两跨对称焊接,每一跨先中间后两头,再中间再两头施焊。横龙骨平整度误差控制在 2 mm 以内。

5.5 多腔铝材转接件安装

5.5.1 安装多腔铝材转接件,立柱横梁上需弹出控制线,再进行安装,必须保证横平竖直,如图 10 所示。

图 10 横龙骨上水平线

5.5.2 横龙骨水平平整度误差在安装铝材转接件时采用薄橡胶垫修正,确保转接件平整度,误差控制在 1 mm 以内。型材转接件与角钢横梁螺钉固定,按照预先在工厂开好的工艺孔对应安装螺钉即可,不得遗漏,孔间距为 30 cm,工艺孔在螺钉固定好、验收合格后注胶填满,转接件拼缝接头留 10 mm 缝隙注胶,两个型材端头腔内注入 30 mm,做法如图 11 所示。

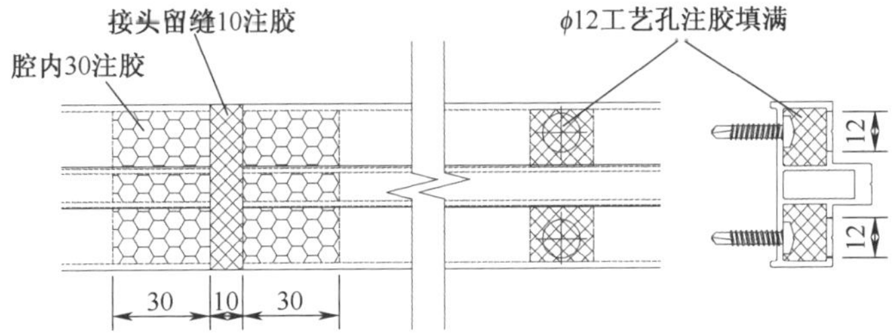

图 11 多腔铝材转接件防水做法(单位:mm)

5.6 防水板安装

防水板四边为 Z 型折边,安装防水板前,将四个角折边的拼缝在内侧用密封胶封闭处理。用自攻螺钉固定防水板,钉距 30 cm,然后塞胶棒打防水密封胶封闭,防水板安装类似常规铝单板安装工艺,固定节点如图 12 所示,此步已达到常规铝板幕墙气密、水密性能和抗风压性能,完成效果如图 13 所示。

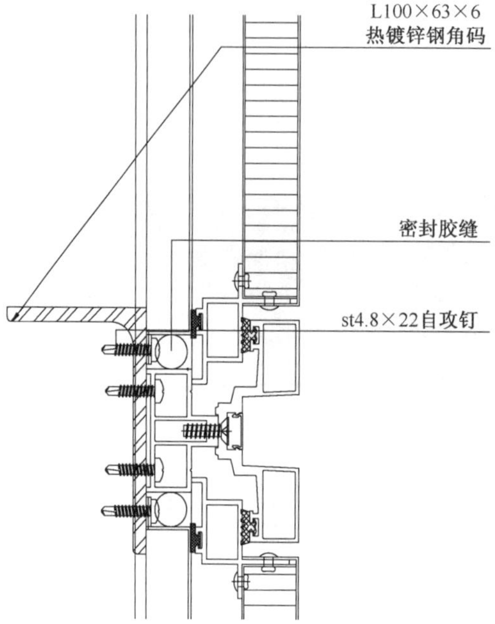

图 12　防水板固定节点示意(单位:mm)

图 13　多腔铝材转接件及防水板安装现场照片

5.7　蜂窝铝板安装

5.7.1　安装过程中拉通线控制相邻面板的平整度和板缝的水平、垂直度,应先全部就位,每块板 4 个角点用铝角码临时固定,如缝宽有误差,应均匀分在每一条板缝中,防止误差累积,如图 14 所示。

5.7.2　安装阳角板时,从顶部和底部引铅垂线定位,确保阳角垂直成线,如图 15 所示。

图 14　蜂窝铝板安装现场照片

图 15　阳角蜂窝铝板安装带垂线

5.7.3　四边固定板安装，横向压条固定方式同上述做法。

5.7.4　竖向压条固定在安装铝板前，将按间距 30 cm 计算出数量的内六角螺栓和压块（5 cm 长）提前利用铝材转接件接头预留的 10 mm 缝隙穿入铝材转接件槽口内，螺钉穿入后再将接头 10 mm 缝隙和腔内 30 mm 注胶处理，然后将铝板就位，把前面穿入的螺栓按照 30 cm 间距均匀布置依次拧紧，如图 16~19 所示。

5.8　铝型材压条固定安装

5.8.1　铝型材压条安装前，全面检查压块的数量和螺栓的拧紧程度。压条拼缝预先排版，按照对应铝板拼缝设置，定尺加工，现场安装压条时将拼缝对齐铝板拼缝，如图 20 所示。

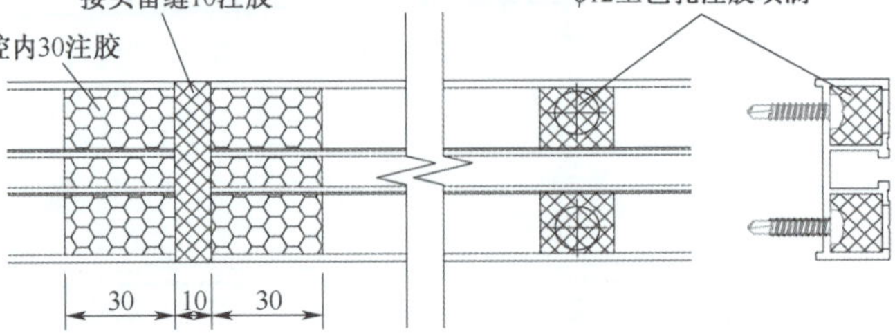

图 16　多腔铝材转接件 2 防水做法示意(单位:mm)

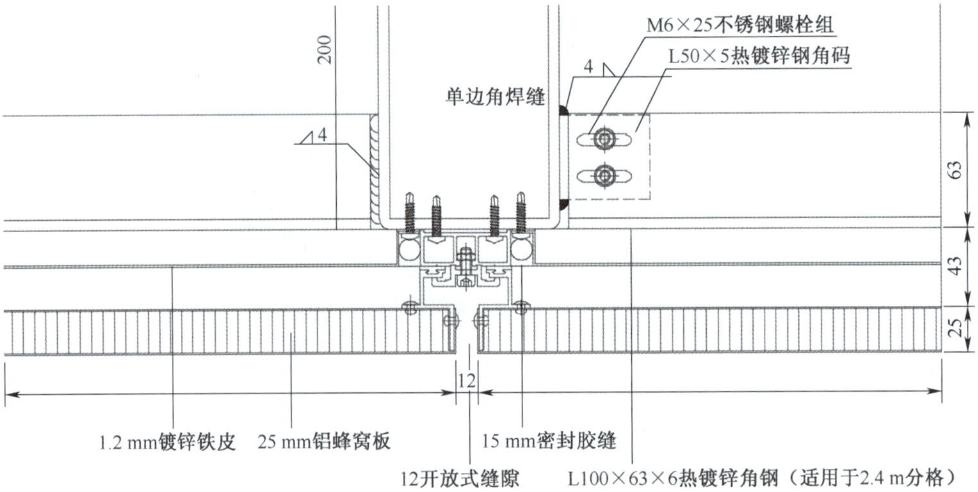

图 17　开缝幕墙横剖节点图 2(竖缝固定,单位:mm)

图 18　竖向固定超长蜂窝铝板

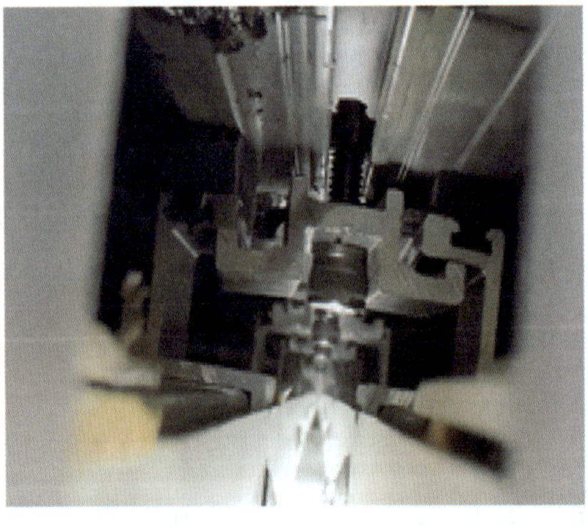

图 19　竖向固定铝型材构造

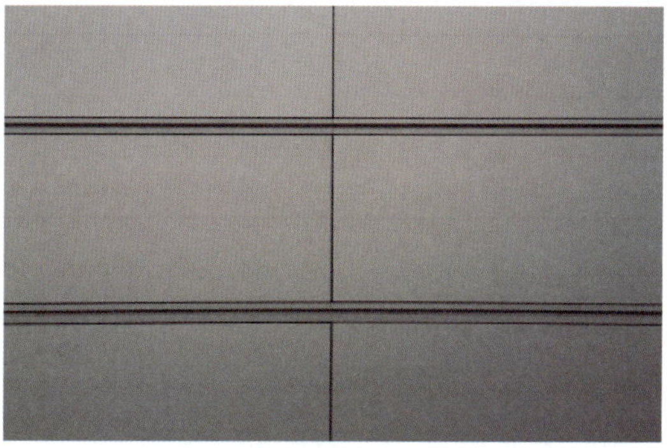

图 20　压条拼缝对齐铝板竖缝

5.8.2　铝板调整合格后,安装固定型材压条(压条与铝材转接件固定螺钉间距为 30 cm),确保上下缝隙宽度一致,水平交圈。阴阳角 45°衔接拼缝平直。安装横向固定压条实例如图 21、图 22 所示。

图 21　横向压条安装前

图 22　横向压条安装后

6　材料与设备

6.1　人员配置

施工所需主要人员配置见表 1,单位:工日/100 m^2。

表 1　人员配置

序号	工序名称	技工人数(人)	普工人数(人)
1	骨架安装	21	6
2	安装防水背板	8	2
3	安装铝合金件	5	1

续上表

序号	工序名称	技工人数(人)	普工人数(人)
4	安装面板	10	3
小　计		44	12

6.2 材料

6.2.1 钢材骨架：竖龙骨采用 200 mm×100 mm×5 mm 方钢管，和 160 mm×80 mm×4 mm 热镀锌方管，横龙骨采用 L100 mm×63 mm×6 mm 角钢及 80 mm×80 mm×5 mm 热镀锌方管，表面热浸镀锌处理。

6.2.2 防水板：1.2 mm 厚镀锌钢板，20 mm 折边。

6.2.3 蜂窝铝板：厚度 25 mm，材质为 3003 H24，表面氟碳辊涂三涂，热固型粘胶工艺。外观应整洁覆膜保护，折边平直整齐，无裂纹。

6.2.4 铝合金型材组件：阳极氧化，开模定制，截面尺寸、壁厚必须符合设计要求。

施工所需主要材料见表 2。

表 2　主要材料

图示			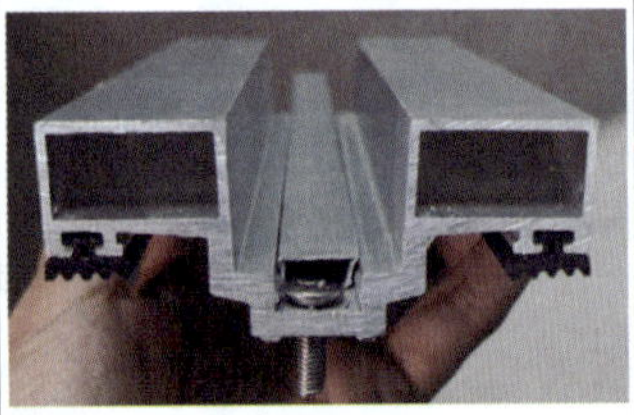	
名称	横缝多腔铝材转接件		铝型材压条	竖缝多腔铝材转接件及压块
图示	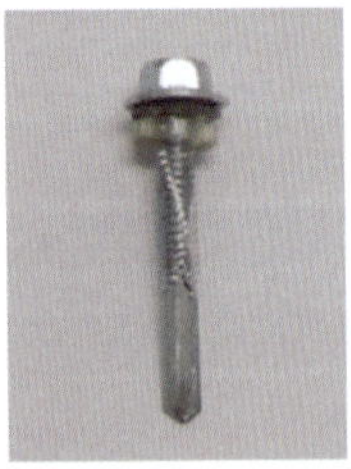	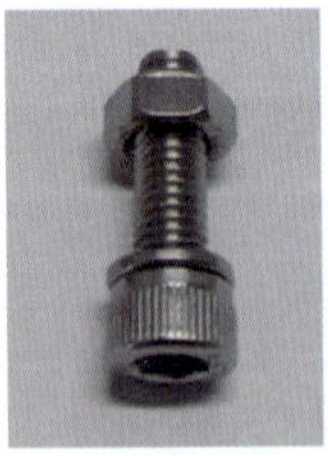		
名称	5.5×38 六角小华司-5 号尾	内六角螺栓 M6×20	镀锌防水板	蜂窝铝板

6.3 设备

施工所需主要机具设备见表 3。

表3　机具设备

序号	机具名称	单　位	数　量	型　　号
1	精密水准仪	台	1	S1 或 S05
2	电 焊 机	台	3	×500
3	切 割 机	台	1	
4	台　　钻	台	1	
5	手　　钻	台	4	
6	卷　　尺	把	6	5 m
7	靠　　尺	把	1	2 m

7　质 量 控 制

7.1　防水密封胶、型材、铝板、防水板、螺钉等材料进场严格按照设计图纸、验收规范、检测报告等检查、验收，尤其是加工尺寸、蜂窝铝板平整度、铝型材直线度等，不合格产品一律不准使用。

7.2　材料运输及安装施工过程中注意成品保护。

7.3　预埋件预埋位置复核准确，对位置有偏差的应有经设计同意的相应加固安装方案后再施工。

7.4　安装龙骨及铝板时应拉水平、竖向通线控制，尤其是大阳角线。

7.5　固定铝板、型材转接件时严格按照设计钉距固定安装，不得缺钉；铝板压块应完全重合，不得错位或旋转搭接。

7.6　防水板四角、多腔铝材转接件工艺孔、接头等易渗漏点的防水封闭节点全数检查，确保全数合格方可进行下一道工序。

7.7　严格把控铝型材压条及铝材转接件的固定钉距，满足设计要求。

7.8　确保每一个固定压块与相邻两块铝板的固定件搭接重合，不能有只压一边板、搭接不重合、压块倾斜等情况。

7.9　龙骨安装平整度控制不大于 2 mm。

7.10　铝板安装完成后，装饰扣盖表面应平整，不应有肉眼可察觉的变形，波纹或局部压砸等缺陷。

8　安 全 措 施

铝板幕墙施工的主要安全措施针对脚手架及吊篮高处作业、电焊用电、防火、空间交叉作业,严格按照《建筑施工脚手架安全技术统一标准》(GB 51210—2016)、《建筑施工高处作业安全技术规范》(JGJ 80—2016)、《建筑施工安全检查标准》(JGJ 59—2011)。

8.1 幕墙施工人员严格按照临边操作安全要求进行作业,负责拆除需拆除部位的保护栏杆,做好相关保护及警告措施,监护人员必须在场并于每天完成工作后,将防护栏板重新安装牢固后方可撤离现场。

8.2 脚手架作业的禁止上下穿插同时作业,防止物体掉落打击;禁止随意拆除脚手架拉结点,禁止随意改动脚手架。脚手架搭设时尽可能留出幕墙作业空间。

8.3 吊篮作业的必须由专职人员对其进行检查、验收、调试合格,并经有关部门检测合格后方可使用。吊篮使用、维护必须严格按照《吊篮使用规范》进行操作;吊篮操作人员必须持证上岗,所有在吊篮上施工人员必须佩戴安全帽,系好安全带,带好自锁器。

8.4 电焊作业所有交、直流电的金属外壳,都必须采取保护接地或接零,接地、接零应小于 4 Ω;多台焊机的接地、接零线不能串接,接地时,每台焊机应独立接地,接零线其接点应用螺丝压紧。

8.5 电工必须持证上岗,现场照明电线绝缘良好,导线不得随地拖拉或绑在脚手架上。照明灯具的金属外壳必须接零。

9 环境保护及节能措施

9.1 办公区和材料加工场地统一规划,严禁私自占地施工,最大限度提高现场利用率。

9.2 合理安排作业时间,尽量避免夜间施工,夜间施工使用节能灯具,无人施工时及时将灯关闭。

9.3 高处进行电气焊作业时,采取遮挡措施,避免电弧光外泄。

9.4 设立材料加工、切割封闭房间,且有降尘、降噪措施。

10 效益分析

10.1 开放式蜂窝板幕墙的外观效果明显优于表面注胶的铝板幕墙,且随着使用年限的延长外观效果对比愈加明显。

10.2 和表面注胶的单层蜂窝板幕墙相比较,开放式双层蜂窝板幕墙不增加结构用钢量。

10.3 内层防水板为 1.2 mm 热镀锌板，加工成型后的材料费约为 80 元/m^2。

10.4 为提高系统防水可靠度及外观平整度，系统采用了多腔铝合金转接龙骨，材料消耗约为 2.8 kg/m^2，折合造价约为 50 元/m^2。

10.5 和有胶缝的单层蜂窝板幕墙相比较，开放式双层蜂窝板幕墙增加工日量约为 0.2 工日/m^2，折合造价约为 60 元/m^2。

10.6 在现场组织有序的情况下，本工法和单层铝板幕墙相比基本不额外占用施工工期。

11 工程实例

本应用工程实例为铁科院生产调度楼工程，位于北京市朝阳区铁科院东郊分院院内，工程于 2019 年 8 月 10 日开工，2020 年 4 月 30 日竣工，外幕墙中开缝蜂窝铝板幕墙面积约 12 000 m^2，本开缝式蜂窝铝板幕墙施工应用，由于前期准备充分、考虑周到，施工过程中未出现因工艺偏差而导致的周期反复、返工整改等非正常现象，按时按质完成了施工任务，缝隙细小均匀，板面平整，干净整洁，整体观感效果良好，获得上级主管、业主及社会各界的好评，如图 23~图 26 所示。

图 23　幕墙安装完成效果

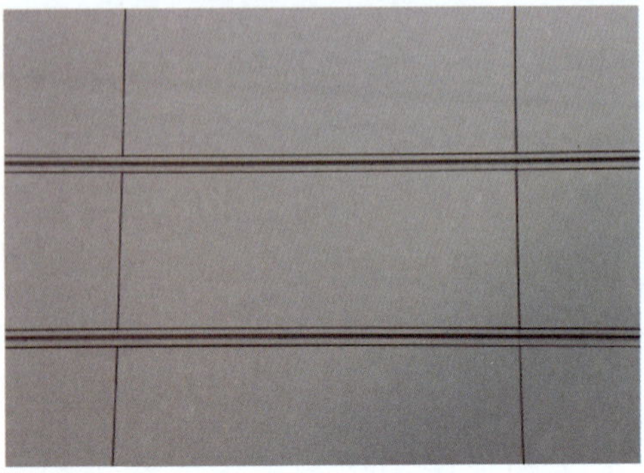

图 24　带横向装饰条的横板(FWS-1)

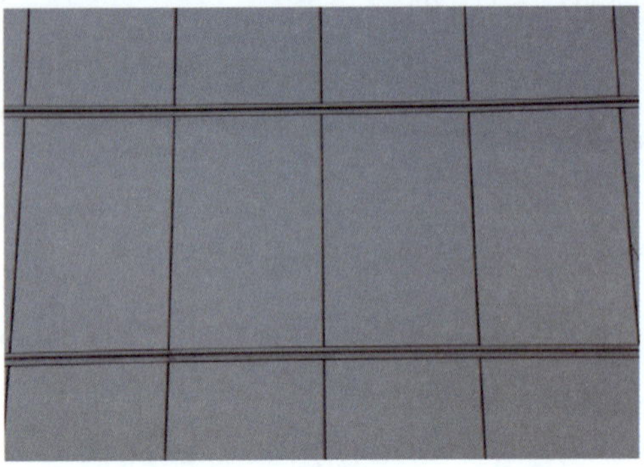

图 25　带横向装饰条的竖板(FWS-2)

图 26　无横向装饰条的竖板(FWS-3)

参编单位:中铁建工集团有限公司

参编人员:钟世原、李铁东、邹海涛、晁毅、沈龙飞、张竞夫、陈奇会、郭瑞霞、周汉强、周彦华

评审人员:杨煜、钱增志、王中军、贾磊、姜贵军、耿贤军